炒股进阶

MACD 交易技术

从入门到精通

韩雷◎编著

人民邮电出版社

北京

图书在版编目（CIP）数据

炒股进阶：MACD交易技术从入门到精通 / 韩雷编著
. -- 北京：人民邮电出版社，2022.7
ISBN 978-7-115-57780-1

Ⅰ. ①炒… Ⅱ. ①韩… Ⅲ. ①股票投资－基本知识
Ⅳ. ①F830.91

中国版本图书馆CIP数据核字(2021)第224055号

内 容 提 要

本书以 MACD 指标的实战用法为核心，兼顾指标运用过程中涉及的基础技术分析手段，全面解析了指标的各种形态在预测短期、中期价格走势中的用法。同时，在介绍 MACD 指标形态的基础上，本书通过综合使用多种技术手段讲解了如何更好地构筑 MACD 指标交易实战系统。

第 1~2 章，是技术分析的基础内容，也是学习 MACD 指标前应掌握的内容。第 3~9 章为全书核心，以 MACD 指标基础原理、基本用法为基础，以趋势分析技术、K 线分析技术、量能分析技术为进阶，从指标线运行形态、柱线变化、技术手段联合等角度，系统、深入地讲解指标的各种实战用法，并配有大量案例方便读者理解。第 10 章为股市交易的策略性内容，该章回顾总结了 MACD 指标的功能，以便读者加深理解。

本书内容由浅入深，力求通过对大量案例的解析，帮助投资者系统地应用 MACD 指标进行交易，提高交易成功率。

◆ 编　著　韩　雷
　　责任编辑　贾鸿飞
　　责任印制　王　郁　胡　南

◆ 人民邮电出版社出版发行　　北京市丰台区成寿寺路 11 号
　　邮编　100164　　电子邮件　315@ptpress.com.cn
　　网址　https://www.ptpress.com.cn
　　北京天宇星印刷厂印刷

◆ 开本：700×1000　1/16
　　印张：16　　　　　　　　　2022 年 7 月第 1 版
　　字数：337 千字　　　　　　2025 年 11 月北京第 4 次印刷

定价：69.90 元

读者服务热线：(010)81055410　印装质量热线：(010)81055316
反盗版热线：(010)81055315

前　　言

单一的技术分析方法无法应对多变的市场环境，构建良好的交易系统才能实现高效投资。那么，什么交易系统才是投资者迫切需要的呢？

一般来说，好的交易系统应具有以下几个特点：一是准确性高，即成功率高；二是决策客观，能够发出相对明确的买卖信号；三是兼容性好，既能判断大趋势，也能分析短期波动；四是应用难度低，即易学易懂，便于掌握。

MACD 指标与那些用法单一、功能简单的指标并不相同。在技术分析体系中，MACD 指标可以说是连接重要的技术分析思路（趋势运行规律、多空力量对比等）与短线交易技术（突破、超买超卖等）的桥梁。MACD 交易系统就是以 MACD 指标的具体用法为核心、以众多技术手段与交易策略为辅助的实战交易系统。

股票交易的难点在于对高低点的判断和对运行趋势的判断，只有解决了以上问题，才不至于错失买卖时机。MACD 指标既继承了移动平均线展示趋势的特性，也具备指示短线高低点的功能；对指标线运行形态、柱线伸缩与柱面区面积变化、指标的阻挡和支撑作用、柱峰的出现时间等，均有独特的研判方法，且不失准确性。

仅从指标的具体用法来看，MACD 有呈现运行趋势、反映价格短期高低点、指标形态领先于价格走势等极强的实战意义。任何一种技术分析方法，单独、孤立地使用难免存在局限，往往让投资者只能看到市场的局部信息；而综合、全面地应用多种技术分析手段，才能更全面、准确地判断市场运行方向、把握多空力量转换，这也是构建 MACD 交易系统时应格外重视的。

除此之外，需要注意的是，交易系统的构建绝不是一步到位的，构建是一个不断完善的过程，这个过程的进度取决于投资者知识及经验的积累速度。只有不断积累经验和修正认知，投资者才能构建一个适合自己操作、成功率较高的交易系统。

在应用交易系统时，投资者出现的最大的问题往往是执行不严格，多数时候仍然凭直觉操作，且易感情用事，从而使得交易系统的作用无法得到充分发挥。交易系统反映的是投资者的知识结构，对交易系统运用与执行的效果则与投资者的经验、执行力有关，能否认真、有效地把交易系统运用到每笔交易中，是成败的关键。

韩雷

2021 年 11 月

目　录

第1章

MACD 技术分析基础

MACD，是 Moving Average Convergence / Divergence 的缩写，直译为"移动平均收敛/发散"，一般称之为异同移动平均线。MACD 指标是一种预测股票价格波动方向的技术指标，它与那些用法单一、功能简单的指标并不相同。在技术分析体系中，MACD 指标是连接重要的技术分析思路与短线交易技术的桥梁。

可以说，要想更好地运用这个重要的技术分析工具，需要将其放在整个技术分析系统之中，这就需要我们首先对技术分析方法的基础知识有比较系统的理解。本章将介绍如何结合技术分析理念更好地学习 MACD 指标的使用，从而为后续章节的学习打下良好的基础。

1.1 市场预测方法扫描

无论是股市行情的好坏，还是股价的波动，人们总认为有章可循。寻找规律、共性，从已知预测未知，是积累知识的方法，也是金融市场的交易之道。在股票市场中，一切交易都建立在预测的基础之上，谁能够更好、更准地进行预测，谁就能从中获利；反之，不懂预测方法或是对预测方法一知半解，结果往往是亏损。

金融市场经历了快速的演变，出现了各式各样的预测方法，这些预测方法可以划分为两大类：基本分析法和技术分析法。

1.1.1 什么是基本分析法

基本分析法也称为基本面分析法，它基于经济学的基本原理——价格围绕价值波动，分析企业内在价值，进而评估个股当前是否值得买入。

企业内在价值，主要体现在企业个体之中，同时体现了宏观经济情况、企业所处的行业发展前景等。宏观经济情况、行业发展前景、企业内在价值，这三个方面由大到小，构成了基本面分析法的框架。其中，企业内在价值是基本面分析法的核心。

宏观经济情况与行业发展前景制约并引导着企业，它们决定了企业的未来成长空间。在宏观经济稳健的今天，各行各业均不乏机会，企业内在价值更多体现在企业的竞争力上，这可能体现为技术优势，也可能体现为拥有稀缺资源，当然，还可能体现为企业管理层的能力。

无论是对宏观经济情况、行业发展前景等方面的基本面情况进行分析，还是对上市公司经营情况、竞争能力等方面的基本面分析，时间跨度都是较长的，因而，基本面分析法更适用于中长线投资者。

1.1.2 基本分析的行业属性

对于基本面分析来说，系统的分析过程有三个步骤：一是分析宏观经济情况，二是分析行业发展前景，三是分析企业内在价值。宏观经济情况分析，适合在经济周期转向或产业结构大调整的背景下进行，其时间跨度较大，普通投资者一般不需要重点关注。一般投资者需要将更多的注意力放在行业发展前景与企业内在价值分析上。

行业多种多样，有新兴行业、成长行业、夕阳行业，也有普通行业、周期行业等。无论哪一种行业，稳定性与成长性应该是投资者重点考虑的内容。

夕阳行业并无明确的界定。例如，技术升级换代、产业结构调整等，往往会使得一些行业的发展遇到瓶颈，甚至被社会淘汰。例如，早些年的电视游戏、VCD、胶卷照片等行业由于数码技术、计算机及智能手机的兴起，已沦为夕阳行业。

　　身处这类行业中，企业如果没有及时革新技术并进行转型，则将被淘汰。除此之外，那些不符合经济发展方向的高污染、高能耗的行业，也属于夕阳行业。例如，火力发电被风力发电、水力发电等取代，燃油车被新能源车取代，都是经济向更环保、更节能方向发展的体现。身处这些行业之中，企业或求变谋发展，或退守被淘汰，投资者在挑选个股时，需要辨别。

　　普通行业，往往被称为防御性行业，主要指那些生产人们生活必需品以满足人们日常需要的行业。例如百货、食品、餐饮、住宿、交通、石油等，这些行业往往竞争激烈，质量、服务、口碑是衡量这类行业中企业的重要标准。投资这类个股主要看当前企业的经营情况，以及股价估值是否合理。

　　周期行业，这只是一种历史说法。一些行业的起落往往呈现周期性特点。例如农产品、养殖、资源等行业，其市场呈现出周期性特点，一方面是因为这类行业与天气有关，另一方面是因为行业规模的变化。以养殖业为例，当某个品种利润变多时，就会吸引更多的养殖户改变策略，从而未来供给将大幅增加，而市场的需求又是相对稳定的，这就造成行业利润的大幅减少。挑选具有周期性的个股时，除了关注企业的行业竞争力，更应注重时机，在企业利润明显过多时，股价也往往处于高位，这时并不是好的布局时机，因为行业可能正处于或接近周期性高点。

　　新兴行业与成长行业并无明确界限，一般来说，新兴行业侧重指那些刚刚兴起的行业，例如曾经的人工智能、3D 打印等。身处其中的企业往往正处于技术研发阶段，大量的资本投入研发之中，中短期内很难有优异的产出成果，因而，这类企业业绩往往不佳，多处于微利状态。新兴行业与成长行业中的个股的走势不确定性较大，一旦企业研发成功，产品的竞争力会大大提升，业绩会跳跃式增长；反之，则有可能前功尽弃，亏损累累。对于这类企业，投资者仅凭借公开的资料是很难对企业做出准确评估的，并不适合大多数投资者。

　　成长行业，主要是指那些已具有一定行业规模、一定市场空间，且前景光明、符合经济发展方向、未来市场广阔的行业，例如新能源、信息安全、大数据、生物制药等。身处其中的企业更多依赖于技术开发能力、核心产品竞争力等，往往有极强的成长性，一些企业处于高速发展中，但也有一些企业会被淘汰。因此，投资这类企业需要投资者慧眼识珠。

1.1.3　周期股案例解读

　　资源股是典型的周期股，当经济发展放缓、市场消费萎靡时，与经济走向密切相关的工业类金属（如铜、铝、锌等）价格往往会大幅下跌，步入下跌周期，特别是当其处于历史高位时；反之，当经济发展提速、市场需求旺盛时，这些工业需求旺盛的资源类品种价格往往会持续上涨，进入上涨周期，特别是当其处于历史低位时。

　　图 1-1 是山东黄金 2011 年 11 月至 2020 年 1 月走势。黄金股是典型的周期股品种，它

的走势虽然受制于股市整体表现，但更多取决于金价的表现。黄金价格的波动呈现出周期性特点。通胀的加剧、美元的贬值，或者股市泡沫导致避险情绪上升都会推动金价上扬，当多种因素共振并能够在较长时间保持时，金价就步入了上升周期；反之，则会进入下跌周期。

从图 1-1 中，我们可以看到此股的周期波动幅度极大，这是因为黄金股可以看作金价走势的"放大器"，周期性特点更为鲜明。当金价持续上扬且叠加股市向好时，黄金类个股能持续走强，在一轮上升周期中出现极大的累计涨幅；反之，当金价持续下行且叠加股市走弱时，黄金类个股就会从高位区持续下行，在一轮下降周期中出现极大的累计跌幅。

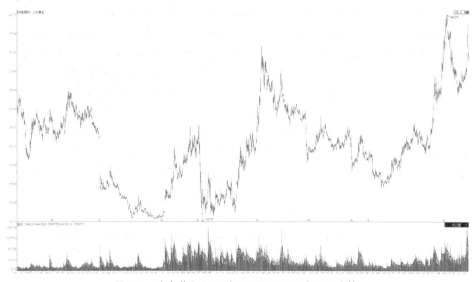

图 1-1　山东黄金 2011 年 11 月至 2020 年 1 月走势

从本例中也可以看到，企业经营情况良好、行业地位突出的周期股，其股价走势往往呈现大起大落的周期性特点。因而，在选择这类个股时要把握好以下两点。

第一，不宜在股价经历了大幅上涨后的高位区买入，因为此时的周期上升空间越来越小，而一旦出现周期转向，跌幅将是极大的。

第二，关注行业领头企业，即具有行业龙头地位的企业。这类企业的业绩变化更多取决于资源品种的周期性变化，且具有较强的周期性抗风险能力，低位布局的风险会更小；而小型企业由于抗风险能力较弱，当新一轮上升周期出现时，往往由于前期应对下跌周期而实施的各种操作（例如裁员、缩减规模等），很难再度把握上升周期带来的收益，投资者低位布局的风险会更大。

1.1.4　蓝筹股的市盈率评价

依据行业特点，基本面选股可以重点关注两种股票：一是蓝筹型绩优股（简称蓝筹股），二是价值型成长股（简称成长股）。蓝筹股，也称为大盘蓝筹股，是指那些资产规模庞大、行业地位突出、盈利较为稳定的一类个股。这类个股由于行业地位十分突出，因而有着较强的盈利能力；但由于其已有较高的市场占有率，因而其扩张空间相对较小，业绩增速相对乏力。挑选这类个股可以关注其市盈率，了解估值状态，进而决定是否买入。

市盈率=股价÷每股收益。市盈率反映了在每股盈利不变的情况下，假设企业将全部利润用于股息分配，经过多少年投资可以通过股息全部收回。例如，市盈率为 20 倍，若上市公司将所得的税后利润全部分红派息，则 20 年后，投资者可以通过分红派息收回投资本金。在每股收益不变的情况下，市盈率可以在一定程度上反映个股的估值情况。

对于市盈率来说，既要关注市场整体，也要关注行业特点。像银行、电力、钢铁、煤炭这些成长性较差的行业，平均市盈率普遍偏低；而像食品、白酒、医药这些具有一定增长空间的行业，平均市盈率则要相对高一些。当股票市场的周期起伏，或是中短期的深幅调整导致一些蓝筹股市盈率较低时，在企业经营未出现明显变化的情况下，布局这类处于被低估状态的蓝筹股就是一种相对稳健的基本面选股法，这类个股由于有业绩支撑，随着市场的回暖，股价也会回归到合理的估值状态。

1.1.5　成长股的财务评价

高速成长型的个股多诞生于前景广阔的成长行业之中，这些行业或符合经济发展趋向，或符合产业结构升级，如果企业做得好，很容易打开市场空间、获得高速成长。股价是会围绕上市公司的实际价值波动的，一些高速成长的企业，其净利润可以连续大幅度增长，而这种增长又是一种复合形式的增长，这必然会带动股票价格的复合式增长，从而为投资者带来高额的回报。炒股就是炒预期，成长股是股市的魅力所在，投资者一旦买入正确的成长股并能够耐心持有，往往能获得不菲的收益。

挑选成长股的方法既不单一，也不简单，除了关注行业特性之外，企业自身的结构与管理层也是需要了解的。一般来说，若上市公司规模较小且有着独特的优势（资源优势或技术优势），则能很容易快速打开市场空间，实现利润的高速增长。因而，成长股多诞生于一些小盘类个股中。当然，中盘类个股也有望成为成长股，这取决于实际情况。

在前面讲解蓝筹股时，我们通过市盈率这个指标来了解其估值状态，这个指标同样适用于成长股。由于成长股的高速成长性，它会享有一定的溢价空间，其市盈率也要相对高一些，但也应处于合理范围之内，一般来说，不宜超过 40 倍。对于单独一只个股来说，在其成长速度变化不大的情况下，投资者可以结合它的历史估值状态来分析。

除此之外，净资产收益率、销售毛利率这两个财务指标也可以帮助我们了解个股的成长性。

净资产收益率，又称股东权益收益率，是企业税后利润除以净资产得到的百分比，用以衡量企业运用自有资本的效率。一家企业在快速成长过程中，由于其利润不断增长，净资产也会同步增长，但快速增长的净资产是否能同步创造出较高的利润呢？此时就可以利用净资产收益率这个指标来衡量。

如果企业在快速成长的同时，其净资产收益率一直保持在较高的水平，则说明企业的盈利能力并没有随着企业的扩张而下降。反之，如果净资产收益率不断下降，这往往是企业资金运用效率低的表现，说明遇到了发展上的"瓶颈"。衡量一只个股是否具有高速成长性时，可以观察一下它近两年来的净资产收益率。一般来说，上市公司可以保持平均每年不低于 8%的净资产收益率，意味着它的成长性较好。如果企业有着优良的净资产收益率，股价估值相对合理，盈利能力未出现改变，则个股未来仍有望保持这种高速成长性。

销售毛利是商品销售收入减去商品进价后的差额；销售毛利率是销售毛利占销售净值的百分比，通常称为毛利率。注意，毛利要大于企业的利润，因为，在核算企业利润时，还要将相应的管理费用、人力成本等刨除。没有足够的销售毛利，企业就难以实现盈利。

销售毛利率有助于我们判断企业所处行业的竞争激烈程度，如果行业竞争激烈，则不可能有较高的销售毛利率，企业股价也难以有高增长。如果销售毛利率较高，则说明企业获利很容易，这样的企业往往有着独特的资源或技术优势，这保障了它有较强的定价权，可以很好地保障自己的利润空间。在利用销售毛利率这个指标时，我们采取横向比对、纵向比对的综合方法。横向比对，即在同一行业内，关注不同企业的销售毛利率情况。纵向比对，即利用行业平均销售毛利率，来看看哪些行业更容易获利。

例如，一些品牌价值较高的白酒企业，如贵州茅台、五粮液，普遍有着较高的销售毛利率，这一方面说明企业利润丰厚，另一方面也表明产品较为畅销。可以说，销售毛利率这个指标可以帮助我们了解企业在行业内的竞争力，把握其成长性。

1.1.6　什么是技术分析法

与基本面分析法不同，技术分析法主要关注市场本身。技术分析派认为：市场的走势源自资金驱动，资金的进出力度决定了多空的强弱，这可以通过盘面数据呈现，如价格走势、成交量、盘口成交细节、挂单情况等。技术分析法主要依据盘面交投数据，来分析多空力量的转变情况，从而预测价格的中短期走势。

技术分析法关注市场本身的交投行为，通过研判买盘与卖盘的变化趋势，来预测股票市场价格的变动趋势。在技术分析法中，市场的交投行为是分析的重点，由于市场行为能通过价格走势、成交量、分时线形态、盘中成交情况等形式呈现出来，因而，技术分析往往围绕这些内容展开。

技术分析法与基本面分析法虽侧重点不同，但并非不兼容。基本面分析法得出的结论由于忽略了市场，因而在短期内很难体现在个股走势上；但有业绩增长为支撑的个股，最终还是会获得市场认可，从而也会有资金驱动个股上涨，这就体现在技术分析法层面了。实盘操作中，以基本面分析法为纲，以技术分析法为核心线索，不仅可以规避一些个股潜藏的"黑天鹅"，还可以更好地提高获利效率。

　　除此之外，技术分析法还能够很好地解释那些业绩不佳，却能够大幅上涨的个股。因为这些个股或是源于热点题材，或是源于主力资金积极参与，或是源于中短期内的市场超卖状态等。可以说，对于只能从公开资料中了解企业经营情况的普通投资者来说，技术分析法有着独特的优势。

1.1.7　技术分析法三大假设

　　整个技术分析体系是一个完整的架构，它以道氏理论阐述的趋势运行规律为根基，以波浪理论、箱体理论、江恩理论等经典技术分析理念为桥梁，形成了多种多样的技术分析方法。要想更好地理解技术分析法，有三个假设一定要知道，这三个假设如同几何学中的公理，其地位类似于基本面分析法的假设——价格围绕价值波动。

1．市场行为包含一切

　　市场行为包含一切，这一假设指出：影响市场及个股价格的各种因素（如利率的调整、政策导向、个股业绩增减、主力控盘行为、投资者情绪变化、消息面或题材面等）都会被市场行为本身充分表现出来，它也解释了为什么技术分析者不用过于关注基本面分析。基于这个假设，价格的变化应该是技术分析者关注的主要对象。实际上，技术分析者只不过是通过研究价格图表及大量的辅助技术指标，来揭示市场最有可能的走势。

2．价格依据趋势运行

　　自然界有物理规律，例如万有引力定律就是对自然界客观规律的一种揭示。类似地，金融市场也存在客观规律，这就是趋势运行规律，道氏理论最先揭示了这一规律。所谓的趋势就是指价格的中长期走向。"趋势"是技术分析领域中最为重要的概念之一，它指出：市场的运动方向绝不是随机的，也不是杂乱无章的，而是有整体性方向可言的。依据趋势的方向性，趋势可具体分为三种：上升趋势、下跌趋势、水平趋势。

　　价格依据趋势运行是指：从中长期来看，价格的总体运行有着相对明朗、前后一致的方向。我们常说的"顺势而为"就是建立在这一假设之上的。但是，一种趋势形成之后，不可能永远持续下去，趋势也会发生变化。趋势的相关内容，我们将在第 2 章进行详细讲解。

3．历史往往会重演

　　"历史往往会重演"这一假设是指：相似的市场环境及影响因素将演绎出相似的未来走势。可以说，打开未来之门的钥匙隐藏在历史里，或者说将来是过去的翻版。通过研究这些历史交投过程中产生的图表，我们就可以以史为鉴，进而预测股价的未来走势。

　　对于这一假设，我们可以这样理解：技术分析理论与人类心理学有着较为密切的联系，市场行为本身也确实验证了这一点。人们在研究中发现：相似的价格形态、相似的交易数据的个股往往有相同的后期走势，这些价格形态、交易数据正好反映了投资者看多或看空的心态。

以三大假设为根基，"技术分析大厦"变得坚固而挺拔，各种类型的技术分析法也不再是无根之木、无源之水。对于投资者来说，了解这三大假设之后，能增强运用技术分析法时的信心。但需要注意，要合理、客观地运用技术分析法。MACD 指标就是一种独特的技术分析指标，而本书的目标就是研究、探讨 MACD 指标的运用方法。

1.1.8 常见技术分析法

以不同的盘面数据为切入口，技术分析法有不同的种类，指标分析法只是其中的一种。实盘操作中，综合运用多种技术分析法，可以更好地把握市场全貌，提高预测成功率。下面简要介绍一些常见的技术分析法。

1. 经典理论分析法

经典的技术理论不仅从某一角度出发深入地探讨了股市运行规律，而且是各种形态分析、技术指标设计的基础。例如，道氏理论揭示了趋势规律，波浪理论阐述了趋势表现形式，江恩理论将几何学方法引入，黄金分割理论则借鉴了自然界的形态之美——黄金分割率，等等。利用经典理论，我们开展交易就会有一个相对明确的方向。

2. 形态分析法

形态，即价格的运行轨迹。形态分析法主要是基于技术分析法中的三大假设之一"历史往往会重演"，通过归纳、总结不同价格形态所蕴含的多空信息来预测价格的未来走向。在形态理论中，由于 K 线直观形象地反映了市场或个股的运行轨迹，因而，形态分析法也就是常说的 K 线分析法。透过一些典型的 K 线形态（单日形态、多日组合或是局部形态），我们可以推测出股市或个股当前处在什么位置，进而指导操作。

3. 量价分析法

量价分析法，即将价格形态与成交量形态共同纳入分析范围的分析法。有一定经验的投资者，会遇到这样的情形：相似（甚至相同）的价格形态，在不受消息面影响的情况下，完全可能演绎出方向相反的走向。之所以如此，是因为形态分析法只考虑了多空双方的交锋结果，没有分析具体的交锋过程。力度不同的多空交锋，即使当前结果相同，对后期走势的影响未必相同。而多空双方的交锋力度正是透过成交量形态表现出来的。

量价分析法将量能与价格结合起来，可以更好地帮助我们分析多空力量的变化。可以将成交量看作市场运行的动力，量价分析法的实质是动力与方向的分析。美国著名的投资专家格兰维尔曾经说过："成交量是股票的元气，而股价是成交量的反映罢了，成交量的变化，是股价变化的前兆。"这句话可以说是量价分析法的核心内容。

4．主力行为分析法

股票市场的投资者大致可以分为两类：一类是资金薄弱的个人投资者，一类是资金强大的主力投资者。有一定投资经验的投资者都知道主力的重要性，对于一只个股来说，主力的作用毋庸置疑。有主力参与的个股与没有主力参与的个股在走势上往往相差甚远。主力，是一个相对宽泛的概念，可以是基金、机构投资者，也可以是市场游资，当主力参与一只个股后，个股的波动幅度一般会加大，走势也往往更加凌厉，特别是市场游资偏爱的题材型个股。

在一轮行情发展、持续的过程中，主力往往扮演着趋势推动者的角色。把握了主力的动向与意图，个人投资者就可以提前布局，从而分享主力拉升带来的收益。

基于这样的情形，就出现了一种较为独特的技术分析法——主力行为分析法。这种分析方法通过盘面信息、盘面形态去分析个股是否有主力资金介入，再结合个股的运行轨迹来推测主力的市场行为，进而为投资者交易提供指导。

5．技术指标分析法

技术指标分析法是将数学中的量化方法与股市中的技术分析思想相结合的产物。指标的设计依据某种技术分析理念、技术分析思想，在此基础上，以相关的盘面数据为参数，建立一个数学函数，这个数学函数可以在一定程度上反映这种技术分析理念。数学函数计算得到的函数值以及函数值连接而成的曲线可以定量地呈现市场的相应多空信息，并对买卖交易给予提示。

依据不同的设计理念，技术指标也分为多种类别：趋势类指标、能量类指标、成交量指标、摆动类指标、大盘类指标、相关专业指标等。灵活地使用这些不同种类的技术指标，既能够很好地识别趋势运行，也可以准确地把握短期的高低点。由于每一类技术指标关注的侧重点不同，所以要想在股市中对个股的走势有全面的把握，综合运用多个指标是一个很好的方法。这种综合运用的分析思路也会应用于本书对 MACD 指标的讲解上。

6．盘口分时图分析法

盘口分时图分析法是指以盘口的分时线、均价线、分时量及各种实时的盘口行情数据为依据，来分析多空力量的变化情况。由于盘口分时图分析法捕捉的是实时多空力量变化，因而，它是一种超短线的分析方法，适用于出击短线强势股、回避短线弱势股。

但是，盘口分时图分析法也有不足之处。由于盘口分时图易受偶然因素影响，如大盘的突然波动、场外消息、主力市场行为等，因此仅凭盘口分时图技术，往往很难准确把握价格的中长期走势。而短线的仓位控制、出击时间往往是以趋势运行为背景展开的，因而在实盘操作中，如果能在运用盘口分时图分析法的同时，顾及趋势运行情况，则短线交易成功率将更高。

1.2 技术类交易观点汇总

了解市场预测方法的两大基本类别后，我们知道，技术分析法的实用性更强一些，特别是对于中短线操作。但是，面对多种技术分析法，我们又该如何着手呢？是任选一种，还是全面覆盖？是学精一样，还是样样都会一点？其实，技术类投资者之所以有这样的困惑，还是因为对技术分析法的理解不够。

技术分析法和技术观点是多样的，投资者交易风格也是多样的，要想从繁多的技术分析法中找到适合自己的，一定要对形形色色的技术交易观点有所了解。技术交易观点，也可以被称为实践性的技术分析理念，它超越了具体的技术分析法（如形态分析法、量价分析法等），是用于指导交易的技术思想结晶。

1.2.1 "趋势运行" 观点

趋势，是一种客观规律，它广泛存在于各个领域。趋势代表着事物明确的、可预见的发展方向，它描述的是一种渐进的、连续发生的线性规律。如果我们能够发现这种规律，就可以更好预测事物的总体走向。例如，当我们说"技术进步是社会发展的趋势"时，其中的"趋势"一词就蕴含了客观规律性这一层含义。

同样，在股票市场中也有趋势，这种趋势虽然看起来很简单，但在实际运用中，往往会有一种"云深不知处"的困境。起初，人们普遍认为个股的走势是独立的，互不相干，直至近代金融市场规模扩大，个股走势之间产生联动效应，才使得敏锐的分析家意识到原有市场理念的错误。查尔斯·亨利·道（1851—1902）最早发现并揭示了股市中的趋势运行规律，这些观点被后来者威廉·皮特·汉密尔顿和罗伯特·雷亚继承发展，形成了我们今天看到的"道氏理论"。

道氏理论的核心内容就是阐述趋势运行规律。以道氏理论为基础，许多的技术分析方法如雨后春笋般破土而出，可以说，道氏理论是技术分析领域中的开山理论。

"趋势运行"观点也是基本的技术交易观点，如果否定了这一观点，或是偏离了它的核心思想，很多技术分析法就会变成无根之木、无源之水。那么，什么是趋势呢？

股市中的趋势指的是价格运动的大方向，而价格运动的大方向只有三种，即向上、向下、横向。因此，有三种具体的趋势：上升趋势、下跌趋势、水平趋势。一些书中也常将水平趋势看作"趋势不明"的一种状态，是原有趋势（上升趋势或下跌趋势）的过渡或转折环节。

借助"趋势运行"的观点，我们在操作时就能更好地把握大局，而不是追逐股价忽上忽下的频繁波动。从中长期来看，依据该观点操作有利于实现资金稳步增长、规避短期风险。

图 1-2 是上证指数 2014 年 4 月至 2015 年 9 月走势，2014 年下半年至 2015 年上半年，股市一直处于上升趋势：起初是缓慢地上涨，可以看到指数重心缓慢上移；随后是强度较

大的突破上行，这是上升趋势持续推进的典型特征；最后，是加速上攻阶段，此时的累计涨幅较大，市场也处于高估状态，应留意趋势的转向。

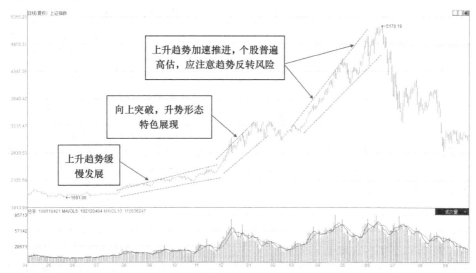

图 1-2　上证指数 2014 年 4 月至 2015 年 9 月走势

　　虽然不是每一轮的趋势推进都有如此长的时间与如此强的力度，但当一轮趋势初步形成后，往往能在随后较长一段时间内继续沿原有的方向行进。理解市场及个股的这种趋势运行特征，会为投资者制定交易策略提供很好的指导。

1.2.2　"随机漫步"观点

　　市场是可以预测的，还是不可以预测的？对其不同的解答，直接衍生了完全相反的交易观点。认为市场或个股是可以预测的，就可以着手分析，发现趋势，寻找机会；认为市场或个股是不可以预测的，那任何分析都会变得没有意义，买股票盈利与否全凭运气。对于市场不可预测的论述，最为著名的理论当属"随机漫步"。

　　经济学家伯顿·麦基尔在其经典著作《漫步华尔街》中阐述了随机漫步理论。该理论认为，股票市场上的投资收益是随机的，不可预测。该书强调：长期来看，价格是不可预测的，任何分析方法都不能有效地预知价格的趋势，因而，基金经理的收益不可能一直高于市场总体平均水平。

　　随机漫步理论是建立于有效市场假说之上的。有效市场是指：市场上的每一个人都懂得分析，而且流入市场的信息全部都是公开的，所有人都可以知道，并无秘密可言；买方与卖方同样聪明机智，他们能够接触同样的情报，没有某一方能够战胜股市，股价早就反映一切了。依据随机漫步理论，选股方法不再重要，如果我们对着报纸的股票版丢掷飞镖，也照样可以选出战胜市场的投资组合。这样看来，如果随机漫步理论成立，所有股票专家都无立足之地。

　　通过上面介绍可以看到，随机漫步理论看似有一定的依据，因为我们常说市场是有效的，市场走势已反映了一切，这也是技术分析的假设之一。但是，随机漫步理论过高地估计了投资者的分析能力，也脱离了对投资者心理及情绪对市场或个股走势影响力的观察，过于单纯、理性地分析市场，自然就脱离了事实，这也使得随机漫步理论只是一种理论，投资者了解即可。

1.2.3 "周期循环"观点

周期循环，是建立在趋势运行规律之上的。它指出：牛市（即上升趋势）与熊市（即下跌趋势）是交替出现的，一个牛市完成之后，紧随而来的是熊市；而一个熊市完成之后，紧随而来的是牛市。

简单来说，周期循环指出了股票市场的趋势循环特征，其中，以波浪理论最为著名。在波浪理论中，技术分析专家艾略特不仅阐述了股市的周期循环特点，还总结出了周期循环的运行细节，这对于投资者把握趋势运行有着极强的指导作用。由于波浪理论在技术分析领域的重要性，我们将在第 2 章讲解趋势分析技术时单独介绍。

在实战操作中，周期循环观点用于大规模且行进速度快的大行情时，往往能够发挥很好的作用，但这种大起大落、形态鲜明的典型周期行情往往要间隔数年才能出现一次。

图 1-3 是上证指数的周 K 线走势，图中标注了两轮典型的牛熊市交替行情，特征十分鲜明。在这两轮大行情中，每一轮牛市行情都具备行进速度快、幅度大的特点，而与之速度、幅度相对应的熊市行情也紧随而至。

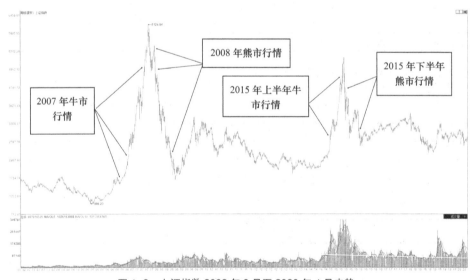

图 1-3　上证指数 2002 年 8 月至 2020 年 4 月走势

从周期循环的观点来看，市场能够在半年或一年左右的时间内出现翻倍甚至是两三倍的上涨行情，必然脱离了基本面支撑，这大多是资金面推动所致；而资金面的推动很难持久，一旦消退，大规模的下跌行情也将紧随而至。

1.2.4　"箱体模式"观点

箱体模式，基于一种特殊的价格视角，它由尼古拉斯·达瓦斯提出。尼古拉斯·达瓦斯是短线交易专家，他在 20 世纪 50 年代中期入市时只有几千美元，短短三年时间就将账户资金成功增值到 200 万美元，创造了股市中的一个奇迹，而其采用的方法就是顺势的箱体交易法。

箱体模式指出：价格的波动是以箱体的方式来实现的，而且，箱体的发展方向能够展示趋势。当原有箱体被向上突破之后，意味着当前处于升势，价格也将进入一个更高的箱体之中；反之，当原有箱体被向下跌破之后，意味着当前处于跌势，价格也将进入一个更低的箱体之中。

图 1-4 是三安光电 2019 年 4 月至 11 月走势，该股的横向震荡呈箱体模式，此时的趋势尚不明朗，随后，向上突破了这个箱体，这是升势出现的信号，也预示着价格将在更高的箱体里波动，此时是顺势买入时机。

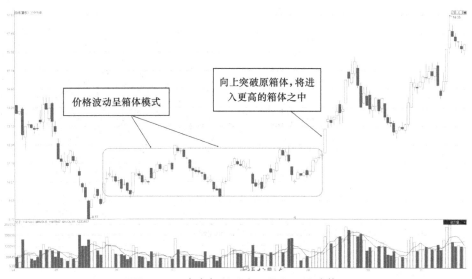

图 1-4　三安光电 2019 年 4 月至 11 月走势

不难看出，箱体模式与我们惯用的"低吸高抛"短线策略不同，因为"低吸高抛"并没有关注趋势，而箱体交易则是顺势而为。但是，在实际应用中，箱体交易法难免有"追涨杀跌"的短线交易嫌疑，因而，结合个股及市场情况，找准买卖时机显得十分重要。

1.2.5 "支撑阻力"观点

"支撑阻力"是一种结合了中长期趋势与短期方向选择的技术类观点，它指出：价格在波动过程中，由于受到买卖双方资金实力以及市场上大量技术分析类投资者操作的影响，在较为重要的点位，会遇到较为明显的阻挡或支撑；而且，同一点位的支撑作用与阻力作用，往往会随着价格走势的演变而出现变化。

对于广大技术分析者而言，支撑阻力观点并不陌生。例如，我们经常听到的"回调买入""逢高卖高""突破入场""破位离场"等说法，其实都是源于支撑阻力观点。以其中的"回调买入"来说，这是看涨大趋势，即：市场或个股的大方向是向上的，而"回调"就是指一个中短期内的强支撑点，由于大势向上，买盘资金实力更强，因而，逢低入场的资金要明显强于卖盘，从而形成支撑。下面我们举例说明。

图 1-5 是盛弘股份 2019 年 3 月至 2020 年 2 月走势，在中长期的低位区，该股出现了明显的企稳特征，价格长时间维持震荡格局，且重心略有上移。图中画出了震荡区的支撑位，画法是：将相邻的两个明显回落低点相连，这条线必须是倾斜向上的。

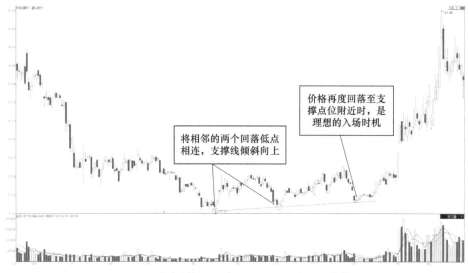

图 1-5　盛弘股份 2019 年 3 月至 2020 年 2 月走势

寻找支撑位源于对趋势反转的判断，这基于市场整体、个股估值、行业发展等多种因素。找到支撑位以后，就可以耐心等待，当股价再度回落至此点位附近时，就是一个较为理想的入场时机。

从本案例也可以看出，在寻找支撑位时，预判的中期行情是向上的，或者是中短期内将有较强的反弹力度。与之正好相反的是对阻力位的寻找，此时预判中期行情是向下的，或者是中短期内将有较强的下跌力度。

1.2.6　"缓涨急跌"观点

缓涨急跌，既是市场运行的一种反映，也是一种技术交易观点。这种观点得到了大量的市场运行证实。

如果我们足够细心就会发现这样一个事实：在没有明显利好消息推动，或者市场处于较为正常的运行轨道中时，上涨走势总是显得不紧不慢、缓缓发展，而当大多数投资者习惯了这种市场波动格局后，这种走势往往又会因一些看起来并不明显的利空消息被打破，出现短期急速下跌走势。如果仅仅以消息面来解释，下跌的速度、幅度与消息的利空程度显然不成正比，而且，在任一时间段，市场总是充斥着各种利好消息与利空消息。

其实，缓涨急跌的观点与其说是对消息面的反映，不如说是市场心理过度反应的一种体现，而且，这也是金融市场博弈的结果。当大多数投资者接受了市场的惯性上涨格局后，由于对手盘的缺失、获利了结心理的增强，少量的卖盘往往大幅拉低价格，而这又进一步激发了市场的恐慌心理。要知道，无论是专业投资者，还是个人投资者，对于同等程度的涨跌幅而言，下跌时的恐慌情绪要明显强于上涨时的热情。正是基于买盘力量及市场心理等因素的影响，在消息面的诱发下，促成了股票市场上的"缓涨急跌"走势格局。

图 1-6 是上证指数 2017 年 4 月至 2018 年 3 月走势，市场从 2017 年 5 月开始步入震荡上行格局，历时半年多，指数涨幅近 20%，但是随后仅用了两个交易周，就吞没半年多的上涨成果，可以说，这是技术分析中"缓涨急跌"观点的典型体现。这种快速下跌走势自然与消息面有关，因贸易层面的一些因素，市场上出现了短期的恐慌心理，导致了股价的快速下跌。

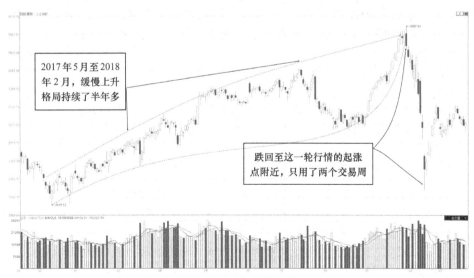

图 1-6　上证指数 2017 年 4 月至 2018 年 3 月走势

缓涨急跌的技术观点时刻提醒着我们，即使在趋势向好、稳健攀升的市场环境中，也不宜放松对于风险的把控，特别是当市场出现明显不利的消息面时，较为稳妥的策略是：先离场观望，待消息面平静、市场恢复到正常交易状态时，再择机入场。

1.2.7 "相反行为"观点

金融市场是一个多空双方博弈的市场，只有少数聪明的投资者才能获利。股市有"七亏两平一赚"说法，虽然缺少具体统计数据，但可以提示我们：当出现一边倒的观点时，这种观点很可能是错误的。股票市场也有一种说法："行情在绝望中产生，在犹豫中发展，在狂欢中结束。"当大多数投资者因市场持续、大幅的下跌而一致看淡后市时，行情可能在悄悄萌芽；当市场开始转向上行时，前期的熊市心理仍占重要地位，市场分歧较大，但"聪明"的资金不断入场，这恰好成了市场持续运行的动力；当市场加速上行，投资者普遍看涨时，已明显偏离基本面，获利盘开始不断离场，但大众投资者接盘入场，这时的行情离结束也不远了。

"相反行为"观点正是基于以上判断，其基本观点建立于群众的买卖行为上。相反行为观念认为：大多数投资者看好后市，这种一致的看法是最大阻力，如果此时正逢市场明显高估，则少量利空消息就可能导致行情结束，熊市出现；反之，大多数投资者看淡后市，如果此时正逢市场明显低估，则很可能意味着熊市已接近结束。

"大众担忧的那件事，最终没有发生；大众不担忧的那件事，最终一定发生。"这可以说是相反行为观点的核心内容。

相反行为观点是一种综合性的交易观点，它既不是纯粹的技术分析法，也不是保守的基本面分析法。它融合了技术分析、大众心理、经济前景、市场估值、舆论倾向等多种因素，对于市场经验不足的投资者来说，十分难把握，因为要利用这种观点把握入市、出市时机，需要独立思考。

除此之外，我们也应了解，相反行为观点并非指大多数投资者看多时，我们就应看空，或者说当大多数投资者看空时，我们就应看多。相反行为观点并不是说大众一定是错的，其实市场的上升或下跌的走势仍是大多数投资者合力完成的。相反行为观点所考虑的是一个变化的过程，对于投资者的参与仓位、交易策略予指导。

1.2.8 "长线持股"观点

粗略一看，长线持股这种观点，似乎与"趋势运行"观点相矛盾。其实不然，没有个股能够脱离市场趋势的影响，但是有一些个股能够在牛市或震荡股市中持续不断上涨，而在熊市中则只出现幅度相对较小的回落。可以说，这类个股上涨时强于大市，下跌时则弱于大市。从长期来看，这类个股确实是摆脱了市场"原地踏步式"的周期循环，走出了自己独有的震荡上行大格局。

　　这种长线牛股一般都有着坚实的主业支撑，且成长性极佳，而股价自然是与业绩挂钩的。在牛市或震荡股市中，这类个股成绩出众，涨势更强；在熊市或弱势格局下，则不太突出，跌幅较小。对于长线持股操作来说，"选股"与"把握入市时机"是决定成败的关键因素。这类可以跨越牛熊市的个股凤毛麟角，投资者拥有足够的专业知识，且对行业及企业的未来发展空间有相对准确的评价，才能找到这类个股；而且，在买入时要有相对合理的估值，这往往需要足够的耐心来等待股价的回落。

　　图 1-7 是恒瑞医药 2015 年 5 月至 2020 年 5 月走势，在长达 5 年的时间里，该股始终保持着总体上升的势头，虽然其间受大盘影响出现了深幅下跌，但当市场企稳后，该股能够重拾升势并再创新高。这种独立的上升走势自然取决于企业不断提升的盈利能力及开阔的行情前景。

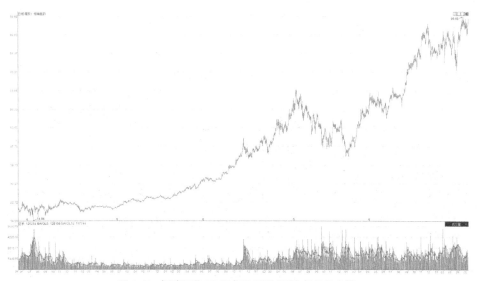

图 1-7　恒瑞医药 2015 年 5 月至 2020 年 5 月走势

1.2.9　"热点题材"观点

　　股票市场中短期内的强势品种多与热点题材驱动有关，题材多源于场外的消息面，例如政策面消息、国际市场的变化、社会生活中的重大事件、大宗商品的价格波动等。热点题材可以激发市场人气，集中市场人气于少数相关个股，并吸引大量的市场游资、大众投资者关注，进而促成题材股的短线异动。一些热点性较强的题材甚至可以引发相关题材股的连续涨停板。在股票市场处于震荡行情时，热点题材板块股价的走势会显得十分突出，龙头股在短时间内出现翻倍行情也较为常见。

　　图 1-8 是汇金股份 2020 年 2 月至 5 月走势，此股于 2020 年 4 月 15 日直接以涨停开盘，盘中短时间开板裂口即牢牢封板，这种异动的盘口走势与数字货币的消息面驱

动有关。当时市场上有消息称，央行数字货币在农行内测。二级市场上，数字货币概念当日重获垂青，汇金股份作为题材相对正宗、股价又处于低位的一个品种，当日率先封板。

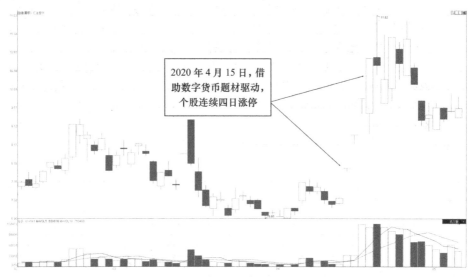

图 1-8　汇金股份 2020 年 2 月至 5 月走势

从走势可见，此股借助数字货币题材驱动，连续出现了四个涨停板。如果没有题材驱动打破个股沉寂的交投，在同期市场正处于震荡态势的背景下，是很难走出这种独立行情的。

热点题材虽然是点燃个股行情的导火索，但是，投资者在参与时也应结合题材的持续性、个股的走势来综合分析，有些题材往往只能引发当日的盘口异动，有些题材则可持续多日甚至多周引发盘口异动。题材的持续性越好，追涨参与的风险越小；同样享有题材的个股，低位区的个股显然要比高位区的更有上涨潜力。

1.2.10　"波段操作"观点

如果说参与题材股是一种追涨方式，那么波段操作则是一种"低吸高抛"交易技术。一些小盘股往往有着较高的活跃度，在股市处于横向震荡的无趋势行情时，这类个股的上下波动幅度远大于指数。投资者可以结合市场的横向波动特征及个股较高的活跃度，在短期回落幅度较大时"低吸"，即在宽幅震荡区间的低点买入；在短期反弹幅度较大时"高抛"，即在宽幅震荡区间的高点卖出。

除此之外，波段操作也适用于震荡上扬行情，只要个股在上升过程中的回落幅度较大，能够在一个相对低位获得支撑，则可作为一个波段买入点。

图 1-9 是三联虹普 2019 年 1 月至 10 月走势，该股在市场行情盘整时的上下震荡幅度明显更大，这是股性活跃的标志之一。当一波深幅回落出现后，由于同期的市场仍旧处于震荡之中，个股有着较强的反弹需求，这是波段买股时机；随后，当股价短线上涨幅度较大，接近震荡区高点时，这是阻力较强的位置，也是波段卖出时机。

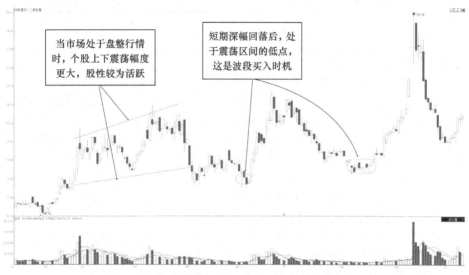

图 1-9　三联虹普 2019 年 1 月至 10 月走势

投资者在参与波段操作时，应尽量选择低位区、有业绩支撑的个股，这类个股在波段低点获得的支撑力度较强，参与风险较小；而对于前期累计涨幅较大、处于高位区震荡的个股，则应谨慎参与，这类个股随着市场震荡的持续，出现破位下行的概率较大。

1.3　K 线与成交量浅析

技术分析的四大要素为价、量、时、空。时间与空间是价格波动的前提，"价"指价格形态，"量"指量能形态。价格形态与量能形态可由 K 线表现。无论是 MACD 这样的单一技术指标运用，还是其他类型的技术分析方法，都离不开 K 线与成交量。本节主要介绍价格形态与量能形态是如何运用于技术分析之中的，投资者应该怎么理解价格形态与量能形态。这些内容是随后进一步学习、运用 MACD 指标的基础。

1.3.1　解读 K 线的思路

单根 K 线由开盘价、收盘价、最高价、最低价四个价位构成。开盘价高于收盘价则为阴线，表明开盘至收盘出现了下跌；开盘价低于收盘价则为阳线，表明开盘至收盘出现了上涨。图 1-10 标示了单根 K 线的形态。

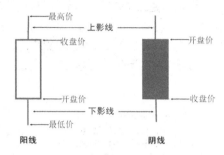

图 1-10　单根 K 线形态

K 线除了可以反映价格走势外，还蕴含了一定的多空含义，当然，这需要我们进一步解读。

首先，单根 K 线中间的矩形实体是多空交锋结果的体现。阳线实体越长，表明多方胜果越大；阴线实体越长，表明空方胜果越大。除了尾盘异动之外，一般来说，实体越长，则表明一方（多方或空方）短期内的实力越强。

其次，影线反映了盘中的交锋过程，即多方或空方是如何取胜的。例如，下影阳线，表明多方虽然当日胜出，但在盘中遇到了空方的阻挡，且空方在盘中曾一度占据优势。又如，上影阴线，表明多方曾于盘中发起攻势，但遇到了空方的顽强阻挡，且最终以空方获胜结束。影线反映了多空交锋过程，结合日 K 线图上的价格位置，投资者能够在一定程度上了解多空力量的变化，进而判断短期价格方向。

最后，两根、三根及多根 K 线组合同样蕴含一定的多空信息。在解读这些组合形态时，除了要关注单根 K 线形态外，更要关注整体的组合形态特征。这些组合形态有的早已成为经典的涨跌信号，引导技术投资者操作。

下面结合一个案例来看看如何应用单根 K 线的形态特征把握短线方向。

图 1-11 是法拉电子 2019 年 12 月至 2020 年 3 月走势，单根 K 线在价格走势窄幅波动区间内的市场含义并不鲜明，此时更应关注趋势，而非短线波动。

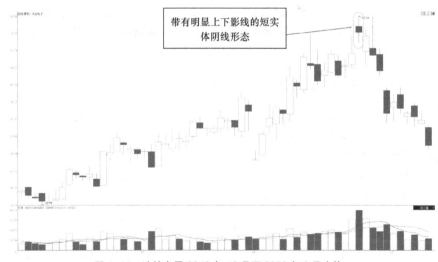

图 1-11　法拉电子 2019 年 12 月至 2020 年 3 月走势

但是，图中标注的这根 K 线出现在中短线上涨后的高点，它带有一个跳空缺口，这是一个带有上下影线、实体较短的阴线形态，看似平平无奇，但蕴含着明显的多空含义。首先，较长的上下影线表明多空交锋激烈，且双方力量均不明显占优；其次，当日收于阴线，最终以空方小幅获胜结束。结合股价位置点来看，这表明多方在上攻过程中或遇到了明显的阻挡，且多方力量有所减弱，是短期内多空力量对比格局或将出现变化的信号，可以作为一个逢高卖出的信号。

本案例所讲的单根 K 线形态，有一个名称叫"螺旋桨"，是一个预示短线下跌的经典形态，常出现在一波上涨后的高点。在运用 MACD 指标操作中，当指标发出买卖信号时，我们要关注 K 线形态是否配合，这有助于提升交易的成功率。

1.3.2　两根 K 线解读方法

单根 K 线主要依据它的实体与影线关系来把握多空含义，以两根 K 线为基础的多根 K 线组合则主要依据它们之间的相互位置关系来把握。理解了两根 K 线之间的位置关系原理，就可以更好地解读多根 K 线组合。本小节将介绍解读两根 K 线组合的方法。

两根 K 线组合中，前面的一根 K 线是参照，可以依据多空力量的强弱将第一根 K 线划分为五个区域。图 1-12 为单根 K 线的多空区域划分，从区域 5 到区域 1，位置越靠上，就越能代表多方力量，即区域 1 内的多方力量最强，区域 5 内的空方力量最强。依据第二根 K 线所处区域，就可以通过它们的位置关系来分析多空强弱情况。

如果第二根 K 线的实体、影线等部分更多位于第一根 K 线多方力量较强的区域（区域 1 和区域 2），则说明市场多方力量相对较强；反之，如果第二根 K 线的实体、影线等部分更多位于第一根 K 线空方力量较强的区域（区域 4 和区域 5），则说明市场空方力量相对较强。

图 1-13 标示了典型的多方占优与空方占优组合，在图中左侧的多方占优组合形态中，两根 K 线均为阳线，阳线是多方取胜的标志，且第二根 K 线更多位于第一根 K 线的上方区域；在图中右侧的空方占优组合形态中，两根 K 线均为阴线，阴线是空方取胜的标志，且第二根 K 线更多位于第一根 K 线的下方区域。

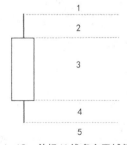

图 1-12　单根 K 线多空区域划分

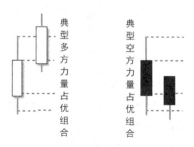

图 1-13　多方占优及空方占优典型组合

当然，在利用两根 K 线组合时，还要特别关注价格当前所处的位置，是短期大涨后的高点，还是深幅回落后的低点；除此之外，就重要性而言，两根 K 线之间的位置关系要强于它们的单根形态含义。

1.3.3　关注整体 K 线形态

若非急速的涨跌行情，多空力量的转换往往有一个明显的过程，这时，借助 K 线整体形态特征的变化，可以对价格中期走势有一个大致判断。例如：高位区滞涨且重心下移的整体形态，多预示空方力量在加强、多方力量在减弱，是随后或将破位下行的信号之一；而低位区的企稳且重心上移的整体形态，往往预示多方力量在加强、空方力量在减弱，是随后或将突破上行的信号之一。

图 1-14 是九强生物 2019 年 2 月至 5 月走势，个股在局部运行中出现了横向震荡的二次上探形态，形态特征类似于大写的英文字母 M。从 K 线理论来看，这是一个经典的双重顶形态，当其出现在累计涨幅较大的位置点时，是多空力量对比格局或将发生转变的标志，持股者应提防价格走势的反转。

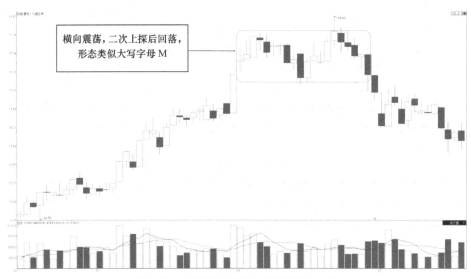

横向震荡，二次上探后回落，形态类似大写字母 M

图 1-14　九强生物 2019 年 2 月至 5 月走势

1.3.4　量在价先的提示

在股市中我们常听到 "量在价先" 这个词，它概括了成交量的作用，即通过成交量我们可以提前预知个股未来走势。

美国著名的投资专家格兰维尔曾经说过："成交量是股票的元气，而股价是成交量的反映罢了，成交量的变化，是股价变化的前兆。"

　　成交量之所以有如此作用，是因为它反映了多空双方的交锋力度。在多空交锋结果并不明显的情况下，其交锋力度的变化往往蕴含着重要的信息。例如，在高点或低点，如果成交量明显放大，这表明此位置点的交锋力度增强，是市场分歧明显加剧的标志。既然双方都投入了大量的"兵力"，这也预示了有一方将取胜，价格走势在短暂的震荡之后，将做出方向选择，或沿原有方向继续推进，或出现价格走势的转向。

　　图 1-15 是上海电影 2019 年 7 月至 10 月走势，该股在高位区出现了一波快速下跌，这是一波正常的涨势回调，还是价格走势转向的信号呢？如果仅从 K 线来看，难以得出结论，毕竟这一波下跌是受大盘带动出现的，而大盘又整体处于震荡格局中，并无下行趋向。

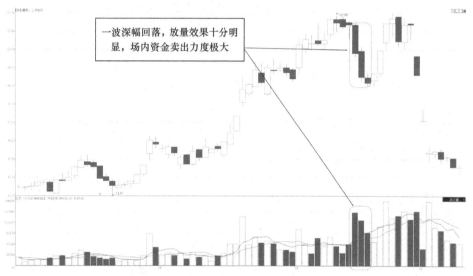

一波深幅回落，放量效果十分明显，场内资金卖出力度极大

图 1-15　上海电影 2019 年 7 月至 10 月走势

　　但是，如果借助量能形态，则可以较好地解答这个问题。在图中标注的三日的快速回落过程中，成交量异常放大，这是场内资金集中卖出的标志，也说明这个价位点的市场看空情绪较重；随后几日的回升中，成交量同样明显放大，交易是双向的，这表明多空分歧十分明显。结合个股前期较大的涨幅远高于同期市场来看，在没有市场的配合下，个股结束升势的概率较大，持股者应注意规避趋势反转的风险。

　　成交量的异动往往先于价格走势，但归根结底，成交量的变化反映了多空交锋的力度，也可以称之为"多空分歧程度"。在分析量能异动时，我们要结合价格走势，看看此时"多空分歧程度"是否会对价格走势造成影响，是推动价格加速前进，还是导致走势反转。

1.3.5　量是价格方向的验证

　　价格走势或缓或急的推进方式是否具有持续性，短期内是否会出现转向，这些可以借助量能的变化来分析。一般来说，温和地放量，或者是放量效果不缩减，能够较好地保证价格走势沿原方向推进；而量能急速放大且无法保持放量效果，则多预示了短期走势的反转。这是因为，当量能突然大幅度放出时，代表多空分歧异常明显，价格走势若还想沿原方向继续推进，买盘力度（上涨波段中）或卖盘力度（下跌波段中）势必不能减弱，此时一旦出现量能明显缩减，则表明力度减弱，短期内的价格走势或将出现震荡，或将出现转向。

图 1-16 是珠江啤酒 2018 年 3 月至 2018 年 6 月走势，图中标注了两个放量点。第一个放量点出现后，虽然放量效果无法保持，但由于上升走势刚刚展开，并没有引发价格走势转向，只造成了短时间的横向整理，但这也打破了原有的上升节奏。第二个放量点出现时，累计涨幅已较大，且放量效果更加明显，这也预示了价格走势转向。

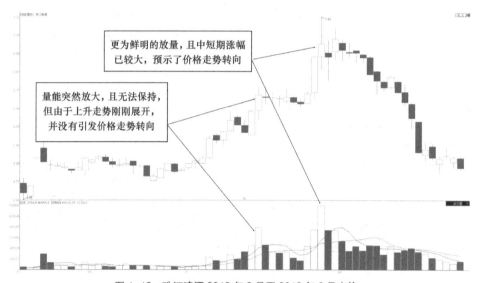

图 1-16　珠江啤酒 2018 年 3 月至 2018 年 6 月走势

1.3.6　关注量价配合情况

成交量的形态变化虽然有预示价格走向的作用，但是，在实际应用中也应注意，价格形态更为重要。偶然异动的量能出现在价格走势较为稳健且变动幅度不大的情况下，一般来说并不宜看作涨跌信号。在大多数情况下，只有当价格走势在中短期内出现了明显的变化时，量能形态异动才是更为可靠的信号，这也是运用量价配合把握买卖时机的关键。

所谓的量价分析，就是以中短期内价格走势为依据，结合成交量的典型形态特征，来分析市场多空力量的变化情况，进而预测价格走势。

对于投资者来说，量价分析主要依据一些典型的量价组合所呈现出的特有的多空信息，来预测价格走势。例如，量价齐升形态，这是一种经典的量价组合，它常见于持续性强、势头良好的稳健上升走势中。又如堆量上涨，常见于快速上涨波段，持续性较差，但能够引发价格走势的激烈波动，且易引发价格走势转向。

图 1-17 是国民技术 2019 年 10 月至 2020 年 3 月走势，量能随着价格攀升不断放大，量价配合关系未发生变化，可持股待涨。但是随着上涨的持续，在高位的横向整理中，出现了单日巨量阴线，打破了原有的"价升量升"的配合关系。巨量阴线的出现，既反映了多空分歧进一步加剧，也是空方开始占据一定主动的信号，结合个股的中短线涨幅来看，这种量价关系的转变或预示了价格走势的转向。

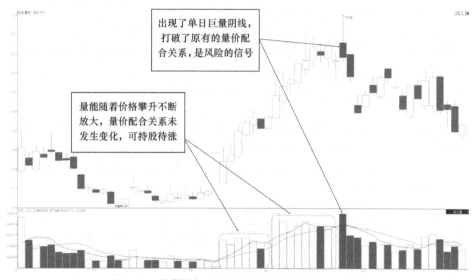

图 1-17　国民技术 2019 年 10 月至 2020 年 3 月走势

在使用 MACD 指标的过程中，量价形态也是重点关注的对象，在指标信号与量价形态相互配合、相互验证的情况下，有助于提升交易成功率。基于量价配合关系的重要性，本书后面的章节中，会单独讲解一些常见的、经典的量价配合关系。

1.4　MACD 简介与软件调用

异同移动平均线（Moving Average Convergence/Divergence，MACD），也称移动平均聚散指标，在整个技术指标系统中占据着重要的地位，也是最为经典的技术指标之一。MACD指标有着很好的投资者基础，在指标系统中，它的普及度仅次于移动平均线（Moving Average，MA）。相对于移动平均线来说，MACD 指标的适用度更广，买卖信号也更为明确。本节将结合 MACD 指标的出现及股票行情软件的调用方法，初步介绍这个指标。

1.4.1　MACD 指标的出现

在杰拉尔德·阿佩尔所著的《股市交易系统》（ *Stock Market Trading Systems* ）一书中，最早提出了 MACD 指标。后来，托马斯·阿斯皮雷引入柱线（Histogram）的概念，由此完善了这个指标，成为我们现在使用的 MACD 指标的最终版本。

阿佩尔不仅是一名股市技术分析者，他还是一名投资顾问，是 Signalert 公司的创始人。Signalert 公司是一家管理着数亿美元客户资产的投资咨询公司。

阿佩尔对于股票市场有着丰富的经验，并擅于做总结，在对金融市场从事大量研究的基础上，还曾出版了多本理财投资类书籍，如《技术分析实战工具》（ *Technical Analysis Power Tools for Active Investors* ）、《机会投资》（ *Opportunity Investing* ）、《懒人赚大钱:每三个月操作一次的简单投资方法》（ *Beating the market . 3 months at a time* ）等，其中《技术分析实战工具》被美国股票交易权威传媒 Stock Trader 评为当年最佳图书。

1.4.2　技术专家的投资理念

作为 MACD 的发明者，阿佩尔在股票投资领域有着自己独到的理念，这与他的投资顾问身份及公司管理经历直接相关。对于普通投资者来说，阿佩尔的这些投资理念有着很好的借鉴性。在阿佩尔的投资理念中，核心要素是成功投资者所具备的素质，可以将其总结为四点。

第一，自律观念，要始终遵守自己的交易系统。

第二，限制损失，要事先计划限制损失。

第三，交易系统，计划你的交易，交易你的计划。

第四，控制情绪，任何时候都要事先计划以避免错误。

建立一个有计划的、有组织的交易系统十分重要，对于自律的投资者来说，它有助于培养良好的交易习惯，并可以避免盲目交易带来的风险不可控的危机。

1.4.3　MACD 与交易系统

可以说，在阿佩尔所提出的成功投资者应具备的四点素质中，交易系统无疑占据着核心地位。如果没有一个成熟、完善的交易系统，则自律、止损、情绪的实施都将成为无源之水。那么，如何构筑交易系统呢？因为投资者的交易经验不同、性格不同、风险承受能力不同、参与交易品种不同等，阿佩尔没有给出明确的答案，但是，结合阿佩尔所发明的 MACD 指标来打造交易系统，无疑是一个不错的选择。

MACD 指标是一种承上启下的指标，它继续了移动平均线所具有的呈现趋势运行的特性，也兼具了技术指标在短线交易中的灵活性，是一种既适用于分析把握趋势运行，也能够应对震荡行情的综合性指标。

当然，一个交易系统不能建立于孤立的一个指标之上，任何指标都有它的局限之处，对于 MACD 指标交易系统来说，其局限就是需要投资者具有一定的技术分析基础。这样，以 MACD 指标为核心，结合 K 线形态、量价分析，再适当辅以基本面分析，就能够相对准确地把握市场运行情况，了解多空力量变化，进而把握入市、出市时机。

除此之外，我们也应知道，一个交易系统的构建绝不是一步到位的，它是一个不断完善的过程，这个过程进度取决于投资者知识及经验的积累速度。只有经验不断修正之后，投资者才能形成一个适合自己操作、成功率较高的交易系统。

在应用交易系统时，投资者可能出现的最大的问题是有时不严格执行，往往凭直觉操作，且常常感情用事，从而使得交易系统的作用无法发挥。如果说交易系统是一种知识结构，那么，对于交易系统的运用与执行则与投资者的经验、执行力有关，能否认真、有效地把交易系统运用到每笔交易中，是成败的关键。

1.4.4　股票行情软件界面的窗口布局

在股票行情软件中，一般来说，由上至下排列着三个窗口：K 线窗口、成交量（VOL）窗口、指标窗口。MACD 作为一种技术指标，当我们调用它时，它会出现在指标窗口中。图 1-18 为一个常见的窗口布局。

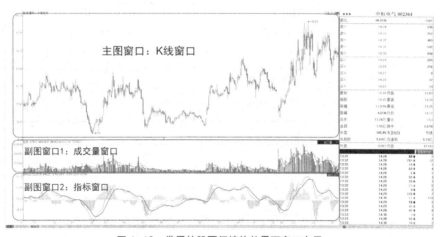

图 1-18　常用的股票行情软件界面窗口布局

图 1-18 是一个个股的日 K 线走势界面，左边为主图窗口与副图窗口，右边主要包括上下五档挂单情况、盘中交投数据统计、实时成交细节等。主图窗口只有一个，用于显示 K 线走势或分时线走势（分时界面），投资者可以通过功能键 F5 实现日 K 线与分时线之间的切换；副图窗口用于显示成交量（VOL）、随机指标（KDJ）、MACD、动量指标（MTM）等技术指标。在图 1-18 中，共有两个副图窗口：成交量与 MACD。

虽然技术指标多显示在单独的副图窗口中，但也有一类指标要与 K 线共用一个坐标系，这类指标被称为主图指标，例如移动平均线（MA）、瀑布线（PBX）、布林线（BOLL）等。

1.4.5　MACD 指标调用方法

虽然不同的股票行情软件在使用细节上有所不同，但其基本用法基本一致。通过 1.4.4 的内容可知，MACD 属于副图指标，它一般显示在成交量（VOL）指标的下方，下面我们来看看如何调出 MACD 指标窗口，或者调出其他指标（如 KDJ、MTM 等）窗口。初学者可以按以下几步调出指标窗口（以同花顺软件为例，其他软件方法类似）。

1. 设定副图窗口的数量

首先，打开个股日 K 线图界面，在主图窗口（K 线图窗口）中单击鼠标右键弹出快捷菜单，如图 1-19 所示。"叠加指标"项，主要用于在主图窗口中叠加主图指标，例如移动平均线、布林线等；"常用指标"项，主要用于调用一些常用的技术指标；"多指标组合"项，可以设定副图窗口的数量，例如，图 1-18 显示了两个副图指标，这对应着"多指标组合"中的"三图组合"。

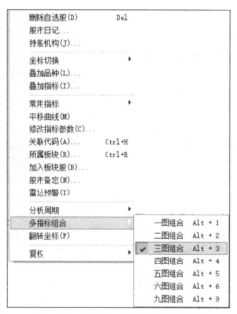

图 1-19　点击鼠标右键弹出快捷菜单

2. 调出 MACD 指标

在设定了相应数量的副图窗口之后，单击副图区域以选中，然后通过键盘输入指标代码以显示相应指标。例如，MACD 指标的代码是"MACD"，随机指标的代码是"KDJ"等。如果不清楚某个指标的代码，则可以单击图 1-20 左下角的"设置"按钮，调出图 1-21 显示的界面，这里会显示软件所有的指标分类及每个指标的代码和名称。

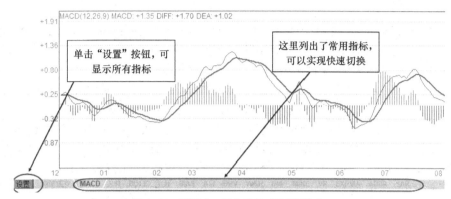

图 1-20　副图窗口下方显示"常用指标"

图 1-21　"设置"对话框中的指标

为了方便调用，在最下方的副图窗口下方，有一些常用指标选项卡，MACD 就位列其中，单击选项卡就可以在最下方的副图窗口中显示对应的指标。

1.5　MACD 指标的特性

一种技术分析方法是否值得学习，取决于此种方法的作用与地位。毫无疑问，形态分析法、量价分析法等经典技术分析法是必须掌握的，它们是各种技术分析方法的起点，而形态与成交量也是非常重要的盘面信息。除此之外，还有很多种类的技术分析方法具有灵活、准确的特性，也是值得关注的。投资者之所以要学习 MACD 指标，是因为它的独特作用，本节进行简要盘点。

1.5.1　呈现趋势

技术分析最大的难点之一就是判断趋势，移动平均线指标正是为趋势判断而生的，可以说，在分析趋势时，移动平均线有它独到的作用。MACD 指标以移动平均线为基础，很好地继承了移动平均线所具有的趋势分析作用。在形态上，MACD 指标线与 0 轴之间的位置关系变化，可以直观、鲜明地呈现当前的趋势运行情况，即显示是处于市场情绪较好的上升趋势中还是处于市场低迷的下跌趋势中，或是处于多空焦灼的震荡行情中。

MACD 指标的趋势信号可以提示我们：当前的价格走势虽未出现反转，但是多空力量的对比格局正悄然转变，指标之所以会如此提示，与价格运动形态的变化有关。一般来说，当行情接近顶部或底部时，原有的行情推动速度会明显放缓，打破了原有的波动节奏，如果只查看 K 线走势，经验不足的投资者往往很难辨识。此时，借助 MACD 指标所发出的清晰、明确的趋势转向信号，就可以为下一步的交易策略提供指导——是逢高离场，还是逢低吸纳。

利用 MACD 指标判断趋势的具体方法，将在后面的章节中详细讲解，读者在此先做了解即可。

1.5.2　反映波动性

无论是股票市场，还是个股运行，都是以"波动"的方式不断推进的，方向可能向上，也可能向下，但在大方向的推进过程中，价格的上下波动是其运动的基本形式。对于"波动"这种形态，我们可以从"波峰"与"波谷"的角度来理解。

多空力量呈现出此消彼长之势，"波峰"出现在一波上涨走势后，是多方推动力量减弱、空方抛售力量增强的体现，这会导致价格走势由涨转跌，形成波峰；反之，"波谷"出现在一波下跌走势后，是空方抛售力量减弱、多方承接力量增强的体现，这会导致价格走势由跌转涨，形成波谷。

可以说，波动特征是价格形态的基本特征之一，波峰代表着风险，波谷代表着机会。但是，身处市场之中，我们往往很难判断当前是否处于波峰或波谷，当已辨识出波峰或波谷之后，却又发现价格已向下远离了峰顶或谷底。

MACD 指标可以较为有效地解决这个问题，因为 MACD 指标的形态特征之一就是波峰与波谷交替。首先，指标形态中的波峰与波谷就是多空力量对比变化的展示，结合指标的这一特征，我们可以预判价格走势；其次，在很多时候，指标的峰与谷会提前于价格走势出现，我们可以利用指标的峰与谷来把握价格走势的转向点。

图 1-22 是三安光电 2018 年 11 月至 2019 年 5 月走势，可以看到 MACD 指标线的形态呈

现着波谷与波峰的典型特征。当指标出现了较为鲜明的波谷形态时，如果股价也正处于低位，则可适当逢低吸纳，博取反弹行情；反之，当指标出现鲜明的波峰形态时，如果股价正处于上涨后的高点，则宜逢高卖出，规避价格转向的风险。

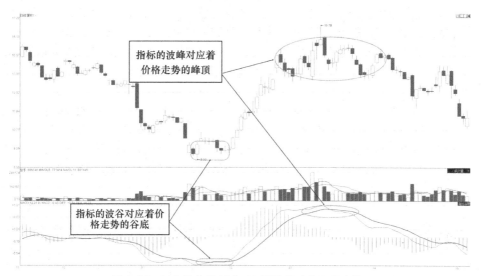

图 1-22　三安光电 2018 年 11 月至 2019 年 5 月走势

除了"峰"与"谷"的基本特征之外，"0 轴"对指标窗口的分割、两条指标线的位置关系、柱线的变化，以及 MACD、MA、KDJ 等指标互补运用的方法等，都有助于提高交易成功率。

1.5.3　价格走势领先性

衡量一种技术分析工具优劣的主要标准之一就是看其能否在价格走势转向前发出买卖信号。虽然并不是每一次的价格转向 MACD 指标都能够提前发出信号，但是，一旦 MACD 指标发出买卖信号，就有相对较高的成功率。而且，这些信号一般会在价格走势转向前明确，这使得指标的实用性大大提升。也正因为如此，MACD 指标成了技术分析派十分推崇的一种分析工具。

1.5.4　MACD 指标的三类信号

技术指标的优势之一就是能够发出明确的买卖信号，对于初学者来说，无须弄懂这些指标形态出现的原因，只需依据指标所发出的这些信号辅以价格走势，就可以很好地进行中短线交易，且具有较高的成功率。

那么，MACD 指标能够发出哪些买卖信号呢？一般来说，可以将 MACD 指标发出的信号归结为以下三类。

第一，趋势性信号，即提示顶部或底部将出现的信号。这是最稳定的一类信号，也是在价格走势长期沿一个方向发展之后所出现的信号。

第二，震荡行情中的反弹与回落信号。在震荡行情中，利用 MACD 指标形态的变化，可以较好地把握震荡区的高低点。震荡区的高点可能是前期的阻力位，也可能高于或低于阻力位，如果仅从价格形态着手，往往比较被动。MACD 指标形态可以呈现多空力量的强弱情况，一般来说，当多方力量达到阶段峰值时，出现回落的概率较大；反之，则预示将出现反弹行情。

第三，急速行情中的短顶与短底信号。在急速下跌走势中，贸然抄底将损失惨重，但如果静待企稳，等来的可能是 V 形反转。此时，可借助 MACD 指标的历史峰值来预测短期底部位置，结合仓位调度，可以实现以较小的风险博取较大的收益；反之，在急速上涨走势中，一系列的阻力位都可能轻松突破，此时，借助 MACD 指标历史峰值来观察多方力量极限点，或能更好地把握短期顶部位置点。

以上就是 MACD 指标最为重要的几类信号，这几类信号既有助于解决趋势研判问题，也有助于把握短期高低点。MACD 指标正是基于这种长短期交易兼顾且不失准确性的优点，得到了广大投资者的关注。

1.5.5　组合运用的互补与验证

在技术分析领域，任何一种技术工具，如果单独使用，都有一定的局限性，因为某种技术工具只能反映市场某个方面的特征。金融市场中，单独使用一种工具进行操作，就如同市场调研中只做局部调研就得出全局结论，结论是片面的，准确性也大打折扣。

MACD 指标作为一种技术工具也是如此，这就要求我们在运用 MACD 指标时，也要考虑一些重要的盘面形态。其中，以 K 线形态与成交量形态最为重要；除此之外，也有一些技术指标能够很好地弥补 MACD 指标的一些不足。例如，在短线分析中，MACD 指标的信号可能出现延后现象，如果能够辅以灵敏度更高，但方向性较差的 KDJ 指标，则能起到互补作用，以助于投资者更及时、准确地把握价格高低点，提高短线交易成功率。

运用 MACD 指标时，应关注 K 线、量能等其他形态，这是实战运用的互补原理；除此之外，也要关注它们之间的相互验证性。所谓验证性，就是指不同的技术分析工具、分析方法，在同一时间段能否发出方向相同的买卖信号。如果不同技术分析工具或方法发出的信号相同，则据此操作，成功率更高；如果相反，例如，MACD 指标发出买入信号，K 线形态发出卖出信号，此时操作，成功率将明显降低。

第 2 章

趋势分析技术基础

任何技术分析方法都离不开对趋势的研判，升势中不做空、跌势中不做多，既是一种交易理念，也是提高成功率的交易之道。第 1 章介绍了"趋势运行"观点，这是所有技术分析方法的基础性支撑，MACD 指标的基本用法之一就是研判趋势。股票市场的投资者有必要深刻理解、掌握趋势。本章以道氏理论、波浪理论、箱体理论等经典趋势理论为基础，结合移动平均线的趋势分析技术，帮助投资者构建关于趋势分析的知识架构。

2.1 道氏理论中的趋势规律

道氏理论是技术分析领域中最早揭示并阐明股市中的趋势运行规律的理论。很多技术理论、指标都是以道氏理论为基础的，可以说，道氏理论是技术分析大厦的根基。不了解道氏理论，对技术分析方法也只能学到皮毛。本节将从道氏理论的产生开始，以道氏理论阐述的趋势运行规律为核心，系统地对其进行讲解。

2.1.1 道氏理论的产生

道氏理论（Dow theory）的核心思想源于查尔斯·亨利·道（1851—1902）的社论文章，这位《华尔街日报》的记者、道琼斯公司的共同创立者，不仅同合作者创建了道琼斯指数，还通过大量的研究、观察，发表了一系列关于市场运行的文章。

查尔斯·亨利·道选择一些具有代表性的股票，采用算术平均法计算编制出道琼斯指数。道琼斯指数是道氏理论产生的基础，因为它可以很好地呈现市场整体的运行情况。最初的道琼斯指数只选取了 11 种具有代表性的铁路公司股票，自 1897 年起，道琼斯指数开始分成工业与运输业两大类，其中工业指数包括 12 种股票，运输业指数则包括 20 种股票，并且开始在道琼斯公司出版的《华尔街日报》上公布。

当时市场的主流观点是个股走势是独立的，市场整体无规律。查尔斯·亨利·道开创性地提出了将市场看作一个整体、市场具有大方向、个股走势受市场方向影响或决定等观点，这些观点散见于查尔斯·亨利·道所发表的社论当中。1902 年，在查尔斯·亨利·道去世以后，《华尔街日报》记者依据其发表的文章、论述等，将其见解编写成书，内容主要包括 "读懂市场的方法""交易的方法""市场的总体趋势"等，从而使道氏理论正式定名。

威廉姆·皮特·汉密尔顿在 1903 年接替查尔斯·亨利·道担任《华尔街日报》的编辑，罗伯特·雷亚是汉密尔顿与查尔斯·亨利·道的推崇者，他们继承并发展了道氏理论，其所著的《股市晴雨表》《道氏理论》成为后人研究道氏理论的经典著作。现在我们所见到的道氏理论可以被看作这三人共同研究的成果。

2.1.2 道氏理论的意义

道氏理论是划时代的投资思想变革，"趋势"这个概念正是道氏理论的基本观点深入技术分析的各个领域中的结果。在查尔斯·亨利·道所处的年代，人们普遍认为一只股票的涨跌与其他股票是没有关联的，买卖股票全靠对个股的单独分析，但结果往往并不理想。

当时的美国股票市场上，上市企业相对较少，其中多为具有垄断性质的企业，由于所处的行业不同，它们在走势上确实具有一定的独立性，这使得市场普遍认为个股走势就是独立的。这种观点看似没有什么不对，但是很多时候，个股绩优、被低估，甚至处于低位，往往不涨反跌；只有一些投机性强的股票才能上涨，让人很难理解。其实，这是因为忽略了市场整体氛围。

专业的投资者虽然能模糊地意识到市场的整体性，但能够进行深刻研究并率先提出市场趋势论的，唯有查尔斯·亨利·道。基于多年证券从业经验及对市场的深刻把握，查尔斯·亨利·道撰写了大量关于市场运行的文章，形成了"市场"的思想。

这种思想的提出，大大开阔了投资者的视野，它也能够很好地解释一些该涨不涨、该跌不跌的股票价格走势。例如，在失业率提升、经济低迷的时候，一些企业虽然能够逆周期提升业绩，但它们的股价走势似乎并不好，没有上涨，反而步入跌势。如果从个股角度来理解，这种走势是无法解释的；但将视野放大到整个市场，就可以将其归结为市场趋势对个股的影响。

可以说，查尔斯·亨利·道的市场趋势思想很好地解释了个股的运行，也大大开阔了投资者的分析视野，打破思维疆界，使其不再局限于个股之中，是具有开创性的观点。

2.1.3　市场运动的三个级别

道氏理论是一种阐述市场整体的理论，而非某一只股票的运行情况，但其所得出的结论却是普遍适用的。只是，在市场整理时，个股可能走出独立趋势，这需要考虑到个股的独特性。

道氏理论将市场运动分为三个级别：基本趋势（主要趋势）、次等趋势、短期趋势。（注：道氏理论此处提到的"趋势"一词仅仅是对价格走势的泛指，并不是我们常说的"趋势"，我们常说的"趋势"对应着道氏理论中的"基本趋势"。）

基本趋势，也称为主要趋势，就是我们常说的"趋势"，它是大规模的、中级以上的价格上下运动，会呈现明显的方向性，持续的时间通常为一年或一年以上，并导致股价增值或贬值20%以上；基本趋势依据方向不同，可以分为基本上升趋势（简称上升趋势）、基本下跌趋势（简称下跌趋势）、横盘震荡趋势。其中，横盘震荡趋势也常被说成无趋势。市场真正的趋势只有两种：上升趋势、下跌趋势。

次等趋势，也称为次级调整、次级走势，它与基本趋势的运动方向相反，并对基本趋势产生一定的牵制作用，其持续时间相对较短，往往在几周之内即可结束。例如，上升趋势中的回调整理、下跌趋势中的反弹都属于次等趋势。为了避免与"趋势"一词混淆，后文以"次级调整"或"次级走势"指称"次等趋势"。

短期趋势，也称为短期波动，指短短几个交易日的价格上下波动，多由一些偶然因素决定。道氏理论认为短期波动并无多大的意义。

图2-1为市场运行的三个级别示意，从

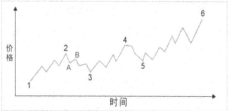

图2-1　市场运行的三个级别示意

"1"到"6"整个运行过程对应着基本趋势，此图为上升趋势；从"2"到"3"或从"4"到"5"这样的运动过程，对应着次级走势，此图为上升趋势中的回调走势；从"A"到"B"这样的运动过程是短期波动。

2.1.4　升势与跌势的三个阶段

道氏理论将上升趋势与下跌趋势各划分为三个阶段，将模糊的趋势运行过程具体化。

1. 上升趋势的三个阶段：筑底、上扬、见顶

上升趋势是"一峰高于一峰、一谷高于一谷"运动过程。

第一阶段为筑底，多出现于市场深跌之后或是长期整理之中，或源于基本面好转的预期，或源于买盘力量的增强。较低的估值吸引了中长期投资者，持股者抛售意愿也大大下降，价格走势出现明显企稳，市场下跌动能不足，但由于此时的多方力量依旧不足，市场往往呈现震荡格局。

第二阶段为持续的上扬。良好的基本面或是强烈的好转预期，使得买盘加速入场，价格指数也脱离了底部区间，此时，买盘源源入场，多方占据主导地位。这是上升趋势最主要的一个阶段，它的涨幅大、涨势凌厉，最能体现市场的财富增值效应。

第三阶段为见顶。这一阶段也在上涨，要么明显加速，要么明显放缓，打破了原有的稳健上升格局。由于市场整体的高估、买盘的过度消耗，升势逐渐接近顶部。

2. 下跌趋势的三个阶段：筑顶、下降、探底

下跌趋势是"一谷低于一谷、一峰低于一峰"运动过程。

第一阶段是筑顶。它多出现在市场持续大幅上涨之后，随着累计涨幅的加大，市场分歧加大，买盘入场力度减弱，并受市场的高估、消息面的影响等，空方力量开始占据上风。从形态上来看，该阶段多以震荡或加速上扬后的突然大幅下跌呈现，是空方力量明显增强、多方力量不足的标志。

第二阶段是持续的下降。在这一阶段，空方完全占据了主导地位，常有经济减速、估值回归理性、企业盈利下滑等因素配合，下跌效应使得场外买盘也迟迟不愿入场。在这一阶段，价格的跌势较快、幅度较大，是下跌趋势最主要的阶段。

第三个阶段是探底。持续的下跌常常引发市场恐慌性抛售，但这一波抛售过后，市场的下跌动能会大大减弱，从而进入底部区。在形态上，探底阶段多呈现为低位区的短时间快速下跌。

2.1.5　上证指数的三阶段划分

结合道氏理论的三阶段划分方法，我们可以对上证指数加以研究，结合三阶段划分法，

我们能更好地看清趋势，看清大方向。

图 2-2 是上证指数 2017 年 9 月至 2019 年 7 月走势，可以看到，筑顶与筑底阶段都是以横向震荡为特征的。其中，筑顶阶段出现的创新高、筑底阶段出现的创新低都不代表方向，因为整体形态并不支撑这种方向；探顶与探底都表现为原有方向的加速，一个出现在持续上涨后的高位区，一个出现在持续下跌后的低位区。

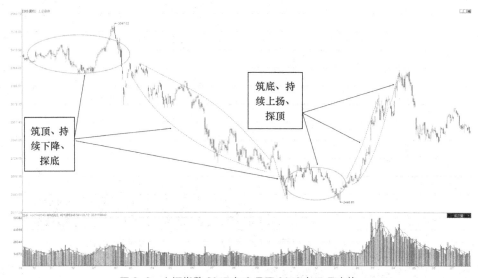

图 2-2　上证指数 2017 年 9 月至 2019 年 7 月走势

每一个阶段都有其独特的形态特征，通过这种三阶段划分法，我们能进一步开阔视野，对宏观的交易策略也能提供很好的指导。

2.1.6　成交量的验证作用

道氏理论指出，成交量可以用来验证基本趋势的运行情况。一般来说，在基本上升趋势的持续运行过程中，成交量与价格走势会呈现出量价齐升的形态；反之，在基本下跌趋势的持续运行过程中，成交量则呈现出相对缩量的形态。

利用成交量的形态特征再结合价格的发展方向，能够更好地识别趋势。但是，道氏理论也指出：成交量只是分析趋势时的一种辅助工具，并不能据此得出结论。这是因为，成交量并非总是跟随趋势，例外的情况也并不少见。例如，上升趋势进入持续上涨阶段时，并不一定呈现量价齐升的形态，成交量也可能相对缩小，实际上，这种情况十分常见。因而，当基本趋势的运行与成交量的变化形态出现背离时，或者说成交量的变化无法有效验证基本趋势的运行时，我们仍应以价格走势为第一要素。

图 2-3 是上证指数 2018 年 12 月至 2019 年 5 月走势，在上升趋势的持续推进过程中，

可以看到完美的量价齐升形态，即随着指数的不断上扬，成交量不断放大，两者呈正相关。这种量价齐升形态表明买盘正加速入场，市场上攻动能充足，有助于我们进一步确认当前的趋势运行情况。

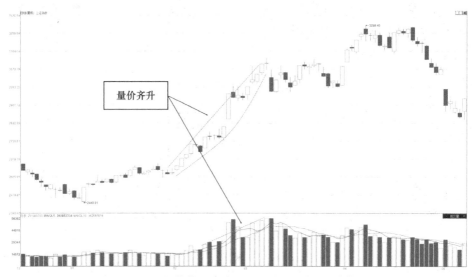

图 2-3　上证指数 2018 年 12 月至 2019 年 5 月走势

2.1.7　趋势的持续力与反转信号

道氏理论指出：趋势有着强大的持续力，一旦形态成型就不会轻易改变方向；但是，趋势也不可能一直持续下去，终有反转时，在反转时，会有着明确的反转信号出现。

道氏理论的这一观点也是用于指导实盘操作的有效方法，即我们在操作中，特别是中长线操作中，一定要顺势而为，不要盲目地预测趋势的顶与底，而要遵循信号来预测。

当上升趋势出现后，市场热情完全可以将其推向一个难以理解的高度；反之，当下跌趋势出现后，市场恐慌也可能将其打低到超出预期的低点位。很多投资者在牛市中常因小利而提前离场，总认为市场已到了顶部，殊不知，这样极有可能错失后面的大好行情，出现踏空；反之，在跌势中又往往过早抄底，结果深陷其中。其实，这都是因为忽视了趋势的强大惯性持续力，主观地臆断顶与底的位置。市场的顶与底与投资者主观的判断往往并不一致，甚至常常偏差巨大，其结果就是：投资者在牛市中只赚到了很少的盈利，而在熊市中却受到了较为严重的损失。

实盘操作中，应等到上升趋势发出明确的反转信号时再选择离场；反之，在下跌趋势中则应坚决地持币观望，耐心等到下跌趋势出现明确的见底信号时再择机入场。

那么，什么才是预示趋势或将转向的信号呢？其实，这样的信号很多，例如 MACD 背离形态、经典的顶部（底部）K 线组合形态、量价见顶（底）形态等，对于这些可以预示趋势转向的信号，我们将在随后的章节中进行讲解。下面结合一个实例做简要说明，以帮助投资者理解道氏理论的这一观点。

图 2-4 是上证指数 2017 年 6 月至 2018 年 2 月走势，走势中出现了形态鲜明的尖顶，在 K 线理论中，这是一个经典的顶部反转形态。

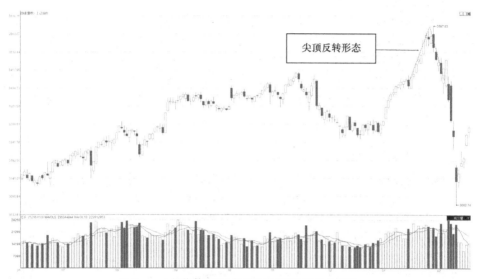

图 2-4　上证指数 2017 年 6 月至 2018 年 2 月走势

尖顶是一种快速上升紧随快速下降的形态，类似于倒写的英文字母 V，也称为倒 V 顶，其特征是上升时的幅度大、下降幅度与上升幅度相近，是一种深幅、急速的上下波动形态。它的出现说明市场的空方力量在短时间内快速增强且占据完全主动，而多方无力承接，之前的上攻力量完全消失，当这种形态出现在一个较高的位置点时，是趋势或将反转的信号。

2.2　波浪理论中的形态特征

道氏理论阐明了趋势运行的规律，划出了趋势的三个阶段，但是，对于趋势运动的形态特征，并没有论述。以道氏理论为基础，波浪理论更进一步进行了阐释。它同样是一种十分经典的技术理论，也是技术分析者必知的内容之一。关于波浪理论的地位，有一句话比较形象地描述道："道氏理论告诉人们何谓大海，而波浪理论指导人们如何在大海上冲浪。"

2.2.1 波浪理论的产生

拉尔夫·纳尔逊·艾略特，美国证券分析家，在长期研究道琼斯工业指数走势后，发现股市的运行有着自然的和谐之美，呈现出一种"自然的韵律"。不管是股票价格还是商品价格的波动，都与大海的波浪一样，一浪跟着一浪，周而复始，具有相当程度的规律性，展现出周期循环的特点，任何波动均有迹可循。基于此发现，艾略特创建了著名的波浪理论（Band theory）。

波浪理论是以道琼斯工业指数为研究对象，对金融市场客观运行规律的一种揭示，且具有明显的系统性，这一点与道氏理论不同。艾略特总结出了市场的 13 种形态（Pattern），这些形态重复出现，但是出现的时间间隔及幅度并不一定具有再现性。尔后他又发现了这些呈结构性的形态可以连接起来形成同样形态的更大图形，总体形态呈"五升三降"的八浪运动模式。为了更好地解释这种模式，艾略特又提出了一系列权威性的演绎法则。

2.2.2 八浪循环模式

波浪理论的核心内容就是"五升三降"的八浪循环过程：市场的一个完整循环过程由五个上升浪和三个下跌浪构成，五个上升浪是上升趋势的运动过程，三个下跌浪是下跌趋势的运行过程，市场的牛熊交替就是以不断循环的五升三降模式呈现的。图 2-5 为"五升三降"的八浪循环过程。

图 2-5　"五升三降"八浪循环过程

"五升三降"中的"五升"是指上升趋势中的 1、2、3、4、5 这五个浪，"三降"是指下跌趋势中的 a、b、c 这三个浪。前五浪中的 1、3、5 是上升浪，2、4 是回调浪；后三浪中的 a、c 是下跌浪，b 是反弹浪。

从总体形态上可以看到，它呈现了波浪式的运动特征，依据波浪与主要趋势的方向是否相同，可以将所有波浪分为两类：推动浪、调整浪。推动浪与基本趋势的运行方向一致，幅度更大、发展势头更凌厉，例如上升趋势中的第 1、3、5 浪，下跌趋势中的第 a、c 浪就是典型的推动浪。调整浪是对原有趋势运行的修正，与基本趋势方向相反，例如上升趋势中的第 2、4 浪，下跌趋势中的第 b 浪。下面我们简要盘点一下各个浪的运行情况。

第 1 浪：多出现于低位区，是脱离底部的一浪，由于此时的多空分歧较为明显，第 1 浪的涨势相对缓和。

第 2 浪：是一个调整浪，是底部区获利盘抛售的结果，此时的多方力量虽占据主动，但优势局面不明显，而且，获利浮筹的离场也有利于市场进一步上涨。从形态上来看，第 2 浪的回调与第 1 浪的突破上涨往往会组合成一些经典的底部形态，如双重底、头肩底等，可以借此识别底部已经出现，趋势反转正在演变中。

第 3 浪：是上升趋势的主推动浪，它的涨势凌厉、涨幅最大，是上升趋势中最重要的一个浪。此时的多方力量完全占据主导地位，市场也因买盘资金的涌入而加速上行，这一浪持续时间的长短既取决于上涨速度，也取决于基本面配合。

第 4 浪：是对主升浪的修正，是幅度相对较大的回调走势。从形态的结构来看，第 4 浪常以三角形、旗形、矩形、楔形等整理形态出现。形态上，第 4 浪的浪底不会低于第 1 浪的浪顶。

第 5 浪：是市场多方力量最后的集中释放。它的涨幅会小于第 3 浪，上涨势头取决于实际情况，市场热度极高时，这一浪的涨势也较为凌厉。第 5 浪的出现可以被看作趋势惯性推进的结果。值得注意的是，在第 5 浪出现时，常常可以看到背离信号，其中最为典型的就是"量价背离"。

第 a 浪：是一波下跌幅度较大的浪，它打破了股市原有的良好而又稳健的上升形态，使得股市呈高位区震动滞涨状。如果联系到第 5 浪上涨时所出现的一些见顶信号，我们是可以提前预见顶部正在形成的。

第 b 浪：属于"多头陷阱"的一浪，这一浪的涨幅、涨势已明显弱于前期的推动浪。第 b 浪与第 5 浪、第 a 浪往往会组合成一些较为典型的顶部形态，如头肩顶、双重顶等。

第 c 浪：是下跌趋势的主跌浪，它的跌幅最大、跌势最为凌厉。此时入场的买盘力度已大不如前，而价格走势的绵软无力则持续引发着持股者的抛售，市场思维也从原来的"持股待涨"开始向"逢高离场"转变。一般来说，第 c 浪的下跌幅度与上升趋势中的第 3 浪正相关，第 3 浪涨幅越大，则第 c 浪的下跌幅度往往也越大。

2.2.3　数浪原则

波浪理论在实际运用时，其难点在于"数浪"，市场运行的波动特点十分明显，往往是大浪套小浪、小浪套细浪，从而使得数浪的难度大增。为了帮助投资者正确地辨识每一浪，艾略特总结了四条数浪规则。

（1）第 3 浪不能是前 5 浪中最短的一个。

（2）第 4 浪的底部不能低于第 1 浪的顶部。

（3）交替规则：在一个完整的八浪循环过程中，同方向的两个浪，呈现出简单与复杂交替出现的运动方式。例如，第 1 浪若是以简单形态出现，则第 3 浪的构成往往相对复杂；第 2 浪若是形态较为简单，则第 4 浪往往相对复杂。

（4）利延规则：第 1、3、5 浪中只有一浪延长，其余两浪长度和运行时间相似。

2.2.4　与道氏理论的比较

道氏理论阐述的趋势运行规律很好理解，它主要用于宏观指导；而波浪理论则阐述了趋势运动的形态特征，这虽然增强了理论的实战价值，但在运用时难点重重。虽然有四条数浪规则，但基于市场运行的复杂性，不同投资者在数浪时往往有着很强的主观色彩。

波浪理论也没有明确给出一个浪的起始与结束的标记。每一个波浪理论家，包括艾略特本人，很多时候都会受一个问题的困扰，就是一个浪是否已经完成而另外一个浪已经开始了。有时甲看是第 1 浪，乙看是第 2 浪。差之毫厘，谬以千里。

波浪理论的浪中有浪，可以无限伸延，即升市时可以无限上升，都是在上升浪之中，一个巨型浪，持续多久都可以。下跌浪也可以无限下跌，仍然是在下跌浪中。只要是升势未完就仍然是上升浪，跌势未完就仍然是下跌浪。通过波浪理论也很难推测出何时到达浪顶或浪底。

与道氏理论一样，作为用来研判大势的工具，波浪理论有其重要价值，但是并不宜将其应用于个股的分析上。

2.3　箱体理论的顺势交易

箱体理论同样是一种十分经典的趋势理论，如果说道氏理论阐述规律，波浪理论描述形态，那么箱体理论则是讲解实盘操作。箱体理论之所以经典，因为它源于实战且简单易懂、准确率高。对于技术分析者来说，实盘中，可以不刻意使用这种方法进行交易，但不能不了解。

2.3.1　箱体理论的产生

达韦斯·尼古拉起初只是一名舞蹈家，他利用手中的 3000 美元，在 18 个月内净赚 200 万美元。当然，这种收益率或与杠杆交易特征有关，但是，其交易方法无疑值得称奇，创造了美国股市中的一个奇迹。在其所著的《我如何在股市赚了 200 万》中，尼古拉详细阐述了其买卖方法，即箱体理论。

尼古拉在其所著的《我如何在股市赚了 200 万》中是这样表述的："我翻看各种书籍，分析股市行情，观察百张个股走势图。当我深入研究这些个股走势时，我开始了解以前从不知道的有关股价走势的一些知识。我开始认识到，股价走势并不是完全杂乱无章的。股价并不是像气球一样没有方向地乱飞。就像受到地球的引力一样，股价总是有一个明确的上涨或下跌趋势，这个趋势一旦确立就会持续。股价总是沿着这一趋势展开一系列波动，我将其称为'箱体'。股价会在高低点之间不断波动。围绕这一涨跌波动区间画出的区域就代表一个箱体。"

箱体理论的交易规则与大众投资者的"逃顶抄底"方法明显不同，它是以股票箱的方向选择为出击方向。所谓股票箱，就是价格的横向波动空间。把震荡区中价格的低点连线，看作箱底，把高点连线看作箱顶，这样，在一个涨跌的周期里画成一个方形的箱，这就是股票箱。

箱体理论认为：价格的运动是以箱体结构呈现出来的，涨破箱顶代表趋势将向上，是买入时机；跌破箱底代表趋势向下，是卖出时机。

2.3.2 箱体理论交易原则

箱体理论指出：价格的波动不可能总在一个箱体中运动，当箱体的上沿被有效突破后，价格就会进入一个更高的箱体之中，因而，突破箱体上沿是顺势买入时机；反之，当箱体的下沿被有效跌破后，价格就会进入一个更低的箱体，这时应卖空。

箱体交易规则看似是一种高买低卖的方法，有追涨倾向，实则不同，这是结合趋势的操作方法。箱体交易也并非在划出了震荡区的上下两条线后，"突破上线就买入，跌破下线就卖出"这么简单，实盘操作中，还要结合个股的特性、市场的情况来综合把握。

虽然操作起来并不简单，但在理论上，箱体理论其实是很容易理解的，它主要蕴含了两层信息：第一，价格运动是以箱体结构方式呈现出来的；第二，当原有的箱体结构被有效地向上突破（或向下跌破）后，一个新的箱体也将出现，并且，原来的箱体上沿（或下沿）将对价格的反向波动起到阻挡（或支撑）作用。

2.3.3 突破箱体时买入

运用箱体理论进行交易时，我们需要注意：箱体应该是一个相对狭窄的价格空间，如果上下价差过大，那么箱体上沿的阻力（或下沿的支撑）将更强，突破（或破位）成功率也会大大下降，且常需要反复试探阻力位（或支撑位）之后才能够有效突破（或破位）。

对于相对狭小的箱体结构走势，一旦价格走势向上有效突破箱体上沿阻力位，则加速上攻的概率较大，是买入时机。

当价格在原箱体内震荡，这是趋势运行暂不明朗的体现。此时，升势是否仍能持续下去，不好判断，但随着这一箱体被有效突破，市场向我们指明了方向，此时，我们要做的就是顺应趋势的出现，果断买入。

图 2-6 是长江电力 2018 年 11 月至 2019 年 7 月走势，该股此前处于震荡攀升中，在一个相对高位区开始横向震荡，趋势不明，随后的方向向上、向下均有可能。中短线投资者此时应耐心等待方向出现。随后，该股以连续两根小阳线向上突破了箱体，这是价格将进入一个更高箱体的信号，也是中短线投资入场信号之一。

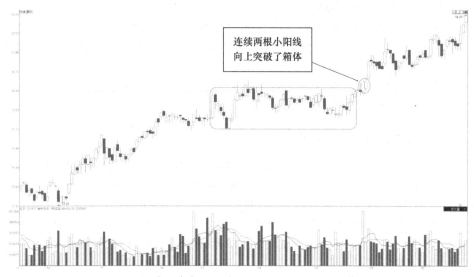

连续两根小阳线向上突破了箱体

图 2-6　长江电力 2018 年 11 月至 2019 年 7 月走势

突破箱体时买入，这种操作方法可能与一些投资者的短线抄底思维相矛盾。其实，这是一种顺应趋势发展的买股方法。当突破刚刚出现时，预示着上升趋势出现，此时行情刚刚展开，随后仍有较大空间，买入的成功率是较高的。

2.3.4　跌破箱体时卖出

在价格长时间的波动构筑了箱体之后，如果随后向下跌破了这个箱体，多预示着趋势将向下运行，应卖出。

对于这一条交易规则，实盘运用时，同样需要灵活把握。

一是关注箱体的波动范围。如果是处于宽幅震荡格局，显然在价格反弹过程中就要减仓，而不是等到明确的破位信号出现之后。

二是关注市场整体情况。如果价格处于低位区，且跌破箱体是大市的突然大幅回落带动，则这样的破位往往并不是趋势向下的信号，随后再度回升箱体的概率较大，在控制好仓位的状态下，可以结合个股基本面情况进行操作。

图 2-7 是汇得科技 2018 年 9 月至 2019 年 6 月走势，该股在低位区出现了反弹走势，随后在反弹后的相对高点横向震荡，此时的趋势方向难以预判。作为一只新股，

虽然前期已跌较多，但相对于市场整体来说，并不低估，但这也不表明该股不能突破上行。

向下跌破箱体，是趋势将破位下行的信号

图 2-7 汇得科技 2018 年 9 月至 2019 年 6 月走势

三是操作上应该跟随市场。从图 2-7 中股价走势来看，该股随后跌破了箱体，这是趋势选择向下运行的信号，如果持股者之前没有及时离场，此时宜止损离场，以规避趋势进一步发展带来损失扩大的风险。

2.3.5　箱体交易客观性

所谓客观性，是指跟随市场方向，而不是主观预判市场方向。箱体理论的最大特点之一就是没有预判趋势方向，这也是它的一大优点。因为如果投资者有预判，那么随后的操作很有可能陷入主观误区。例如，将趋势反转向下当作回调，将趋势逆转向上当作反弹，或是将破位下行当作向下探底，等等。结合价格的位置区，分析市场还有多大上涨或下跌空间，其结果往往与市场严重偏离，箱体理论则可较好地解决这个问题，只需依据价格是否能够突破或跌破箱体来把握。

2.4　移动平均线趋势分析技术

移动平均线（Moving Average，MA）是反映市场趋势运行情况的一种经典指标，它以道氏理论为基础，以统计学中的"移动平均"原理为核心，通过统计某一时间周期中的市场平均持仓成本的变化情况，进而指示趋势的运行情况。通过移动平均线的形态特征来把握趋势运行状态，是一种既简单又行之有效的方法。MACD 指标正是以移动平均线为基础的，只有了解移动平均线的原理、用法，才能为进一步学习 MACD 打好基础。本节在移动平均线设计原理的基础上，讲解如何运用移动平均线的不同形态识别趋势、把握趋势。

2.4.1 市场成市与趋势

什么是趋势？简单来说，趋势就是价格波动的方向。那么，趋势是以何种方式呈现的呢？直观上，价格走势呈现着趋势运行；再深入一层，多空投资者的不断交易行为推动着趋势。那么，是买方占据优势，还是卖方占据优势呢？一个重要的参考因素就是持仓成本的变化情况。

价格是市场运动的表象，成本运行状态才是市场运动的本质。当成本呈现出下降趋势，而价格快速向上运动的时候，这就是市场的非理性运动，这种运动不会持久，价格很快还会回来。一般来说，市场持仓成本的变化趋向对市场未来走势有 50% 的影响力，另外 50% 由场外陆续进场交易的多空双方决定。所以研究市场成本状况对于研究市场价格的未来走势非常关键。

移动平均线指标正是基于对持仓成本变化情况的追踪来设计的，它的实质是描述市场投资者持仓成本的变化情况。

趋势是一个幅度大、时间长的大级别运动，因而当趋势形成之后，不会轻易被打破。移动平均线作为一个趋势类指标，有着较强的稳定性，这体现为它的形态特征一旦形成，就能够很好地保持，形态不会轻易改变。可以说，以移动平均线为代表的趋势类指标普遍具有稳定性的特点，不易被人为操作，因此受到很多中长线投资者的青睐。

2.4.2 移动平均线的设计方法

移动平均线采用统计学中"移动平均"原理，将市场指数（或个股股价）每个交易日的平均价位相连，得到一条曲线，用以观察市场（或个股）的趋势。

在实际计算中，以每日的收盘价来近似地代替当日平均价。以 C_n 来代表第 n 日的收盘价，以 MA5（即时间周期为 5 个交易日）为例来说明计算方法。

第 n 日的 MA5 计算为：$MA5_{(n)} = (C_n + C_{n-1} + C_{n-2} + C_{n-3} + C_{n-4}) \div 5$

将每一日 MA5 数值连成平滑曲线，就得到了移动平均线 MA5。用同样的方法，还可以得到 MA10、MA20、MA30 等。

移动平均线正是通过这种方法反映相应时间周期的市场平均持仓成本的。举例说明：MA5 是以 5 个交易日为周期，它的意义在于反映最近 5 个交易日的平均持仓成本；MA10 是以 10 个交易日为周期，它的意义在于反映最近 10 个交易日的平均持仓成本。

移动平均线的灵敏度取决于移动平均线的时间跨度，时间跨度小，则灵敏度高，时间跨度大，则灵敏度低。在运用移动平均线把握趋势时，主要关注其系统（由周期长短不一的多根移动平均线组成）的排列方式，因为它们能够反映市场持仓成本的变化趋向。

2.4.3 用移动平均线识别升势

移动平均线代表最近一个时间周期的平均持仓成本，以 MA5、MA10 为例，最近 5 个交易日的平均成本与最近 10 个交易日的平均成本有什么关系呢？

我们知道，如果近期价格走势呈上扬状态，那么，后入场的平均成本要相应高于先前的，因而，最近 5 个交易日的平均成本也会相应高于最近 10 个交易日的，这体现在移动平均线系统形态上就是 MA5 运行于 MA10 上方。其实，这也是上升趋势的典型市场特征：时间周期越短，平均成本越高。

当价格运行方向进入上升趋势后，移动平均线系统会出现鲜明的多头排列形态：周期相对较短的移动平均线运行于周期相对较长的移动平均线上方，且整个移动平均线系统呈向上发散状。其市场含义是后续不断入场的买盘正积极推动着行情的向上发展。移动平均线系统的这种多头排列形态是上升趋势的直观反映，可以帮助我们很好地辨识升势。

图 2-8 是华铁应急 2019 年 1 月至 5 月走势，图中由细到粗的 4 根移动平均线分别为 MA5、MA10、MA20、MA30。该股从低位区开始震荡上扬，此时的移动平均线组合开始呈多头排列，这是多方力量开始占据主导地位的标志，表明当前正处于上升趋势状态。由于此时的趋势行情刚刚展开，且个股处于中长期低位，所以随后的趋势发展空间依旧较为充裕，可以顺势操作。

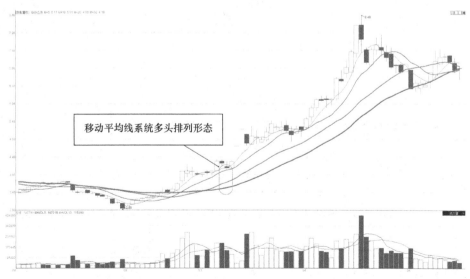

图 2-8 华铁应急 2019 年 1 月至 5 月走势

2.4.4　用移动平均线识别跌势

当价格运行方向进入下跌趋势后，移动平均线系统会出现鲜明的空头排列形态：周期相对较短的移动平均线运行于周期相对较长的移动平均线下方，且整个移动平均线系统呈向下发散状。其市场含义是后续不断入场的买盘无法阻挡行情向下发展。移动平均线系统的这种空头排列形态是下跌趋势的直观反映，可以帮助我们很好地辨识跌势。

图 2-9 是福鞍股份 2019 年 2 月至 6 月走势，该股自高位区开始震荡下滑，随着股价重心的下移，移动平均线系统出现了空头排列形态，虽然此时距最高点已有一定跌幅，但从中长期角度来看，股价仍然处于高位区，且移动平均线空头形态标志着当前为下跌趋势，操作上，应顺势卖出，不宜过早抄底入场。

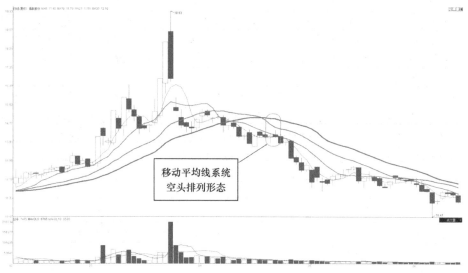

图 2-9　福鞍股份 2019 年 2 月至 6 月走势

2.4.5　MA30 的方向性

在升势或跌势持续过程中，总有一些震荡整理区间出现，此时，原有的移动平均线多头或空头排列形态被打破，那么如何借助移动平均线来预判趋势走向呢？

一般来说，我们可以观察 MA30 的走向以及价格围绕 MA30 的波动特征来分析多空力量变化，即判断是多方力量依旧总体占优，还是空方力量不断增强，进而预判震荡之后的大方向。

如果 MA30 仍然倾斜向上，未出现明显下行，这是多方力量依旧总体占优的标志，就大方向来看，依旧可以期待趋势向上发展。

如果 MA30 出现了调头下行，价格能够在短线回落时没有远离 MA30，则表明多空力量处于均衡状态，多方力量有望短暂休整后再度转强，如果个股基本面及市场走势相互配合，可以持股观望；如果在市场或个股回落时，价格向下明显远离了 MA30，则表明空方力量明显转强，随后的反弹将遇到 MA30 的强力阻挡，趋势转向概率较大，宜在反弹时卖出离场。下面我们结合一个实例加以说明。

图 2-10 是吉比特 2018 年 10 月至 2019 年 8 月走势，图中标注的位置"1"的价格走势虽然横向震荡，但幅度较小，且 MA30 没有调头向下，这是多方力量依旧占据一定优势的标志，升势仍有望持续，对于中长线持股者来说，可以继续持股待涨。图中标注的位置"2"的价格走势明显回落，MA30 也出现了调头向下，但价格在跌破 MA30 后并没有加速为向下远离，而是快速向上靠拢 MA30，这时的多空交锋已处于焦灼状态，操作中应密切关注。如果随后价格能向上突破 MA30，则可继续看多；反之，则应看空，规避趋势转向的风险。

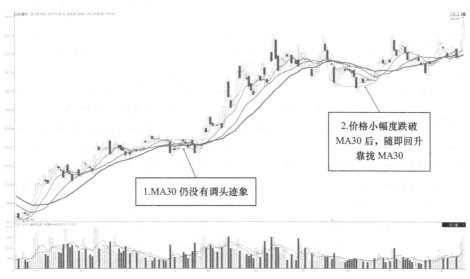

图 2-10　吉比特 2018 年 10 月至 2019 年 8 月走势

图 2-11 是科沃斯 2019 年 4 月至 10 月走势，在下跌途中，个股的一波反弹使得价格位于 MA30 上方，且移动平均线系统空头排列形态被打破，这是跌势出现分歧的标志，此时我们应及时结合价格波动特征来判断趋势走向。对于此股来说，价格只是小幅度反弹至 MA30 上方，这表明多方推升力量并不充足，不是多空力量整体对比格局改变的标志。随后，价格缓缓下降，当再度跌破 MA30 时，预示着跌势整理阶段将结束，也是趋势重回下跌轨道的标志。

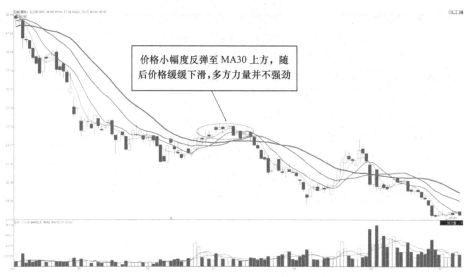

价格小幅度反弹至 MA30 上方，随后价格缓缓下滑，多方力量并不强劲

图 2-11　科沃斯 2019 年 4 月至 10 月走势

2.4.6　格兰维尔移动平均线法则

对于移动平均线的交易方法，美国投资专家格兰维尔利用其创造的八项法则详尽地进行了总结。这八项法则包括四项买入法则和四项卖出法则，既涵盖了中长期操作，也涵盖了短线操作。在技术分析领域，历来的移动平均线使用者均将其视作重要参考。下面我们就来看看这八项法则。

图 2-12 是格兰维尔移动平均线交易法则示意。图中较粗的虚线为中期移动平均线（MA30）或是中长期移动平均线（MA60），如果个股的股性较活跃、价格波动迅急，一般以 MA30 代替；如果价格波动与市场指数相近，则宜以 MA60 代替；细线可以被看作短期移动平均线（MA5）。

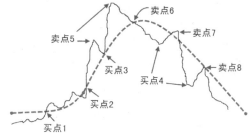

图 2-12　格兰维尔移动平均线交易法则

买点 1：价格处于中长期的低位区，此时，MA30 开始走平，随后，若 MA5 向上运行并有交叉穿越 MA30 的倾向时，则说明买盘开始推动价格上涨，是上升行情将出现的标志，此时可以进行中长线的买股布局操作。

买点 2：价格走势自低位区开始稳步上行，此时，MA5 运行于 MA30 上方，随后，因短期的下跌走势使得 MA5 跌至 MA30 下方，当 MA5 再度挑头上行并有交叉穿越 MA30 的倾向时，则预示着新一波上涨走势即将展开，此时可以进行中短线的买股操作。

买点 3：在上升途中，一波快速的回调下跌走势使得 MA5 跌至 MA30 附近，但 MA30 对

MA5 形成了有效的支撑，此时是上升趋势中短线买股的好时机。

买点 4：在下跌途中，移动平均线开始呈空头排列形态，一波或两波的快速大幅度下跌使得 MA5 向下明显远离了 MA30，这时的市场处于短期超卖状态，个股只需不多的买盘介入即可迎来一波强势反弹，因而此时可以适当地短线买股，博取反弹行情。

卖点 5：上升途中，短期内的快速上涨走势使得 MA5 向上明显远离了 MA30，这是买盘集中涌入、多方力量快速释放的体现；随后，在快速上涨后的阶段性高点，由于获利抛压增多、买盘跟进不足，极易出现回调下跌走势，因而此时是短线卖股的好时机。

卖点 6：在长期上涨后的高位区，MA5 因价格持续回落而向下运行，若出现了 MA5 向下交叉并穿越 MA30 的形态，则多预示着空方抛压逐步增强、多方力量明显减弱，是中期顶部出现的标志，此时应进行中长线的卖股操作。

卖点 7：在高位区，MA5 持续运行于 MA30 下方，且 MA30 已开始调头下行，这是趋势反转向下的体现，此时，短期内的一波快速上涨走势使得 MA5 向上突破了 MA30，一般来说，这一波的上涨走势并无碍于趋势的下行，宜逢高卖出。

卖点 8：在下跌途中，一波反弹上涨走势使得 MA5 上升至 MA30 附近，但 MA30 对 MA5 构成了有效的阻挡，此时是下跌趋势中短线卖股的时机。

2.5 趋势线画线技术

移动平均线的组合形态可以直观、清晰地呈现趋势，除此之外，趋势线也是一种方便、高效的工具。利用趋势线，我们可以大致了解升势的回调支撑位、跌势的反弹阻力位，且能够很好地应对震荡行情，进而把握不同行情下的买卖时机。

2.5.1 趋势线的画法

趋势线的主要作用是指示价格波动中的支撑位与阻力位的变化。对于上升趋势，它是大方向向上的震荡过程，支撑位会逐步上移，趋势线是倾斜向上的，这样的趋势线被称为上升趋势线。对于下跌趋势，它是大方向向下的震荡过程，阻力位会不断下移，趋势线是倾斜向下的，这样的趋势线被称为下降趋势线。趋势线主要通过连接价格波动中的两个相邻高点（或低点）得到。

上升趋势线：对于"后底高于前底、后顶高于前顶"的震荡上升走势，连接相邻的两个回落低点，得到上升趋势线。它的作用在于显示上升趋势回调时的支撑位，即在随后的价格波动中，当再度回落至此线附近时，将获得有力支撑。

下降趋势线：对于"后顶低于前顶、后底低于前底"的震荡下跌走势，连接相邻的两个反弹高点，得到下降趋势线。它的作用在于显示下跌趋势反弹时的阻力位，即在随后的价格波动中，当再度反弹至此线附近时，将遇到强力阻挡。

一般来说，趋势能够连接的点数越多，就越能体现行情发展的可靠性。当更多的点出现在上升趋势线中时，代表这些点所连成的直线对于股价的下跌构成了有力的支撑；反之，当更多的点出现在下降趋势线中时，代表这些点所连成的直线对于股价的反弹构成了有力的阻挡。

2.5.2　上升趋势线交易技术

对于趋势线来说，45 度的趋势线最为稳健，特别是当上升趋势线（或下降趋势线）刚刚画出之时，新一轮趋势呼之欲出。依据趋势给出的支撑（或阻力）位置提示，可以较好地把握买卖时机。过于陡峭的趋势线代表价格走势的急速变化，往往难以持久，当短期内价格涨跌幅度过大时，易引发价格走势的快速反转。

图 2-13 是韦尔股份 2019 年 4 月至 2020 年 5 月走势，将个股低位震荡的回调低点相连接，得到一条上升趋势线，这是一条指示趋势运行状态的直线。随后，当价格再度出现震荡回落并接近趋势线时，就是升势中的回调买入时机。

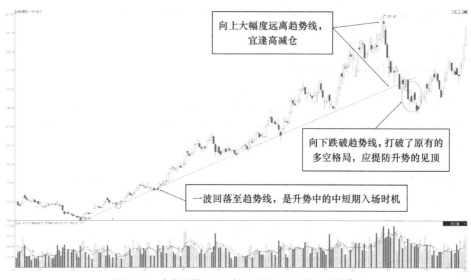

图 2-13　韦尔股份 2019 年 4 月至 2020 年 5 月走势

可以看到，这条趋势线很好地呈现了整个上升过程的支撑位变化。当个股累计涨幅较大，上涨至高位区后，出现了一波持续的上涨，从而使得价格明显远离了趋势线。由于价格有再度向下靠拢趋势线的动力，此时宜逢高减仓或卖出。

值得注意的是，高位区的一波深幅回落跌破了趋势线，这表明原有的多空状态已被打破，个股或将在高位区出现震荡。操作上，应在随后的反弹过程中减仓或卖出，规避升势见顶的风险。

2.5.3 下降趋势线交易技术

对于高位区的震荡走势，如果能画出一条下降趋势线，往往是空方力量整体占据优势的标志，操作上宜逢高卖出。

图 2-14 是思维列控 2019 年 4 月至 12 月走势，在下降趋势线上选取第一个高点时，并没有取当日最高价，而是取当日的中间价，这是因为个股短线涨势过于凌厉，当日的中间价（或平均价）才能更好地展示这一波上涨的阻力位。在画出下降趋势线后，当股价经一波反弹至此线位置点时，就是反弹卖出的时机。

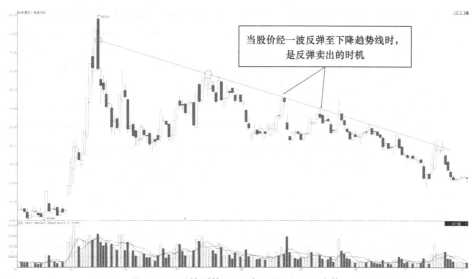

图 2-14 思维列控 2019 年 4 月至 12 月走势

2.5.4 上升趋势线角度变化

上升趋势的持续推进过程往往也是多方力量逐步变强、上涨速度不断加快的一个过程。趋势的整个运行过程也是一个加速的过程，趋势线并不是一成不变的，起初是涨势较缓，随后涨速提升，最后进入加速阶段。这种由缓到急的过程体现在趋势线上就是：上升趋势线会随着上涨速度的不断加快而不断变陡峭。

一般来说，多数个股经历一次趋势线的角度调整后，就会逐步进入顶部区；少数个股能经历两次趋势线的角度转变，这是中长线的牛股，累计涨幅往往极大，当价格于高位区跌破趋势线时，往往也是顶部出现的信号。下面我们结合一个实例加以说明。

图 2-15 是漫步者 2019 年 7 月至 2020 年 5 月走势，随着上升趋势推进速度的由缓到急，趋势线角度经历了两次调整。一定要结合价格运行特征的变化及时画出新的趋势线，不能仅在早期画出一条上升趋势线后就放手不管，因为早期画出的趋势线是难以完全体现个股

后期运行方式的。个股在高位区跌破了第 2 次角度调整的趋势线，虽然震荡中的股价再创新高，但此时的操作策略应逢高卖出，规避顶部出现的风险。

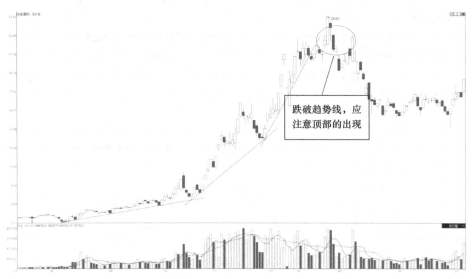

图 2-15　漫步者 2019 年 7 月至 2020 年 5 月走势

2.5.5　趋势反转交易技术

　　趋势线的支撑或阻挡作用并不是一成不变的，随着行情的发展，上升趋势线将因空方力量的增强而被跌破，下降趋势线则会因买盘的涌入而被突破。这往往是趋势转向的信号，此时原有的趋势线作用也将发生变化。原有的上升趋势线在上升行情中具有支撑作用，将对价格的反弹形成阻挡，转变为阻挡作用；反之，原有的下降趋势线在下跌行情中具有阻挡作用，将对价格的回落形成支撑，转变为支撑作用。投资者在应用趋势线时应该注意阻力线和支撑线之间的这种转变，因为这预示了趋势的反转。图 2-16、图 2-17 形象地说明了趋势线的支撑、阻挡作用的转变方式。

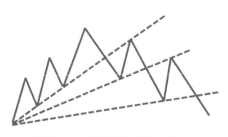

图 2-16　支撑线转化为阻力线

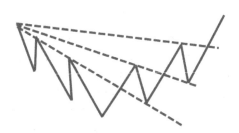

图 2-17　阻力线转化为支撑线

第 3 章

MACD 指标用法入门

经过学习前两章的技术分析基础知识，我们已经具备了进一步学习 MACD 指标的知识结构。MACD 指标的基础知识不难理解，它是在移动平均线的基础上发展起来的。但是，MACD 指标的使用十分灵活。本章从 MACD 指标的原理、图形特点、市场特征等基础点着手进行讲解，为随后的指标运用打好基础。

3.1　MACD 指标的原理与公式

　　对于移动平均线来说，短期移动平均线更灵活，中长期移动平均线更稳定。短期移动平均线与价格走势最接近，能够较好地反映市场持仓成本的快速变化，但价格的快速变化往往会增强反向牵引力，促使价格向中期（或中长期）成本靠拢。MACD 指标就是以此为出发点，通过量化及图形的方式，呈现价格运动的这一特性。

3.1.1　快、慢速移动平均线的收敛特征

　　移动平均线是一种极为重要的技术分析工具，其良好的稳定性与指示性，使其受到了广大投资者的喜爱，当然也包括专业的技术分析师。

　　MACD 指标的发明者阿佩尔在对移动平均线的研究中发现，在一波价格上涨或下跌的趋势中，较短期的移动平均线往往迅速脱离较长期的移动平均线，随后在价格走势趋缓的时候，二者又会逐渐聚合。移动平均线系统的这种特性，可以这样描述：周期较短的移动平均线与周期较长的移动平均线之间呈现出一种"分离—聚合—再分离"的特征，这种特征也可以被称为"收敛"。

　　对于移动平均线系统的收敛特征，可以这样理解：市场总是在理性与非理性之间来回切换，中长期持仓成本代表着市场的理性价位区间，当短期价格波动幅度过大时，表明市场处于非理性变动中。一般来说，非理性的价格运动并不能持久，无论是加速上涨，还是加速下跌，随后势必有向理性价位区域靠拢的倾向。而当价格回归至理性价位区域后，经过一段时间多方力量（或空方力量）的再度积累，市场又将再次获得脱离中长期持仓成本区域的动力，从而使得价格再度远离中长期成本区域。市场（或个股）的这种运动特征体现在移动平均线系统上就是：短周期移动平均线与长周期移动平均线之间的"分离—聚合—再分离"。

　　例如，在一波上涨走势中，由于乐观的上涨情绪涌现，股价加速上涨，这是市场的非理性表现，持续性一般不强，随着理性的回归，股价也将有一定的回调。这种情形体现在移动平均线系统中就是：短期移动平均线向上快速运行并远离中长期移动平均线，随后，又有再度向下靠拢中长期移动平均线的动力。

　　移动平均线的收敛特性，简单来说就是：当短期移动平均线与中长期移动平均线黏合在一起时，会有远离中长期移动平均线的倾向；反之，当短期移动平均线远离中长线期移动平均线后，会有再度靠拢中长期移动平均线的倾向。

3.1.2　MACD 指标原理与图形辨识

　　移动平均线所具有的这种收敛特征是否可以用量化或图形的方式呈现？如果可以，那

么，短期移动平均线与中长期移动平均线的偏离情况可以直观呈现，并指导投资者。正是基于这种考虑，阿佩尔发明了一种全新的技术指标——MACD。

在经过了大量的测试之后，阿佩尔选取了时间周期不同的两条移动平均线，一条为时间周期相对较长的移动平均线——MA26，也称为慢速移动平均线；一条为时间周期相对较短的移动平均线——MA12，也称为快速移动平均线。通过求这两条移动平均线的差值，再辅以一定的数学算法得到 MACD 指标，MACD 指标就能够很直观地反映移动平均线系统的收敛情况。

图 3-1 为 MACD 指标窗口。在指标窗口左上方，可以看到"MACD（12，26，9）"，其中的 26、12 分别代表指标计算时的慢速移动平均线 MA26、快速移动平均线 MA12；在得出计算数值后，还要将每个交易日的指标值连成平滑的曲线，"9"代表进行平滑处理的时间周期为 9 个交易日。

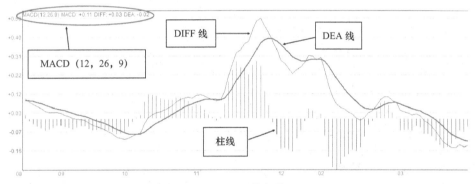

图 3-1　MACD 指标窗口

除此之外，指标窗口的组合还包括 DIFF 线、DEA 线、柱线。DIFF 值也称为离差值，它是快速平滑移动平均线（EMA1）和慢速平滑移动平均线（EMA2）的差值，其绝对值反映了两条移动平均线之间的收敛情况。可以把 DEA 线看作以 DIFF 值为参数的移动平均线，它可以较为平滑地呈现 DIFF 值的变化情况，在一定程度上规避了 DIFF 线形态过于突兀的形态，使相应的指标线产生平滑效果，以使我们更好地看清相应指标线的运行趋势。

当 DIFF 值为正值时，说明快速移动平均线运行于慢速移动平均线上方；反之，当 DIFF 值为负值时，说明快速移动平均线运行于慢速移动平均线下方。当 DIFF 值的绝对值在不断变大时，表明快速移动平均线正在远离慢速移动平均线。

柱线（BAR）代表的数值是 DIFF 值与 DEA 值之差的 2 倍，它将 DIFF 线与 DEA 线的分离、聚合情况立体化、形象化。通过观察柱线的变化，我们可以清晰地看到 DIFF 线与 DEA 线的位置关系。当 DIFF 线运行于 DEA 线上方时，代表当前多方力量占优；反之，当 DIFF 线运行于 DEA 线下方时，代表当前空方力量占优。

3.1.3　MACD 指标的计算

　　MACD 指标只采用了简单的数字加权算法，指标计算时选取了两条移动平均线：EMA1（时间周期为 12 日）和 EMA2（时间周期为 26 日）。EMA1 与 EMA2 的差值用离差值 DIFF 来代表。

1. 计算收盘价的平滑移动平均值，分别以 12 日、26 日为平滑周期

EMA1=EMA（收盘价，12）=［2×收盘价+（12-1）×上一日的 EMA1］÷（12+1）

EMA2=EMA（收盘价，26）=［2×收盘价+（26-1）×上一日的 EMA2］÷（26+1）

　　通过连接每个交易日的 EMA1 数值点可得到一条周期为 12 日的平滑移动平均线，同理得到一条周期为 26 日的平滑移动平均线。

2. 计算 DIFF（离差值）

DIFF=EMA1-EMA2

　　DIFF 的正负反映了两条平滑移动平均线的上下位置关系，DIFF 绝对值的大小则反映了它们之间的分离程度。

3. 计算 DIFF 的 9 日 EMA 数值

DEA=EMA（DIFF，9）

　　这是对 DIFF 值进行平滑处理。

4. 计算 MACD 数值

　　MACD=（DIFF-DEA）×2，它是 DIFF 与 DEA 差值的 2 倍，这一数值以柱线的长度呈现，当 MACD >0 时，柱线位于 0 轴上方；当 MACD <0 时，柱线位于 0 轴下方。

　　柱线是使用 MACD 指标时的一个关键点，因为柱线的变化更直观、立体，有助于我们及时把握 DIFF 线的运动情况。

3.2　DIFF 与 DEA 分析方法

　　在 MACD 指标运用中，DIFF 线的形态特征与价格、0 轴、DEA 线的关系等，是解读市场多空信息的核心，要想更好地理解 MACD 指标，首先要对 DIFF 线蕴含的市场含义有一个全面、深入的理解。本节介绍 DIFF 线蕴含哪些市场信息、从哪些角度来解读这些信息。

3.2.1　DEA 线的角度变化

　　DEA 指标线更为平滑，能够更好地反映 MACD 指标的变化趋向。因此，在观察 MACD 指标线的形态特征时，可以使用 DEA 线。

MACD 指标线的角度可以反映价格运动的缓急程度。对于指标线的角度，可以用"陡峭"与"平缓"来描述。"陡峭"代表指标线的上升（或下降）的倾角相对较大（结合指标的整体形态特征），"平缓"代表指标线的上升（或下降）的倾角相对较小。指标线越陡峭，价格沿某一方向的波动越迅急；指标线越平缓，价格的波动越缓慢。在关注指标线的角度变化时，应重点注意以下两方面。

第一，陡峭上升的指标线与陡峭下降的指标线可能相继出现，这是价格急涨急跌的反映。

第二，指标线长时间平缓运行后，往往会出现与原方向相反的陡峭变化，这是强势反弹行情（或急速下跌行情）的反映。

图 3-2 是海通证券 2019 年 7 月至 2020 年 1 月走势，图中标注了 DEA 线的三个时间段。第一时间段为相对陡峭的上升形态，这是价格快速、大幅上涨的反映；随后，指标线以较大的倾角向下运行，这是相对陡峭的下降形态，对应着价格走势的快速、深幅下跌。当 DEA 线经历了短时间的陡峭下降之后，再向下运行时的角度明显变得平缓，且持续时间更长，这是多空力量开始趋于均衡的标志。由于此时的价格累计回落幅度已经较大，当 DEA 线再度变得相对陡峭时，方向是向上的。

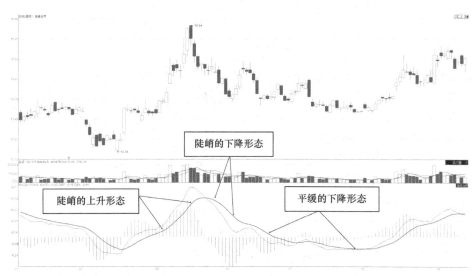

图 3-2 海通证券 2019 年 7 月至 2020 年 1 月走势

3.2.2 DIFF 线与价格运动的关系

DIFF 值反映了快、慢速移动平均线之间的距离。一般来说，DIFF 线的方向与价格方向相同、走势同步，在价格大方向刚刚起步时，如果 DIFF 线与价格走势均是稳健地沿同一方向推进，这往往是趋势持续力较强的标志，此时，不宜逆势操作。

但是，在一些特殊的位置点，DIFF 线也会与价格走势出现背离。例如，DIFF 线开始向下回落，但同期的价格走势仍在震荡上扬；或者 DIFF 线开始上扬，但同期的价格走势仍在下滑。一般来说，如果在大涨或大跌之后出现这种背离，往往是中期价格走向将要逆转的信号；但是，在累计涨幅或跌幅不大的情况下，DIFF 线与价格之间的不同步并不代表趋势转向，它只是反映了价格运动过程中的上下波动幅度较为缓和。

图 3-3 是法拉电子 2019 年 10 月至 2020 年 4 月走势，在该股相对稳健的上升过程中，可以看到 DIFF 线也同步缓慢上行，且其间的运行形态特征也与价格波动方式相近，这正是 DIFF 线与价格走势相对同步的表现。

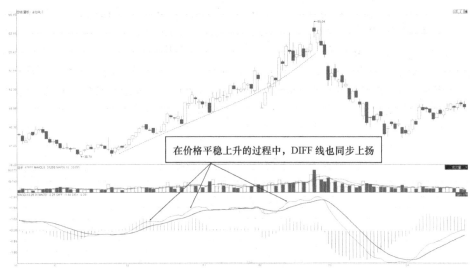

图 3-3　法拉电子 2019 年 10 月至 2020 年 4 月走势

3.2.3　指标线的波浪特征

大到股票市场，小到个别股票价格，其运动方式都呈现出了典型的波动特征，其形态如同波浪，波浪理论就是以"波浪"来阐述趋势循环的。

对于"波浪"形态，可以用"波峰"与"波谷"来描述。波峰是一个向上的波浪，而波谷刚好相反，是一个向下的波浪。价格走势的这种波浪特征，同样体现在 MACD 线的形态上。由于 DEA 线是对 DIFF 线的进一步移动平均处理，因而，它的波峰与波谷均要晚于 DIFF 线出现，但曲线的平滑效果更好。

图 3-4 是 MACD 指标波浪形态特征示意，可以看到，随着价格的上下波动，MACD 指标也出现了鲜明的波浪特征。那么，我们如何理解指标线的"峰"与"谷"形态呢？

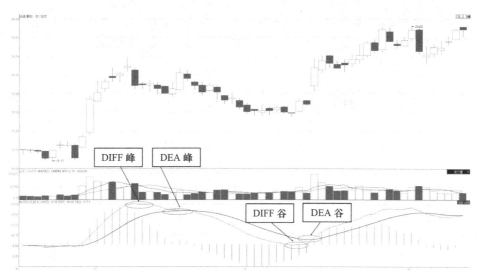

图 3-4   MACD 指标波浪形态特征示意

首先，我们要明确，在实盘操作中，应尽量使用 DIFF 线的峰与谷，而不是 DEA 线，因为 DEA 线只是对 DIFF 线的一种平滑处理，它本身没有任何市场含义，且明显滞后于 DIFF 线。

其次，我们要理解 DIFF 线的峰与谷形态所蕴含的市场含义。"峰"，是多方力量开始转弱、空方力量开始转强的信号，代表着市场状态由多方占优向空方占优转变，是一种过渡状态。当然，能否真正过渡成功，还要结合价格走势来分析。如果 DIFF 线的"峰"出现时，正对应一波较大幅度的上涨，且 DIFF 线向上远离了 0 轴（或由 0 轴下方较远处向上靠拢 0 轴），那么市场短期内就有着较强的反向修正需求，DIFF 线的峰形态，也大概率预示着一波下跌走势将出现。

"谷"，是空方力量开始转弱、多方力量开始转强的信号，代表着市场状态由空方占优向多方占优转变。它同样也是一种过渡状态。如果 DIFF 线的"谷"出现时，正对应一波较大幅度的下跌，且 DIFF 线向下远离了 0 轴（或由 0 轴上方较远处向下靠拢 0 轴），那么 DIFF 线的谷形态，大概率预示着一波上涨走势将出现。

3.2.4   DIFF 线与 0 轴的关系

无论价格升降，DIFF 线总是围绕着 0 轴上下波动。0 轴，可以被看作多空整体力量对比的分水岭：当 DIFF 线稳健地运行于 0 轴上方，即使向下突破 0 轴也持续很短的时间，这就是多方力量整体占优的标志；反之，当 DIFF 线持续运行于 0 轴下方，很难向上突破并位于 0 轴上方，这就是空方力量整体占优的标志。实盘操作中，DIFF 线与 0 轴的位置关系可以为交易提供大方向，是长空短多，博取反弹行情，还是短空长多，耐心持有。

　　图 3-5 是复星医药 2019 年 12 月至 2020 年 5 月走势，该股长期处于横向震荡之中，这个价位区并非绝对的低位区，也非中长期的高位区，横向震荡之后的方向可上可下，如果仅从价格走势来分析，很难预判随后的选择。

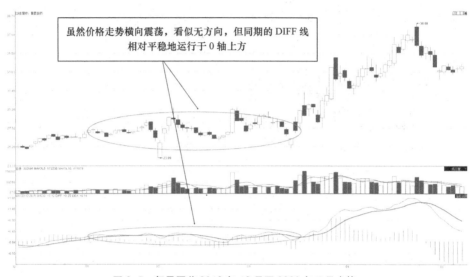

图 3-5　复星医药 2019 年 12 月至 2020 年 5 月走势

　　但是，如果将 DIFF 线与 0 轴的位置关系纳入分析范围，则可以得到一个相对可靠的推论：个股随后向上突破盘整区、步入升势的概率更大。这是因为，在横向震荡期间，可以看到 DIFF 线一直稳健地运行于 0 轴上方，而这正是多方力量整体占优的标志，操作上，可以逢震荡回落低吸买入，只要个股不出现明确的破位下行信号，就可以耐心持有，等待大概率的突破上攻行情出现。

3.2.5　DIFF 线与 DEA 线的关系

　　DIFF 线与 DEA 线的关系主要包括上下位置关系、运行方向关系两个方面。

　　DIFF 线与 DEA 线的位置关系可以反映当前是多方力量占优，还是空方力量占优。DIFF 线位于 DEA 线上方，是短期内多方力量相对较强的标志；反之，DIFF 线位于 DEA 线下方，是短期内空方力量相对较强的标志。

　　DIFF 线与 DEA 线的方向关系可以反映价格走势是将要加速，还是调整。两条线的方向相同，是价格走势将要沿这一方向加速的信号；两条线的方向相反（例如 DIFF 线向下回落时，DEA 线依旧上行），是价格走势调整的信号。

　　结合以上两点，以下两种情况应值得注意。

　　（1）当 DIFF 线运行于 DEA 线下方且保持下行态势时，表示快速移动平均线有向下远离慢速移动平均线的倾向，价格走势易跌难涨。

（2）当 DIFF 线运行于 DEA 线上方且保持上行态势时，表示快速移动平均线有向上远离慢速移动平均线的倾向，价格走势易涨难跌。

图 3-6 是首开股份 2019 年 7 月至 10 月走势，个股仍在横向震荡之中，但是在这期间出现了 DIFF 线由位于 DEA 线下方转升至其上方的变化，这表示个股由之前的空方力量占优转变为多方力量占优。结合当前正处于中长期低位区来看，这种变化或预示了随后将出现反转上升行情，可以适当买入布局，等待行情出现。

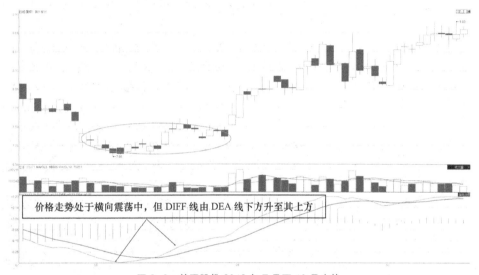

图 3-6　首开股份 2019 年 7 月至 10 月走势

3.3　柱线的分析方法

柱线，以鲜明的视觉效果呈现了 DIFF 线与 DEA 线距离关系的变化情况，反映了 DIFF 线是在远离 DEA 线，还是靠拢 DEA 线。一般而言，DIFF 线远离 DEA 线，代表短线行情的加速；反之，DIFF 线靠拢 DEA 线，代表短线行情的修正。但是，这只是它的直接含义。柱线，是 MACD 指标最为灵敏的一个构件。本节从柱线的颜色、颜色的连续，以及柱线的缩放、灵敏性、钝化和柱线区的面积这六个角度着手，讲解如何全面解读柱线所蕴含的多空信息。

3.3.1　柱线的颜色

在 MACD 指标的学习中，一些投资者认为：红柱线对应着股价上涨，绿柱线对应着股价下跌。似乎出现红柱线的交易日，K 线一定收于阳线；而出现绿柱线的交易日，K 线则收于阴线。其实，这是一种错误的认识。真实的情况是，红柱线未必对应着股价上涨，出现红柱线的交易日股价仍然可能下跌；绿柱线未必对应着股价下跌，出现绿柱线的交易日股价仍然可能上涨。

之所以会有这种错误理解，是因为投资者并未真正理解柱线的计算方法、市场含义。让我们回顾一下"3.1.3 MACD 指标的计算"中的柱线值（即 MACD 值）算法：MACD=（DIFF-DEA）×2；这一数值以柱线的长度呈现，当 MACD >0 时，柱线位于 0 轴上方，为红色；当 MACD <0 时，柱线位于 0 轴下方，为绿色。

通过柱线数值的计算可以看出：MACD 值是 DIFF 线与 DEA 线上下距离的 2 倍，它反映的是 DIFF 线与 DEA 线之间的距离关系；MACD 绝对值变大，代表 DIFF 线正远离 DEA 线；MACD 绝对值变小，代表 DIFF 线在靠拢 DEA 线。

在一波上涨（DIFF 线位于 DEA 线上方）后的下跌回落中，快速移动平均线会向下靠拢慢速移动平均线，DIFF 值变小，DIFF 线向下靠拢 DEA 线。但由于 DIFF 值仍然可能大于 DEA 值，所以柱线仍然可以为红色，所出现的变化只是 MACD 值变大。柱线的变化是红柱线缩短。

同理，在一波下跌（DIFF 线位于 DEA 线下方）后的反弹上涨中，快速移动平均线会向上靠拢慢速移动平均线，DIFF 值变大，DIFF 线向上靠拢 DEA 线。但由于 DIFF 值仍然可能小于 DEA 值，所以柱线仍然可以为绿色，所出现的变化只是 MACD 值变大（绝对值变小）。柱线的变化是绿柱线缩短。

图 3-7 是柯利达 2020 年 1 月至 4 月走势，图中标注了两个时间段，一个是下跌后的反弹，此时柱线仍然为绿色，但开始缩短；一个是上涨后的回落，此时柱线仍然为红色，但开始缩短。

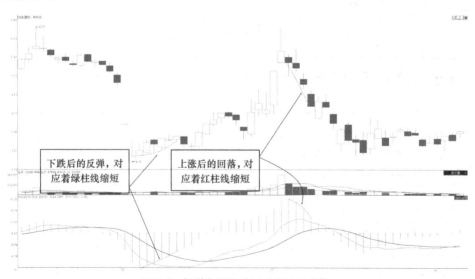

图 3-7　柯利达 2020 年 1 月至 4 月走势

可以说，缩短的红柱线，对应下跌走势；缩短的绿柱线，对应着上涨走势。至于下跌（或上涨）的力度与持续性，则应结合价格走势及市场运行综合分析。有时不断缩短的红柱线最终转变为绿柱线且开始进一步变长，这是下跌走势持续推进的标志；不断缩短的绿柱线也可以转变为红柱线且进一步变长，这是上涨走势持续推进的标志。

3.3.2　柱线颜色的连续

当红柱线或绿柱线连续出现时（一般来说，至少 5 日），即柱线连续呈现为同一种颜色，例如连续呈现红色（位于 0 轴上方）或者绿色（位于 0 轴下方），表示多方力量整体占优（红柱线连续出现）或空方力量整体占优（绿柱线连续出现）。

再结合价格的整体走势，柱线颜色的连续性能很好地呈现多空信息，为我们交易提供策略指导：是逢低买入，还是反弹卖出。下面我们结合一个实例加以说明。

图 3-8 是复星医药 2020 年 3 月至 5 月走势，个股在长期横向震荡之后，开始缓慢攀升，此时的柱线颜色为连续的红色，这表明多方力量已占据优势，只要这种多空局面未出现转变，就中长线操作来说，宜持股待涨。

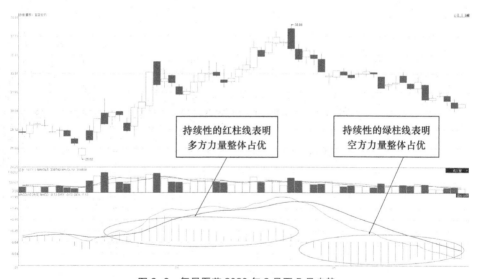

持续性的红柱线表明多方力量整体占优

持续性的绿柱线表明空方力量整体占优

图 3-8　复星医药 2020 年 3 月至 5 月走势

随后，价格走势自高位开始下跌，跌速缓慢、幅度不大，如果仅从价格形态观察，很难判断这是上升途中的短暂回调还是预示着中期见顶的行情反转。但是，利用柱线颜色的变化，多空力量的变化就一目了然了。可以看到，在持续回落的过程中，柱线颜色已由红转绿，且连续性地呈现为绿色，这是空方力量已占据优势的标志，操作上，可以持币观望，耐心等待多空力量对比格局的转变。

3.3.3　柱线的缩放

随着一波上涨（或下跌）走势的展开，柱线也会伸缩。在一波上涨走势中，可以看到红柱线不断变长（或是绿柱线不断缩短）；在一波下跌走势中，可以看到绿柱线不断变长（或是红柱线不断缩短）。这是柱线变化与价格涨跌的对应关系。

除此之外，我们还应关注柱线的缩放情况，因为这对应着价格涨跌的速度与力度。柱线的快速变长（或快速缩短）对应着价格走势的急速变化，同样是一波上涨，急速上涨波段的红柱线变长力度要远远大于缓和式上涨。

图 3-9 是中国软件 2019 年 11 月至 2020 年 3 月走势，图中标注了两波上涨。第一波上涨较为缓和，对应的红柱线变长也较为缓和；第二波上涨速度与幅度更大，对应的红柱线变长效果也更为明显。

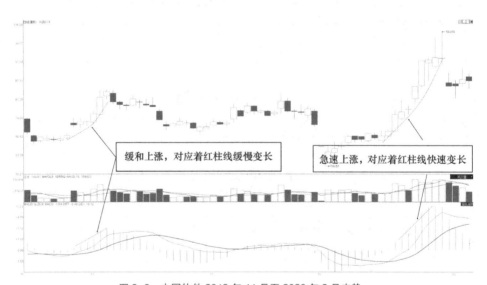

图 3-9　中国软件 2019 年 11 月至 2020 年 3 月走势

3.3.4　柱线的灵敏性

对 MACD 指标的分析可以从多个角度进行，例如 DIFF 线的形态、DIFF 线与 DEA 线之间的距离变化、柱形的颜色、DIFF 线与 DEA 线的交叉关系等。但从这些角度分析都不如从柱线的伸缩变化角度分析。特别是在短期波动幅度较大的时候，结合价格走势，利用柱线的伸缩变化，能够更好地把握短期高低点，避免指标信号迟滞所带来的时机错失。

一般来说，在价格短期波动较大时，以下两种柱线伸缩情况值得注意。

（1）在短期快速上涨后的高点，若连续两三个交易日出现红柱线缩短的情况，往往表示多方推升力量开始减弱，应注意随后可能出现的深幅调整风险。

（2）在短期快速下跌后的低点，若连续两三个交易日出现绿柱线缩短的情况，往往表示空方抛售力度开始减弱，应注意把握随后可能出现的反弹买入机会。

图 3-10 是一汽解放 2020 年 3 月至 5 月走势，该股出现了一波快速上涨，其间柱线快速变长，但在随后的运行中，红柱线长度连续三个交易日缩短，表示可能将出现调整走势，应注意减仓，规避风险。

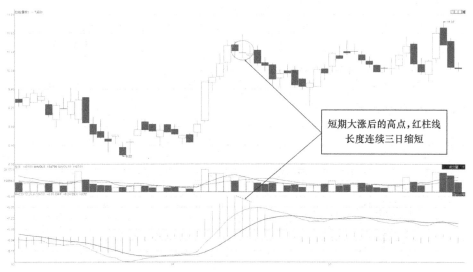

图 3-10　一汽解放 2020 年 3 月至 5 月走势

3.3.5　柱线的钝化

柱线长度的变化主要用于反映短期内的价格波动情况，波动幅度大，则柱线的收放特征明显，波动幅度较小，则柱线的收放特征不明显，即柱线出现了钝化。在趋势沿原有方向持续推进的过程中，如果升势或跌势的运动方式较为缓和，我们应注意柱线的钝化现象。此时，出现的红柱线缩短或绿柱线缩短，并不代表多空力量对比格局的变化，也不能作为中短期买卖信号。

图 3-11 是法拉电子 2019 年 9 月至 2020 年 2 月走势，该股在脱离盘整区开始步入上升通道后，起初的上涨行情中，可以看到红柱线呈明显变长状态，这是因为价格走势摆脱了

原有的横向整理，快速移动平均线开始向上运行。但随着行情的持续，由于上升一直保持不急不缓的节奏，没有加速也没有大幅回落，使慢速移动平均线向上靠拢快速移动平均线，且两条移动平均线几乎同速行进，造成了两条移动平均线之间的距离始终保持着较窄的状态，即柱线始终处于较短的状态，这就是柱线的钝化现象。

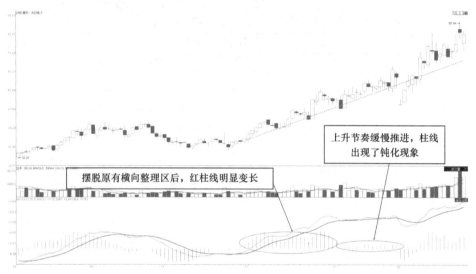

图 3-11　法拉电子 2019 年 9 月至 2020 年 2 月走势

3.3.6　柱线区的面积

　　长时间的横向震荡走势是趋势状态不明朗的标志。在震荡之后，方向可上可下，除了可以结合价格所处位置区间（即处于中长期高位区，还是低位区）来预判后期走向外，还可以观察柱线区面积变化预判走势。

　　所谓的柱线区面积是指红柱线区面积与绿柱线区面积。一般来说，红柱线区面积可以视作多方力量大小，绿柱线区面积可以视作空方力量大小。

　　在横向震荡区间，如果红柱线区面积明显大于绿柱线区面积，且价格处于中长期低位区（或是前期累计涨幅较小的位置点），那么随后的行情向上的概率更大；反之，如果绿柱线区面积明显大于红柱线区面积，且价格处于中长期高位区（或是前期累计涨幅较大的位置点），那么随后的行情向下的概率更大。

　　图 3-12 是八方股份 2019 年 11 月至 2020 年 3 月走势，该股在大涨之后于高位区横向震荡，其间的股价重心没有下移，绿柱线区的面积明显大于红柱线区，这表明震荡区的空方力量占据优势。结合价格正处于高位区间来看，震荡之后的方向向下概率更大，操作中，宜逢震荡高点卖股离场。

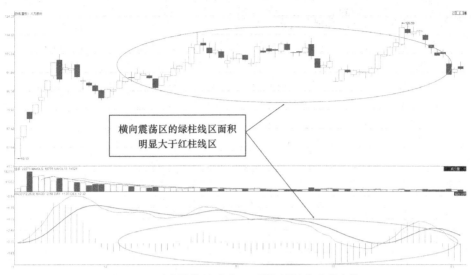

横向震荡区的绿柱线区面积明显大于红柱线区

图 3-12　八方股份 2019 年 11 月至 2020 年 3 月走势

3.4　搭建 MACD 交易系统

　　MACD 指标是一个既适用于长线分析，又适用于短线分析的重要技术指标。指标本身所发出的买卖信号可以作为交易的参考，若能配合其他技术分析手段，则交易成功率将大大提升。那么，其他的技术手段是什么呢？它们怎么与 MACD 指标相互配合呢？这就需要搭建一个以 MACD 指标为核心的交易系统。本节探讨搭建 MACD 交易系统的方法，以供投资者参考。

3.4.1　看长做短，关注趋势

　　对于任何技术交易方法，趋势都是首要关注的重点。趋势代表着市场的大环境，表现市场是处于震荡上扬之中还是整体下跌之中。无论是中长线持股待涨的策略，还是追击强势股，或是逢低买入的短线策略，都离不开对趋势的判断。一般来说，不同的趋势运行状态对应着不同的短线交易策略。

　　（1）上升趋势中，即投资者热情较高的市场环境下，既可以实施逢回调买入、布局滞涨股的相对保守的操作，也可以实施追涨强势股、出击涨停板的相对激进的操作。

　　（2）下跌趋势中，即投资者入场意愿较低的市场环境下，更宜采取超跌买入、博取反弹的短线策略，而不是追涨操作。

　　（3）震荡行情中，市场价格不会普涨共跌，但板块轮动、热点切换十分频繁，此时宜结合市场的热点不断换股，可以适当参与追涨，但不宜追涨买入短线涨幅过大的品种。

3.4.2　量价配合，指标验证

量价分析是解读市场多空信息最有效的技术手段之一，成交量蕴含着丰富的市场含义，量能的异动往往先于价格走势的转折，典型的放量或缩量形态都包含着一定的多空含义。在利用技术指标所发出的信号进行交易时，这些信号能否得到量价形态的支持是决定交易成功率高低的关键因素。如果指标的卖出信号与预示着下跌的量价形态相配合，随后出现一波下跌的概率更大；反之，如果指标提示的买入信号与预示着上涨的量价形态相配合，随后出现一波上涨的概率更大。但是，当量价形态所提示的方向与指标信号相反时，交易的成功率将大大降低。可以说，充分利用量价形态的提示，再结合指标信号展开交易，是更为稳妥的操作方法。

3.4.3　消息与题材的作用

股票市场是一个对消息敏感的市场。消息，特别是市场预期之外的消息，可以快速形成市场热点，吸引大量投资者关注，进而直接影响价格的涨跌，并催生相关的热点题材。例如，社会生活中出现了某一重大事件，且这一事件具有较强的持续性，那么这一事件就会催生出相应的题材股。

题材股的走势不能简单地利用技术指标或量价形态来分析，它们往往呈现出较为极端的波动方式，例如连续的涨停板。这时的指标形态与买卖信号会出现一定的失真，因此在分析这类个股的后期走势时，更应结合同类题材股的表现情况、个股的短期涨跌幅度、当前所处的长期位置区间、题材的后期持续性等因素综合分析，而不是过度依赖指标所发出的超买超卖信号、背离信号、交叉形态等。

3.4.4　关注主力市场行为

如果大量仔细查看个股 K 线走势就会发现，在业绩变化不大的情况下，总有一些个股可以走出独立于大市的行情。这类个股或者是长线走势具有独立性，或者是阶段走势具有独立性，不随大盘指数变化而变化。个股与个股走势之间的巨大差异，在排除业绩变化的影响之外，往往与主力资金的运作息息相关。

主力是股市中的主导力量，主力具有这种能力，与其资金实力相关。虽然个人投资者群体庞大、资金总量也很大，但由于个人投资者的买卖行为分散，无法形成合力，因而只能被动地参与个股，无法制约甚至决定个股的走势。主力则不同，主力往往能集中自己的资金于单独一只或少数几只个股上。股市是一个资金驱动市场，谁手中握有更多的股票筹码，谁对个股走势的影响力就越强。

主力是一个笼统的称呼，包括多种类型，例如基金、券商、投资机构、大股东、市场游资、民间资本、私募基金等。对于个人投资者来说，主力类型难以分析，也不必了解。个人投资者只需关注个股走势特点，结合个股特性，来分析个股是否有主力入驻以及主力的市场行为，进而跟随主力制定交易策略。

　　例如，走势强于大盘且仍处于低位的个股，很可能有中长线主力运作，个人投资者可适当采取回调买入、耐心持有的策略，等待主力后期拉升带来的可观利润。又如，高位滞涨弱于大市的个股，其走势很可能与主力的高位出货行为相关，个人投资者应及时逢高卖出，规避主力出货后的破位下行风险。

3.4.5　急速行情的分时运用

　　短线飙升、短线暴跌的个股，日 K 线图上往往会出现连续大阳线甚至连续涨停板的突破走势，这时日 K 线图上的技术指标会相对钝化。如果只从日 K 线图着手分析，很有可能错失追涨买入的时机。同样的情况也出现在短线暴跌走势中，如果从日 K 线图着手，很有可能错失最佳卖出时机。

　　处理这类极端行情下的个股时，从分时图着手把握买卖时机是一个更好的选择。分时图的技术要素可以实时呈现多空力量的对比及变化情况：对于短线飙升的强势股，寻找盘中的追涨买入时机；对于短线暴跌的风险股，寻找盘中的反弹卖出时机。这是两种有效的短线交易策略。那么，除了单纯使用分时量、分时线形态这种基础的分时图技术要素，将技术指标应用于分时图也是一种较好的方法。以 MACD 指标为例，它不仅可用于日 K 线图的技术分析，也同样可以用于分时图的分析。利用分时图中的 MACD 指标形态特征、多空信息，我们可以较好地把握盘中买卖时机，更好地在急速行情中把握强势股与风险股的买卖时机。

3.4.6　多指标的谐同共振

　　虽然 MACD 指标既可反映趋势，也可反映波动；但是，就趋势而言，它的形态特征不如移动平均线突出，就波动而言，它的灵敏性不如 KDJ 等专用于分析盘整行情的摆动类指标。可以说，当一个指标兼具多种特性之后，它的每一种特性在实战中的作用往往不如专门的指标更有效，这就要求投资者在使用指标时应有一个综合性的思维。

　　在实战中，与 MACD 指标互补作用较好的指标当属随机指标（KDJ）。KDJ 主要用于盘整行情，十分灵敏，它可以帮助我们提前发现市场的超买超卖状态，正好弥补了 MACD 指标因呈现趋势性而灵敏度不足的缺点，有助于在价格波动较快的位置点，帮助投资者更及时、更准确地把握高抛低吸时机。

3.4.7　仓位的合理调度

　　一个好的交易系统，无论是基本面分析，还是技术分析，都只是一种或然性的预测，运用纯熟则胜算更大，但投资者并不能十分有把握纯熟运用交易系统。包括股票市场在内的金融市场，是一个高风险的交易场所，一笔交易可能盈利，也可能亏损，但这只是数学统计上的成功概率，并不代表最终的结果。因为，即使十笔交易中有九笔盈利，只有一笔亏损，最终的结果也可能是亏损，这也是大多数投资者经常遇到的困难；小赚大亏，多笔盈利填不平一笔亏损。

陷入这种被动局面，一方面与投资者盈利时过早离场、担心利润回吐的恐慌心理有关，一方面则源于仓位调度的不合理。对于第一种情况，我们可以通过实战经验的积累及对于实战纪律的遵守来避免：在盈利的时候，要摆正心态、严格依据买卖信号进行交易。但对于第二种情况，则需要设计一个合理的仓位调度方法，这也是成功交易系统不可缺少的重要一环。

合理仓位调度方法并不是千篇一律的，但它一定具有很好的"合理性"。例如，对于趋势投资者而言，"合理的"仓位调度方法，应该是盈利时加仓，且加仓数量应小于上一次建仓点，因为这是顺势加仓。如果采取下跌补仓的方法，则属逆市加仓，一旦趋势不能反转，则将重仓迎接下跌行情，潜在的风险显然大于预期盈利。又如，对于短线交易来说，"合理的"的仓位调度方法应该是"轻仓参与"，而不应是"重仓出击"。因为短线交易的风险往往更大，如果重仓出击，显然是只看到了机会而忽略了风险，这样，一旦预判错误，很有可能出现大幅亏损。

当然，仓位调度方法多种多样，不仅要考虑当时的市场环境，也要考虑投资者的交易风格、盈亏预期。它不是墨守成规、一成不变的，投资者应结合自己的交易目标、交易水平、交易风格综合考虑并设定。

第4章

MACD 趋势交易技术

趋势分析，是技术分析的重要组成部分，中长线交易以趋势为核心，短线交易也要参考趋势。一笔交易的成功率与市场及个股的趋势运行状态息息相关，可以说，不了解趋势、不懂得正确分析趋势，交易成功率就会大大降低，且交易风险将增大。前面的章节讲解了趋势运行规律，并结合移动平均线、趋势线等工具阐述了基本的趋势分析方法。本章将继续深入，讲解如何利用 MACD 分析趋势、把握趋势。

4.1 0 轴与趋势的延续

通过 MACD 指标线与 0 轴的整体位置关系，我们可以辨识市场或个股当前处于什么样的趋势状态之中，是上升趋势还是下跌趋势。一般来说，只要这种整体性的位置关系不出现明显改变，且个股短期内未出现幅度较大的涨跌走势，就应顺势交易，不宜主观臆断趋势的顶部与底部。

4.1.1 趋势向上运行于 0 轴之上

当市场或个股处于上升趋势时，MACD 指标线（包括 DIFF 线及 DEA 线）会稳健地运行于 0 轴上方，这种整体性的相对位置关系是多方力量处于主导地位的标志，也是升势仍将持续的信号。只要这种位置关系不被打破，就应以上升趋势的交易策略进行操作，例如长线持股、回调逢低买入等。

图 4-1 是双汇发展 2019 年 9 月至 2020 年 6 月走势，其间的 MACD 指标线几乎一直稳健地运行于 0 轴上方，这是个股一直处于上升趋势的标志。实盘操作中，对于这类有业绩支撑、估值区间合理且处于明确升势状态的个股，我们可以采取逢低买入的交易策略，只要 MACD 指标线与 0 轴之间的这种整体性位置关系未发生明显变化，就可以耐心持有。

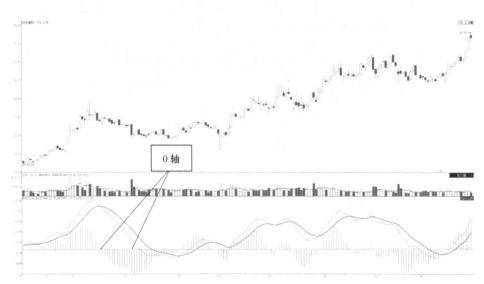

图 4-1 双汇发展 2019 年 9 月至 2020 年 6 月走势

4.1.2　趋势向下运行于 0 轴之下

　　当市场或个股处于下跌趋势时，MACD 指标线（包括 DIFF 线及 DEA 线）会持续地运行于 0 轴下方，这种整体性的相对位置关系是空方力量处于主导地位的标志，也是跌势仍将持续的信号。只要这种位置关系不被打破，就应以下跌趋势的交易策略进行操作，例如持币观望、反弹卖出等。

　　图 4-2 是杭钢股份 2017 年 10 月至 2018 年 11 月走势，该股的震荡下跌节奏相对缓慢，由于在震荡过程不断创新低且随后又能快速企稳，所以投资者很容易有抄底入场的倾向。此时，如果我们能够仔细观察 MACD 指标线的运行形态就能规避这种逆势交易行为。MACD 指标线持续运行于 0 轴下方，并没有因价格走势的阶段企稳而改变与 0 轴之间的这种位置关系，这说明个股当前处于稳定、持续的下跌趋势中，而此时的抄底行为显然属于主观臆断底部的逆势交易行为。

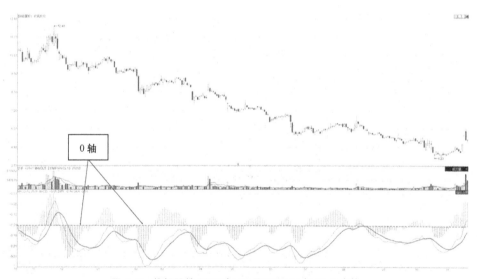

图 4-2　杭钢股份 2017 年 10 月至 2018 年 11 月走势

4.1.3　回调跌破 0 轴的短暂性

　　上升趋势往往是相对漫长的过程，它并不会一波涨到顶。在震荡上扬的过程中，MACD 指标线可能因次级回调走势而向下跌破 0 轴，但只要多空力量对比及趋势状态未发生根本转变，这种跌破 0 轴的情况很难持续，MACD 指标线也会因之后的价格上涨而再度升至 0 轴上方。

　　换个角度来讲，如果 MACD 指标线随后未能升至 0 轴上方，而是长时间停留于 0 轴下方，受到 0 轴的强力压制，这往往是多空力量转变的信号。此时，应结合个股的累计涨幅、市场环境、估值状态等因素来综合分析升势是否已见顶，进而实施顶部区的交易策略。

图 4-3 是万华化学 2019 年 1 月至 2020 年 2 月走势，该股由于前期累计涨幅较大，这一波深幅回落导致 MACD 指标线跌至 0 轴下方，但随后能再度升至 0 轴上方则表明升势仍将持续。

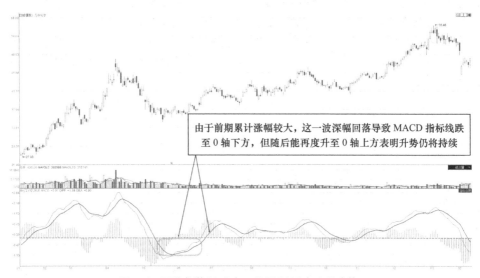

图 4-3　万华化学 2019 年 1 月至 2020 年 2 月走势

4.1.4　反弹跃升 0 轴的短暂性

下跌趋势往往也是一个震荡反复的过程，持续时间较长。在震荡下降的过程中，MACD 指标线可能因次级反弹走势而向上突破 0 轴，但只要多空力量对比及趋势状态未发生根本转变，这种突破 0 轴的情况很难持续，MACD 指标线也会因价格之后的下跌而再度跌至 0 轴下方。

换个角度来讲，如果 MACD 指标线随后未能跌至 0 轴下方，而是长时间停留于 0 轴上方，受到 0 轴的强力支撑，这往往是多空力量转变的信号。此时，应结合个股的累计跌幅、市场环境、估值状态等因素来综合分析跌势是否已见底，进而实施底部区的交易策略。

图 4-4 是旭光电子 2017 年 4 月至 2018 年 10 月走势，可以看到，MACD 指标线一直运行于 0 轴下方，这是跌势持续推进的标志。但是，在下跌过程中，该股出现了阶段性的企稳及反弹走势，使得 MACD 指标线不断上扬并升至 0 轴上方，但停留于 0 轴上方的时间很短，

这表明此阶段的企稳上涨只是局部反弹，并没有改变多空力量对比结果，趋势运行状态也随着 MACD 指标线的再度跌至 0 轴下方而转入明确的下跌趋势。

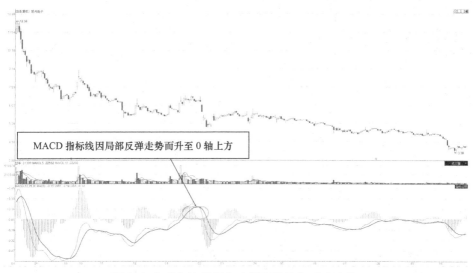

图 4-4　旭光电子 2017 年 4 月至 2018 年 10 月走势

4.2　0 轴与行情的转向

在累计涨幅或跌幅较大的位置区，个股往往因多空力量趋于平衡而出现震荡企稳，或者原有的趋势推进速度明显放缓。那么，像这样的"极端"位置区是原有趋势行进途中的整理平台，还是趋势将要反转的顶与底呢？利用 MACD 指标线与 0 轴之间位置状态的改变，或许可以得出结论。

4.2.1　低位跃至 0 轴上方

在市场或个股累计跌幅较大的位置区，如果 MACD 指标线由低位跃升至 0 轴上方，且能够长时间运行于 0 轴之上，或是在短暂回落至 0 轴下方后，能够再度快速返回 0 轴之上，这两种情况是多空力量对比格局发生改变的标志，预示着当前的位置区为中长期底部的概率较大，实盘中，可以逢震荡低点买入布局。

图 4-5 是中视传媒 2018 年 5 月至 2019 年 2 月走势，该股在中长期下跌后的低位区出现了回升，随后是横向震荡企稳的走势格局。MACD 指标线稳健地运行于 0 轴上方，其间虽因震荡回落而跌破 0 轴，但时间很短，在长时间的震荡企稳过程中，0 轴对 MACD 指标线形成了有力的支撑，这是个股筑底、趋势有望反转向上的信号，可逢低买入布局。

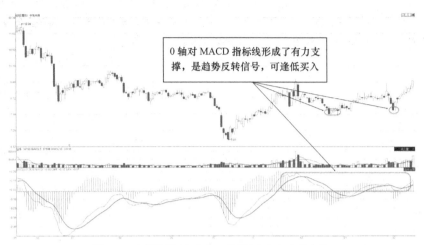

图 4-5　中视传媒 2018 年 5 月至 2019 年 2 月走势

4.2.2　高位跃至 0 轴下方

在市场或个股累计涨幅较大的位置区，如果 MACD 指标线由高位跌至 0 轴下方，且能够长时间停留于 0 轴之下，或是在短暂反弹至 0 轴上方后，再度跌至 0 轴之下，这两种情况是多空力量对比格局发生改变的标志，预示着当前的位置区为中长期顶部的概率较大，实盘中，宜震荡反弹之时卖股离场。

图 4-6 是鹏辉能源 2017 年 10 月至 2018 年 11 月走势，因高位区的一波下跌，MACD 指标线跌至 0 轴下方且持续时间较长，这表明此时的空方力量已整体性占优，是趋势或将转向下行的信号，对于中长线持股者来说，应逢反弹卖出。

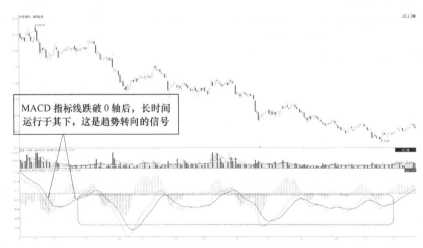

图 4-6　鹏辉能源 2017 年 10 月至 2018 年 11 月走势

4.3　背离与行情的转向

　　背离，是指价格走势与 MACD 指标线运行出现了明显的偏差。一般来说，价格的上涨或下跌应有 MACD 指标线的同步运行配合，这是多方力量或空方力量充足的标志。如果价格走势与 MACD 指标线形态的背离特征鲜明，且价格又正处于典型的高位区或低位区，这往往是趋势转向的信号。本节将结合几种常见的 MACD 指标线背离形态来讲解它是如何帮助投资者捕捉顶部区与底部区的。

4.3.1　创新高时的顶背离

　　个股在强势上涨时，价格与 MACD 指标线同步创了新高，经历回调或震荡后，再度出现创新高的一波上涨，但此时的 MACD 指标值明显低于前一波峰值，这是创新高走势中出现的 MACD 指标顶背离形态，多标志上涨动力已经不足，趋势见顶反转的概率在增加。

　　图 4-7 是山西证券 2019 年 1 月至 4 月走势，该股经历了高位区的横向整理后，再度强势突破，但在价格创新高的过程中，MACD 指标值却明显低于之前的峰值，这种顶背离形态是趋势反转的信号之一。

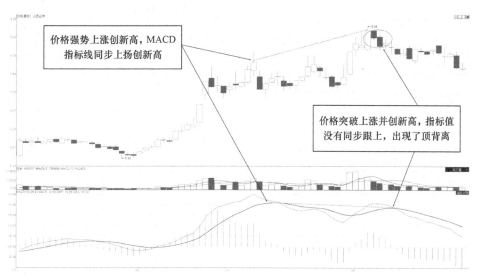

图 4-7　山西证券 2019 年 1 月至 4 月走势

4.3.2 震荡缓升时的顶背离

震荡缓升时的顶背离形态是指，虽然个股整体呈横向震荡走势，但股价重心呈上移状态，震荡中的峰值不断上移，同期的 MACD 指标线峰值却不断下移。这种背离组合出现在相对高位区，往往是个股突破动力不足的标志，而"震荡"又是方向选择的一个阶段，随后出现向下破位的概率较大，应注意规避风险。

图 4-8 是智云股份 2017 年 6 月至 2018 年 2 月走势，该股在震荡过程中出现了一定的价格重心上移，一峰高于一峰，但 MACD 指标线一峰低于一峰，价格震荡方式与指标线相背离，结合价格正处于中期高位区，因而这种震荡缓升时的 MACD 指标线顶背离形态预示着中期顶部或将出现，持股者宜逢高减仓，规避破位下行的风险。

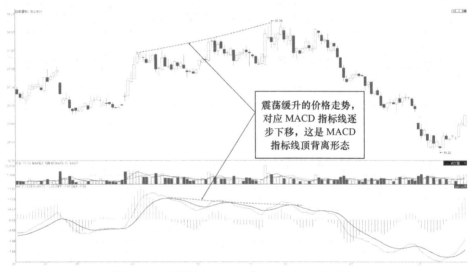

图 4-8　智云股份 2017 年 6 月至 2018 年 2 月走势

4.3.3 震荡创新低时的底背离

在持续下跌之后的低位区，价格走势仍在震荡中创新低，但同期的 MACD 指标线在震荡攀升，向上靠拢 0 轴，这是震荡新低走势中的底背离形态，多预示着下跌趋势将要结束。

一般来说，在 MACD 指标线经历了第二次底抬升后，价格走势处于中短期低点，而 MACD 指标线则明显向上靠拢 0 轴。一旦出现短期企稳走势，往往就是中长期的转向点。

图 4-9 是我乐家居 2018 年 4 月至 2019 年 1 月走势，在该股累计跌幅较大的位置点，价格走势震荡创新低，但同期的 MACD 指标线震荡攀升、逐底抬高，价格走势与 MACD 指标

线形态出现方向上的背离，结合个股累计跌幅与基本面来看，这是趋势将反转的信号，应注意把握中长线入场时机。

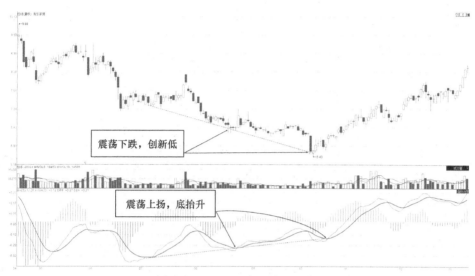

图 4-9   我乐家居 2018 年 4 月至 2019 年 1 月走势

4.4   盘整后的行情方向

较长时间的横向盘整之后，多空力量对比格局发生了转变。此时的多空力量处于相对均衡状态，但这种均衡只是暂时的，随着多方或空方的发力，趋势运行方向将再度面临选择。那么，盘整后的趋势走向是突破上攻，还是破位向下呢？除了观察价格走势特征外，我们还可以结合一些典型的 MACD 指标形态来判断，它们能够较好地呈现盘整后的趋势方向。本节讲解这些典型的 MACD 指标形态。

4.4.1   突破伴以红柱线放出

在长期横向震荡过程中，MACD 指标线会围绕 0 轴上下波动，且波动幅度趋小，这是多空力量开始趋于平衡的标志。如果此时出现向上突破走势或是一波较为强势的震荡上扬，且其间伴以 MACD 指标中的红柱线连续放出，这是多方力量充足、突破行情持续增强的标志，也是新一轮上攻行情或将展开的信号。实盘操作中，如果短线突破过程中的涨幅较大，则宜逢回调做多；如果突破时的涨幅较小，则可顺势追涨。

图 4-10 是汇顶科技 2018 年 8 月至 2019 年 3 月走势，在一波强势上涨至震荡区上沿的

走势中，可以看到 MACD 指标窗口中的红柱线明显变长且连续放出，这是行情将选择向上的信号，此时应结合个股走势特点，积极地顺势做多。

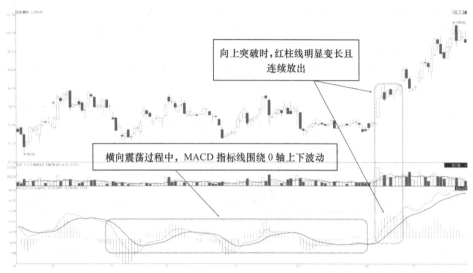

图 4-10　汇顶科技 2018 年 8 月至 2019 年 3 月走势

4.4.2　游弋于 0 轴附近后的向上大波浪

MACD 指标线游弋于 0 轴附近是指 DIFF 线与 DEA 线长时间徘徊于 0 轴附近，可以在 0 轴上方，也可以位于其下方，也可以围绕 0 轴上下小幅度波动。MACD 指标线游弋于 0 轴附近的这种形态特征是多空力量较长时间趋于平衡的标志。

在 MACD 指标线游弋于 0 轴附近的情况下，如果指标线随后出现了一个向上的大波浪（即 MACD 指标线先是大幅上扬，随后大幅回落），这是多方力量开始主动推升的信号。但因之前的长期盘整行情，市场分歧较大，从而出现了较大幅度的回调。

一般来说，在指标线（主要指 DEA 线）回落时若能在 0 轴上方受到支撑，则表明多方力量依旧总体占优，短期回调释放获利抛压后，上升行情有望展开。

图 4-11 是富翰微 2019 年 4 月至 9 月走势，在 MACD 指标线长时间游弋于 0 轴附近之后，先是大幅上扬，随后大幅回落，形成一个向上的大波浪形态，这是多方力量开始发动攻势的标志。对于此股来说，当 DIFF 线回落至 0 轴附近时获得了支撑，此时的短线回落幅度较大，且价格处于前期震荡区中线位置点，可以实施中短线买股操作。

MACD 指标线游弋于 0 轴附近后形成的大波浪形态越鲜明（即向上的波动幅度及随后的回落幅度越大），后期的上升空间往往越大。实盘中，在基本面配合的前提下，可实施积极的中线布局策略。

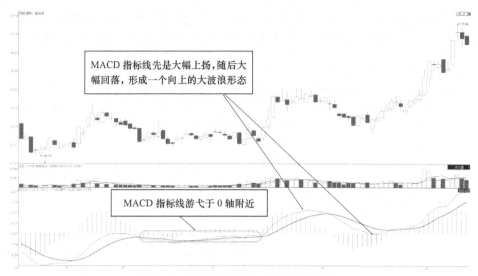

MACD 指标线先是大幅上扬，随后大幅回落，形成一个向上的大波浪形态

MACD 指标线游弋于 0 轴附近

图 4-11 富翰微 2019 年 4 月至 9 月走势

图 4-12 是晶方科技 2019 年 5 月至 10 月走势，MACD 指标线起初在贴近 0 轴的下方运行，此时的多空力量较为均衡。随后，该股股价强势上涨、大幅回落，MACD 指标线也跟随出现了鲜明的大波浪形态，当 DEA 线回落至 0 轴附近时，得到了较强支撑，而该股的基本面又较为优秀，在技术面与基本面配合下，此时就是很好的中线买入时机。

MACD 指标线出现鲜明的大波浪形态，DEA 线在 0 轴受到较强支撑

图 4-12 晶方科技 2019 年 5 月至 10 月走势

MACD 指标线游弋于 0 轴附近后形成的向上大波浪也并非一定代表行情的方向向上，特别是对于那些基本面较差的个股，MACD 指标线的这种向上大波浪形态往往只代表着一波强势反弹，而非趋势的方向。

一般来说，如果个股在出现了 MACD 指标线的这种形态后，在随后的价格回落过程中，DEA 线向下跌破了 0 轴，则此时不宜逢低买入，应注意规避新一轮破位下行的风险。

图 4-13 是金杯电工 2017 年 4 月至 11 月走势，MACD 指标线先是游弋于 0 轴附近，随后出现向上的大波浪形态，但在价格持续回落过程中，可以看到 DEA 线向下跌破了 0 轴，这表明空方力量又一次占据了上风，此时不宜逢低买入。

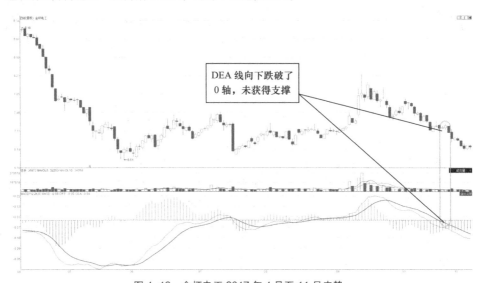

图 4-13　金杯电工 2017 年 4 月至 11 月走势

4.4.3　游弋于 0 轴附近后的向下大波浪

在 MACD 指标线游弋于 0 轴附近的情况下，如果指标线随后出现了一个向下的大波浪（即指标线先是大幅下跌，随后大幅回升），这是空方力量开始主动进攻的信号。但因之前的长期盘整行情，市场分歧较大，抄底盘的投资者入场使行情出现了较大幅度的回升。

一般来说，在指标线（主要指 DEA 线）回升时若在 0 轴下方遇到阻挡或只是短暂回升至 0 轴上方，则表明空方力量依旧总体占优，短期的回升也只是一波反弹，随后趋势向下的概率较大，特别是在价格处于中长期高位区间时。

图 4-14 是浙江广厦 2017 年 5 月至 2018 年 3 月走势，该股长时间的横向震荡走势，使得 MACD 指标线靠拢并长时间停留于 0 轴附近。随后，价格走势破位下行，MACD 指标线出现了向下的大波浪形态，这表明空方力量占据了主导地位。趋势下行态势明朗。随后的反弹造成了 MACD 指标线短暂突破 0 轴，这也是一次反弹卖出时机。

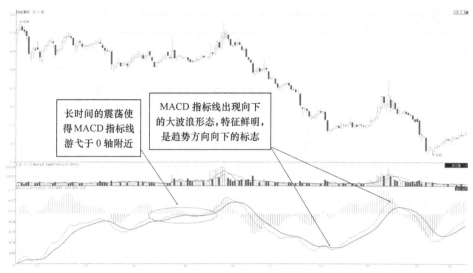

图 4-14　浙江广厦 2017 年 5 月至 2018 年 3 月走势

4.4.4　正弦波震荡回落

正弦，是一个数学名词，正弦函数可以表示为几何图像，图 4-15 为标准的正弦函数图示意。在观察 MACD 指标线（这里以平滑的 DEA 线来代表）运行形态时，我们发现，这种形态常见于相对低位区的震荡走势中，它往往预示了随后的行情发展方向——突破向上。

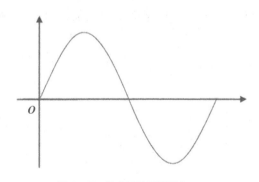

图 4-15　标准正弦函数图像

图 4-16 是南极电商 2019 年 9 月至 2020 年 3 月走势，该股在相对低位区震荡过程中，MACD 指标线出现了正弦波的形态特征。当正弦波形态构筑完成时，也是多方力量由弱转强之时，此时的价格正处于震荡区的相对低位，短期内是一个强支撑点，中期内则有可能成为新一轮上攻行情的启动点，是较好的入场时机。

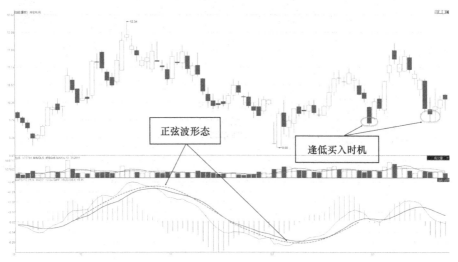

图 4-16　南极电商 2019 年 9 月至 2020 年 3 月走势

4.4.5　倒正弦波震荡反弹

"倒正弦波"是将正弦波 180 度旋转后的形态，与正弦波正好相反，市场含义也相反。MACD 指标线的倒正弦波形态常见于高位区的震荡整理走势中，是空方力量由弱转弱、行情将破位下行的信号之一。

图 4-17 是永吉股份 2018 年 11 月至 2019 年 6 月走势，在相对高位区，MACD 指标线出现了倒正弦波形态，预示着随后的趋势运行方向将向下。实盘操作中，应逢震荡反弹之机卖股离场。

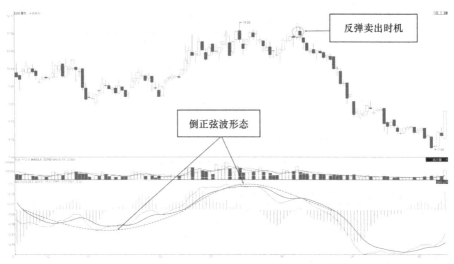

图 4-17　永吉股份 2018 年 11 月至 2019 年 6 月走势

第5章

K 线与量能经典形态

　　K 线与成交量是最为基本的两种技术分析指标，也是实用性最强、用途最广的形态分析技术指标。MACD指标所发出的多空信号即使不需要 K 线与量能形态来辅助验证，也要保证不会出现反向信号。对于 K 线与成交量这两种分析指标来说，K 线代表着价格走势，是最初的盘面数据，而成交量要以 K 线形态为背景，是在 K 线基础上的更进一步指标。本章先讲解经典的 K 线形态分析技术，随后再关注量能形态，力图帮助读者打好技术分析的基础。

5.1 影线分析技术

在短线交易中，最为重要的单根 K 线形态当属于长影线，它有长上影线、长下影线、长上下影线三种形态。结合局部价格走势，这些影线形态能够清晰地展示多空力量的快速变化，可以有效地帮助我们把握阶段高低点。

5.1.1 影线解读方法

影线，反映了多空双方的盘中交锋过程以及最终的交锋结果。在解读影线形态时，首先要重点关注影线的长短。一般来说，影线的长度代表的振幅不宜小于 2%，且影线长度要明显长于实体（阳线实体或阴线实体），这样的影线形态才能较为准确地反映多空力量的变化，且具有实战价值。

其次，在运用影线时，要结合局部价格走势。在箱体区域中的震荡行情下，由于多空力量处于明确的均衡状态，多空双方交锋形成的影线具有一定的偶然性，实战性并不突出。只有当价格处于典型的位置时，例如，快速上涨后的阶段高点、快速下跌后的阶段低点、横向震荡后的向上突破点或向下破位点，出现的影线形态才能较好地反映多空力量对比的变化，进而提示短期内的价格波动方向。

最后，在借助影线形态进行分析时，还要适当关注当日的成交量。由于影线反映了多空双方盘中较为剧烈的交锋过程，所以需有放量支撑。如果当日成交量未见明显放大，甚至出现相对的缩量或平量状态，则此影线的指示性不强，操作中，更应结合趋势来判断中短线走向。

在使用影线时，最好能结合价格走势来分析。上影线虽表明多方曾于盘中发动攻击，但是它更多地说明了多方进攻未果、市场逢高抛压沉重。在一波涨势的高点位置，由于市场获利抛压较重，此时出现的上影线就是较为可靠的回落信号。反之，下影线虽表明空方曾于盘中发动攻击，但是，它更多地说明了多方承接有力。在一波跌势的低点位置，由于市场抄底动力较强，此时出现的下影线往往就是行情反弹信号。

除此之外，也应关注影线当日的收阴、收阳情况。一般来说，上影阴线所预示的短线下跌走势更强烈，下影阳线所预示的短线反弹走势更强烈。

对于初学者来说，可以简单记住这样的组合："一波上涨后的高点+长上影线"，这种组合是短线下跌信号，应注意规避高点风险；"一波下跌后的低点+长下影线"，这种组合是短线上涨信号，应注意把握反弹机会。

5.1.2 长上影线

长上影线形态是指，上影线明显长于实体，且当日盘中振幅较大（不小于 5%）的单根 K 线形态。长上影线标志着多方上攻遇阻、空方逢高抛压明显增强，是一波回落走势或将展开的信号。

一般来说，上影线形态越鲜明（即影线越长）、短线涨幅越大，随后的回落幅度越大、速度越快，且上影阴线的短线下跌力度一般要强于上影阳线。

图5-1是科达利2019年12月至2020年3月走势，该股在高位区出现横向震荡走势，在震荡后的向上突破位置区，一个鲜明的上影阴线出现，这是突破遇阻、价格走势或将折返的信号，宜清仓或减仓锁定利润。

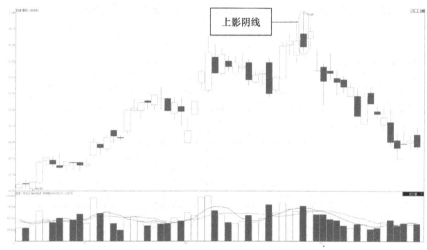

图 5-1 科达利 2019 年 12 月至 2020 年 3 月走势

图5-2是国星光电2019年12月至2020年3月走势，该股在一波强势反弹上涨走势中出现了上影阳线，虽然当日收于阳线，但影线长度突出，表明市场的逢高抛压非常重，短期行情由涨转跌的概率增加，宜逢高卖出。

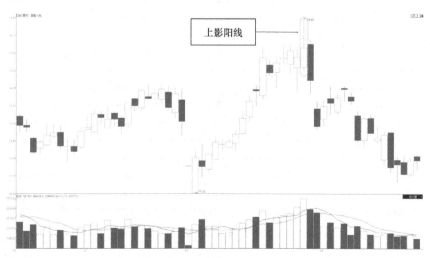

图 5-2 国星光电 2019 年 12 月至 2020 年 3 月走势

实盘中，判断长上影线是否预示了短期内多空力量转变时，可以从以下两点着手。

第一，看影线的长度。若上影线明显长于实体，则说明空方力量更强，是多空力量转变的标志；反之，若上影线相应短于实体，则预示着多方依旧占据主动，只要个股短期内的上涨幅度不是很大，则可以继续观察个股的后续表现，不必急于卖股离场。

第二，看中短期走势。从中短期走势来看，中长期的高位区间或者短线涨幅较大时，上影线是价格走势将要调头的更准确信号。

5.1.3 长下影线

长下影线形态是指，下影线明显长于实体，且当日盘中振幅较大（不小于 5%）的单根 K 线形态。长下影线标志着空方抛售遇阻、多方逢低承接力度明显增强，是一波反弹上涨走势或将展开的信号。

一般来说，下影线形态越鲜明（即影线越长）、短线跌幅越大，随后的反弹上涨幅度越大、速度越快，且下影阳线的短线反弹力度一般要强于下影阴线。

图 5-3 是广信材料 2020 年 3 月至 6 月走势，该股在一波深幅下跌过程中出现了形态鲜明的长下影线，结合该股处于中长期低位区且短线跌幅较大的情况来看，这是抄底盘快速涌入的一个信号，该股或将出现一波强势反弹上涨走势，投资者可以适当地中短线抄底入场。

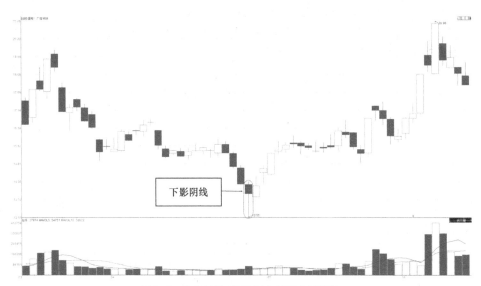

图 5-3　广信材料 2020 年 3 月至 6 月走势

5.1.4 二次确认反转

单根影线一般只能预示局部走势的回落或反弹，并不构成趋势转向信号（除非中短线涨跌幅过大、速度过快）。但如果在相近的价位空间，两次出现相似的影线形态，例如，高位震荡区两次出现上影线，或是低位震荡区两次出现下影线，则可将其看作市场多空整体力量已然改变的信号，当前的位置区为顶部或底部的概率较大，应注意规避趋势转向下行，特别是急速转向的风险，或是把握趋势上行的机会。

为了更好地理解影线分析技术中的二次确认反转形态，下面结合两个案例加以说明。

图5-4是深赛格2020年6月至9月走势，该股在高位区出现了幅度较大的震荡走势。第一次出现上影线时，预示了局部的回落走势；再度于相近的价格位置区出现上影线时，不仅代表局部的下跌，还预示了趋势或将转向下行。对于中长线投资者来说，这也是一个相对明显的卖股信号，特别是对于价格涨幅远远快于业绩增长所形成的高估值状态的股票，此时不宜中长线持股。

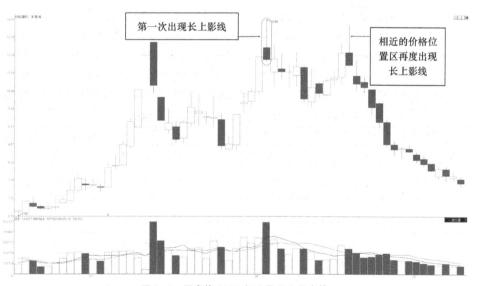

图5-4 深赛格2020年6月至9月走势

图5-5是三全食品2020年2月至4月走势，该股处于升势，整体形态良好且在累计涨幅不大的位置点两次出现长下影线形态，这表明震荡区的支撑力度很强，趋势随后再度向上推进的概率较大，操作中，可以在震荡区间适当加仓买入，或继续耐心持股待涨。

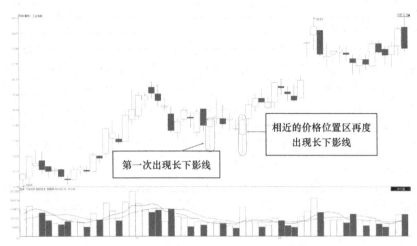

相近的价格位置区再度
出现长下影线

第一次出现长下影线

图 5-5　三全食品 2020 年 2 月至 4 月走势

5.1.5　长上下影线

长上下影线形态，也常被称为"螺旋桨"，它是指上下影线均较长，但实体相对较短的单根 K 线，当日的振幅至少要超过 5%。这种形态常出现在一波快速上涨后的高点，是市场分歧明显加剧的标志，原有的多方力量在盘中遇到了明显的阻挡，多预示了短期内或将出现深幅下跌走势。

当这种 K 线形态出现在快速上涨后的高点时，一般来说，当日的振幅越大、上下影线越长，随后短线的下跌力度越强，个股在高位区停留的时间也越短。

图 5-6 是盐田港 2020 年 6 月至 9 月走势，该股在一波快速上涨后的高点出现了长上下影线的 K 线形态，这是多空分歧明显加剧的信号，也是短线走势或将快速、深幅回落的信号。

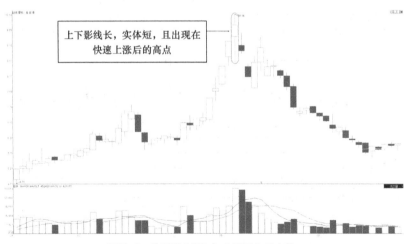

上下影线长，实体短，且出现在
快速上涨后的高点

图 5-6　盐田港 2020 年 6 月至 9 月走势

5.1.6　形态应用背景

在运用长上影线、长下影线进行短线交易时，一定要结合个股的局部走势情况。只有当长上影线出现在一波上涨后的高点时，它才是较为可靠的回落信号；同理，也只有长下影线出现在一波快速下跌后的低点时，它才是可靠的反弹信号。当它们出现在其他位置时，虽然也蕴含着涨跌信息，但指示作用不强，需结合整体走势及其他技术方法综合分析。

应特别注意的是，当长上影线出现在低点或是长下影线出现在高点时，它们更多代表着市场分歧的加剧，往往是价格走势的短线转向信号。

图 5-7 是新莱应材 2020 年 1 月至 4 月走势，图中长下影阴线出现在中短期的高点，此时它所蕴含的市场信息就不是多方的盘中承接力强，而是市场分歧明显加剧且空方在盘中曾一度占据明显主导地位。结合价格走势来看，这应该是一个短期调整信号，应注意规避风险。

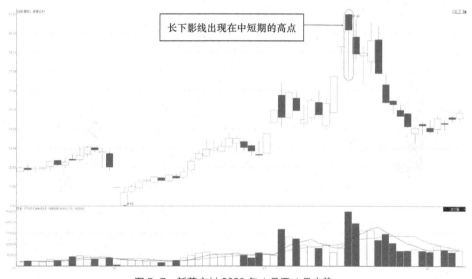

图 5-7　新莱应材 2020 年 1 月至 4 月走势

5.2　双日组合技术

单根 K 线以其自身形态及价格走势特征作为分析依据，两根 K 线（也称双日组合）则还需结合这两根 K 线的位置关系作为分析依据。双日组合也有一些经典的形态，它们预示着市场是多方更强，还是空方占优等信息。本节讲解如何从两根 K 线之间的位置关系中了解市场情况。

5.2.1 双日组合的位置含义

由两根 K 线构成的双日组合中，第一根 K 线是参照，可以将这一根 K 线划分出 5 个区域，如图 5-8 所示。第二根 K 线所处的位置越靠上，代表多方力量越强，反之则表示空方力量越强。这是容易理解的，越往上的区域价位越高。当第二根 K 线位置更靠近上方区域时，代表多方能够有力地推升价格，是多方力量较强的标志之一；反之，当第二根 K 线位置更靠近下方区域时，代表空方能够有效地拉低价格，是空方力量较强的标志之一。

在理解了第一根 K 线的区域划分方式后，就可以画出典型的多方占优或空方占优的双日组合。图 5-9 左侧为典型的多方占优双日组合，可以看到，就单独形态而言，两根 K 线均为阳线，阳线代表着多方力量占优；就位置关系来说，第二根 K 线位于更靠近上方的区域，这表明多方推升有力，占据了主动。图 5-9 右侧为典型的空方占优双日组合，两根 K 线均为阴线，阴线代表着空方力量占优；就位置关系来说，第二根 K 线位于更靠近下方的区域，这表明空方占据了主动。

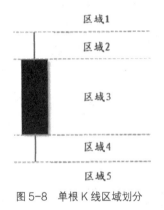

图 5-8　单根 K 线区域划分

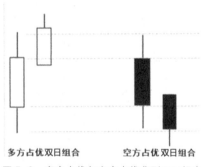

图 5-9　多方占优与空方占优典型双日组合

在使用双日组合形态进行分析时，与单根 K 线分析相似，还应关注股价的局部走势情况。当多方占优双日组合出现在阶段性低点时，所预示的上涨更为准确；反之，当空方占优双日组合出现在阶段性高点时，所预示的下跌更为准确。下面我们结合一个案例加以说明。

图 5-10 是清新环境 2020 年 5 月至 8 月走势，由于出现了一个典型的多方占优双日组合，结合价格正处于一波上涨的启动中，且位于低位震荡区间，所以可以把这个双日组合看作多方力量占优、短期上涨走势有望延续的信号。

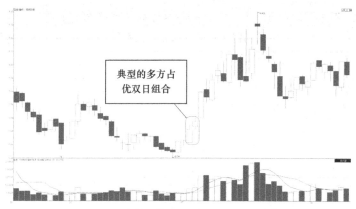

图 5-10　清新环境 2020 年 5 月至 8 月走势

5.2.2　孕线组合

　　孕线组合由前面一根长 K 线（实体较长）和后面一根短 K 线（实体较短）组合而成，后面的短 K 线的最高价、最低价分别低于和高于前面长 K 线的最高价和最低价。从形态上看，短 K 线犹如 "孕" 于长 K 线之中，故称之为孕线。

　　孕线可以分两类：阴孕线和阳孕线。阴孕线前面的长 K 线为阳线，后面的短 K 线为阴线，这种组合标志着多方推升意愿下降、空方力量有转强趋向，主要用于判断高点回落行情；阳孕线前面的长 K 线为阴线，后面的短 K 为阳线，这种组合标志着空方抛售力度减缓、多方力量有增强趋向，主要用于判断低点反弹行情。

　　图 5-11 是巨化股份 2020 年 5 月至 7 月走势，在一波上涨后的高点出现了阴孕线组合，左侧阳线实体较长，次日是低开低走的小阴线，这表明多方推升行为没有得到延续，也是空方力量开始转强的信号，应注意规避价格回落的风险。

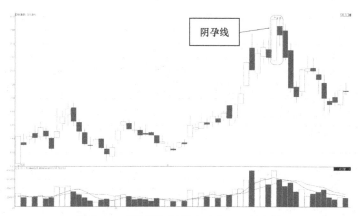

图 5-11　巨化股份 2020 年 5 月至 7 月走势

图 5-12 是吉林森工 2020 年 5 月至 8 月走势，在低位盘整区的一波破位走势中，出现了阳孕线。结合个股处于中短期低点的情形来看，代表着多方力量转强的阳孕线组合或将成为行情反转的信号，应注意把握中短线抄底机会。

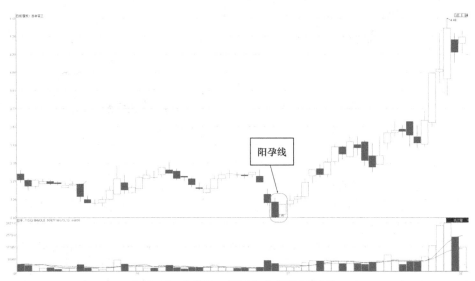

图 5-12　吉林森工 2020 年 5 月至 8 月走势

5.2.3　吞没形组合

吞没形组合也称为抱线，它与孕线的排列顺序正好相反，是前短后长的双日组合。后面长 K 线的最高价要高于前面短 K 线的最高价，后面长 K 线的最低价则要低于前面短 K 线的最低价。从形态上来看，后面的长 K 线犹如将前面短 K 线"抱"入其中，故称之为抱线。

抱线可分为看涨抱线（前阴后阳）与看跌抱线（前阳后阴）。相对于孕线来说，抱线是一种较为迅急的短线反转形态。当低点出现看涨抱线时，阳吞阴的组合代表着多方力量于当日盘中快速转强并占据优势。如果中短期的跌幅较大，则此形态预示着一波强势反弹行情或将出现。看跌抱线组合则正好相反，当其出现在高点时，应注意规避可能出现的深幅回落风险。

图 5-13 是奇信股份 2020 年 6 月至 9 月走势，该股在相对低位区出现了长期的窄幅整理，可将其看作方向选择前的蓄势。随后，以看涨抱线组合实现了形态上的突破，这预示着随后或将有一定的突破上升空间，操作上，宜实施短线买入策略。

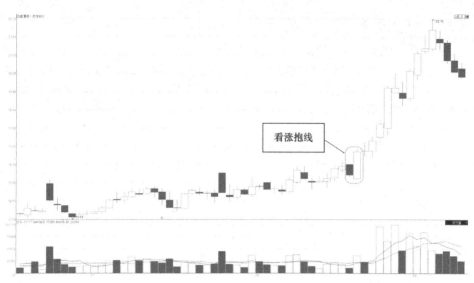

图 5-13　奇信股份 2020 年 6 月至 9 月走势

图 5-14 是阳光城 2020 年 4 月至 7 月走势，该股在一波强势上涨后的高点出现了"阴吞阳"的看跌抱线。这种组合预示着空方力量快速增强，且多方上攻乏力，是短线回落信号，宜卖股离场。

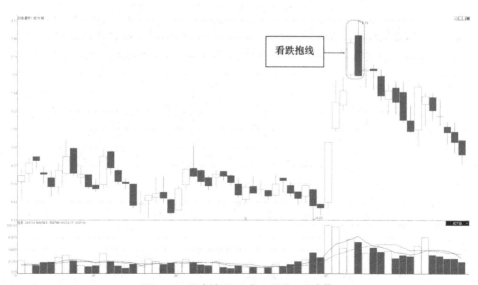

图 5-14　阳光城 2020 年 4 月至 7 月走势

5.2.4 切入形组合

切入形组合可以分为 "阴切阳"组合与"阳切阴"组合。阳切阴组合，也被称为"乌云盖顶"组合，它由一根长阳线与一根高开低走的阴线组合而成，常出现在中短期高点，是空方开始发力、多方上攻乏力的信号。阴切阳组合，也被称为"插入线"组合，它由一根长阴线与一根低开高走的阳线组合而成，常出现在中短期低点，是多方开始发力、市场抛压减轻的信号。

图 5-15 是越博动力 2020 年 7 月至 10 月走势，在震荡区低点，该股出现了 "插入线"组合。虽然形态上将要破位，但从整体走势来看，震荡区处于相对低位且"插入线"组合是反弹信号，操作上，宜短线买入。

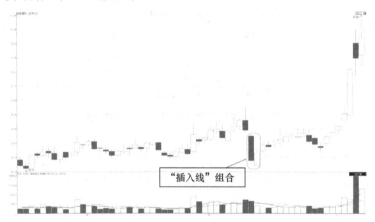

图 5-15　越博动力 2020 年 7 月至 10 月走势

图 5-16 是保利地产 2020 年 4 月至 7 月走势，该股在一波短线上冲后的高点出现了"乌云盖顶"组合。这是短线回落的信号，操作上应注意规避短期见顶的风险。

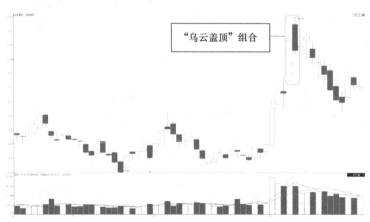

图 5-16　保利地产 2020 年 4 月至 7 月走势

5.2.5 错位形组合

错位形组合可分为向上错位组合与向下错位组合。向上错位组合，由一根阴线、一根高开高走且收盘价高于上日开盘价的阳线组合而成。它常出现在急速下跌后的低点，预示着随后或有强势反弹行情出现。向下错位组合，由一根阳线、一根低开低走且收盘价低于上日开盘价的阴线组合而成。它常出现在急速上涨后的高点，预示着随后或有快速下跌走势出现。

值得注意的是，错位形组合是一种相对迅急的反转形态，特别是当其出现在短线急速上涨（或下跌）之后。一旦出现这种组合，随后的回落（或反弹）力度往往较强，且速度往往较快，投资者应结合股价局部走势情况，把握买卖的时机。

图 5-17 是联美控股 2019 年 12 月至 2020 年 3 月走势，在宽幅震荡区的低点，该股出现了向上错位组合，这表明此位置点的多方承接力度较强且有意向上推升，是短线入场信号。

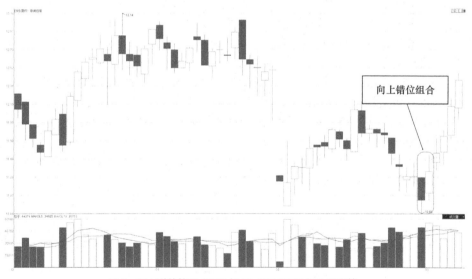

图 5-17 联美控股 2019 年 12 月至 2020 年 3 月走势

图 5-18 是宗申动力 2019 年 2 月至 5 月走势，该股在大涨之后的高点出现了向下错位组合，这是一个下跌信号，且之前的上涨波段力度较强、速度较快，此时出现的向下错位组合是一个风险信号，持股者应及时把握卖出时机。

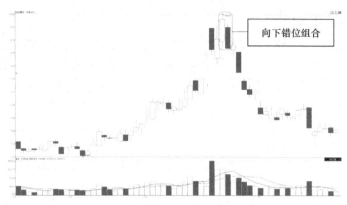

图 5-18　宗申动力 2019 年 2 月至 5 月走势

5.2.6　反转之星组合

反转之星也是较为常见的组合形态，它至少由三根 K 线组成。该组合分为希望之星与黄昏之星。希望之星由三部分组成，左侧是一根大阴线，中间是一根或多根小阳线或小阴线，右侧是一根中阳线，中阳线收盘价接近或超出左侧大阴线的开盘价。黄昏之星由三部分组成，左侧是一根大阳线，中间是一根或多根小阳线或小阴线，右侧是一根中阴线，中阴线收盘价接近或低于左侧大阳线的开盘价。

理论上讲，反转之星组合中的第二根 K 线，最好能够跳空，这样的组合形态最为标准，其预示的价格走势往往也更为准确。

希望之星组合常见于持续下跌后的低点，是上涨信号；黄昏之星则常见于持续上涨后的高点，是下跌信号。

图 5-19 是天齐锂业 2020 年 3 月至 6 月走势，在震荡区的低点，该股出现了希望之星组合，这是多方力量转强的信号，且整个震荡区间处于相对低点，操作上，宜买入布局。

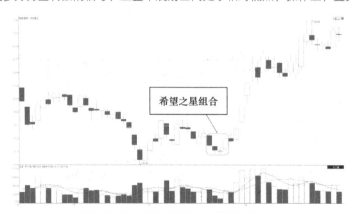

图 5-19　天齐锂业 2020 年 3 月至 6 月走势

图 5-20 是诚志股份 2020 年 6 月至 8 月走势，在震荡区的高点出现了黄昏之星组合，这表明此点位的空方占据主动，价格走势或将再度向下回落，宜卖出离场。

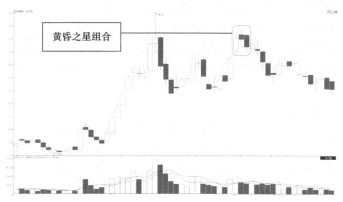

图 5-20　诚志股份 2020 年 6 月至 8 月走势

5.2.7　N 字形组合

N 字形组合也是一种较为常见的上涨信号，它由多根 K 线组成，左侧是一根（或两根）带有明显实体的阳线，随后，个股价格并没有强势整理不回落，而是随着小阳线、小阴线缓缓下行，当股价回落至左侧阳线的启动价位附近时，再度出现了一根（或两根）带有明显实体的阳线，并使价格再度位于局部高点。

N 字形组合常见于震荡行情中，在股价走势将要突破震荡区时，市场分歧使得第一波突破未果，随之引来了多方的另一波进攻，表明多方力量能够及时跟上，个股价格突破成功的概率进一步增加。操作上，可以结合价格波动特征，在右侧阳线向上突破时择机入场。

图 5-21 是同大股份 2020 年 4 月至 7 月走势，该股在低位震荡区出现了 N 字形组合，随后，价格强势站稳于右侧阳线收盘价附近，此时是较好的中短线入场时机。

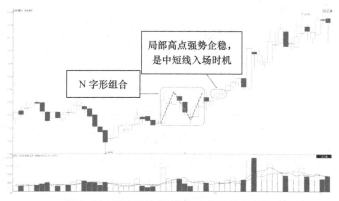

图 5-21　同大股份 2020 年 4 月至 7 月走势

5.3　顶与底的经典构筑方式

　　5.2 节讲解的都是局部 K 线形态，它们体现的是短期内多空力量的转变，预示的也是价格的短期转向。除此之外，K 线组合形态还可以预示趋势的反转。在趋势运行过程中，一些经典的 K 线组合形态有助于及时识别顶部与底部的出现，进而及时把握趋势的转向。

5.3.1　一次探底

　　一次探底有两种表现方式，一种是相对缓和的圆弧底，一种是较为迅急的尖底。圆弧底形似圆弧且弧面朝下，常见于累计跌幅较大且局部跌势较为缓和的下跌趋势中。圆弧底的构筑就是空方力量逐渐转弱、多方力量缓缓增强的一个过程。在低位区，应留意这种趋势反转的形态。

　　尖底是较为迅急的反转形态，常见于短线跌幅较大、跌速较快的中长期低位区。尖底多源于个股有较为火爆的热点题材，从而获得了主力的炒作、市场的追捧。短期内出现的快速飙升走势伴以大幅度放出的量能，是尖底形态的典型特征。

　　图 5-22 是城发环境 2020 年 3 月至 7 月走势，在价格快速下跌且短期跌幅较大的情况下，引发了连续阳线的强势反转，构成了一个尖底形态。尖底因形似大写字母 V，也称之为 V 形底。

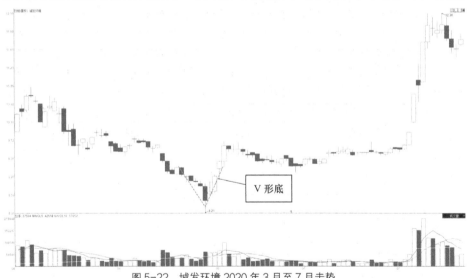

图 5-22　城发环境 2020 年 3 月至 7 月走势

　　出现 V 形底形态时，如果个股有热点题材支撑，可以在反转之初追涨入场，此时因反转幅度不大且 V 形底隐现，追涨风险相对较小；除此之外，也可以等 V 形底形态构筑完成再入场，因为短期获利盘较多，一般会出现回调买入时机。

图 5-23 是容百科技 2019 年 8 月至 2020 年 2 月走势，个股在中长期的低位区出现了圆弧形的筑底形态。当弧形区右侧的长阳线出现时，标志着圆弧底形态构筑完毕。操作上，此时宜逢短线回调买入。

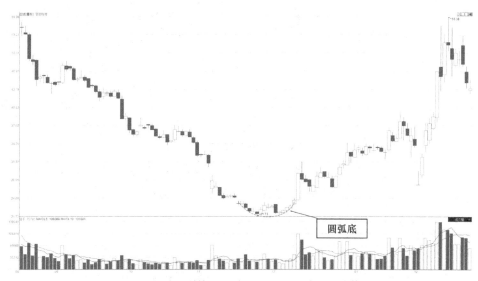

图 5-23　容百科技 2019 年 8 月至 2020 年 2 月走势

5.3.2　一次探顶

一次探顶有两种表现方式，一种是相对缓和的圆弧顶，一种是较为迅急的尖顶。圆弧顶形似圆弧且弧面朝上，常见于累计涨幅较大且局部涨势较为缓和的上升趋势中。圆弧顶的构筑是多方力量逐渐转弱、空方力量缓缓增强的一个过程。在高位区，应留意这种趋势反转的形态。

尖顶是较为迅急的反转形态，常见于短线涨幅较大、涨速较快的中长期高位区。该形态的形成与获利抛压的集中涌出和主力快速出货行为有关，或是由个股出现了明显的利空消息导致。

图 5-24 是沈阳化工 2020 年 6 月至 9 月走势，该股在高位区再度出现了一波飙升走势，由此引发了价格的急速回落，构筑尖顶。

一般来说，在中长期高位区，如果出现这种快速、大幅上涨的行情，股价是很难稳于短期高点的。在获利抛压极其沉重的情况下，出现尖顶的概率大大增加。

图 5-25 是华纺股份 2016 年 10 月至 2017 年 5 月走势，该股在相对高位区呈横向宽幅震荡态势，震荡高点依次下降，这表明空方力量整体占优。在第三次震荡反弹时，构筑了一个形态开阔的圆弧顶，这是价格走势或将破位下行的信号。

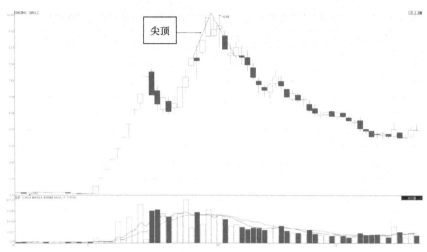

图 5-24　沈阳化工 2020 年 6 月至 9 月走势

图 5-25　华纺股份 2016 年 10 月至 2017 年 5 月走势

5.3.3　二（三）次探底

　　二次探底，也称为双重底、W 形底。双重底是价格走势的二次探底，当价格二次下探而没有破位时，表明此位置点支撑力强，如果前期的跌幅较大，则此区域筑底反转的概率将大大提升。

　　双重底有两个较为重要的位置：一个是两底之间的连线，这是支撑位，它对个股价格的下跌有强力的支撑作用；另一个是颈线（双顶构筑期间反弹时的高点），它对价格上涨有压制作用。一旦个股随着多方力量的增强而向上突破颈线，就预示着双底形态的完全形成，也预示着一轮上升趋势的展开。

图 5-26 是浙江美大 2020 年 3 月至 7 月走势，该股在低位区构筑了一个双底形态。双底形态有两个较好的入场点，一个出现在股价位于颈线附近强势整理或回落时，一个出现在向上突破时。操作中，应结合市场强弱及个股特性把握入场时机。

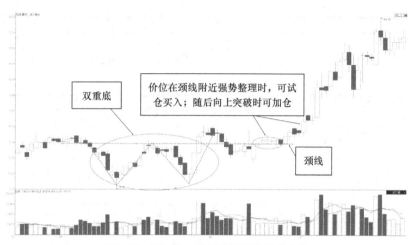

图 5-26　浙江美大 2020 年 3 月至 7 月走势

三次探底，也称为三重底，比双重底多一次探底过程。由于多了一次探底，筑底成功的概率也将提升，这种形态的出现也与市场震荡有关。

图 5-27 是桐昆股份 2020 年 3 月至 7 月走势，个股在低位区出现了三次探底形态，这预示着趋势或将反转上行。操作中，宜逢短线回调时买入布局。

图 5-27　桐昆股份 2020 年 3 月至 7 月走势

5.3.4 二（三）次探顶

二次探顶，也称为双重顶、M形顶。双重顶是价格走势的二次探顶，当价格二次上探而没有突破时，表明此位置点阻力强，如果前期的涨幅较大，则此区域筑顶反转的概率将大大提升。

双重顶有两个较为重要的位置：一个是两顶之间的连线，这是阻力位，它对个股价格的上涨有强力的阻挡作用；另一个是颈线（双顶构筑期间回落时的低点），它对价格下跌有支撑作用。一旦个股随着空方力量的增强而向下跌破颈线，就预示着双顶形态的完全形成，也预示着一轮下跌趋势的展开。

三次探顶比双重顶多一次探顶过程，其市场含义与交易方法与双重顶形态是基本一致的。

图5-28是万向德农2020年6月至9月走势，个股在高位区出现双重顶形态，这是趋势或将反转下行的信号，应注意风险。

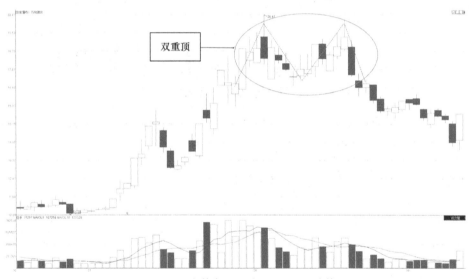

图5-28　万向德农2020年6月至9月走势

5.3.5 头肩底

头肩底是出现频率很高的一种底部反转形态。图5-29是一个较为标准的头肩底形态，它由左肩、头、右肩三个部分组成，且左肩与右肩同高，头部在最后一波探底走势中形成。颈线是一个强阻力位，突破颈线标志着头肩底形态构筑完成。

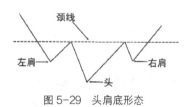

图5-29　头肩底形态

　　头肩底是一种较为开阔的筑底形态，形态构筑过程中，会看到量能的相对放大。当个股价格由右肩向上突破颈线时，量能往往会进一步放大，这正是买盘极为充足、多方完全占据主动的体现。

　　图 5-30 是三聚环保 2020 年 3 月至 7 月走势，个股在低位区构筑了一个开阔的头肩底形态。利用头肩底形态进行买入时，右肩处及向上突破颈线位置，是两个较好的买点，在实盘操作中，应注意把握。

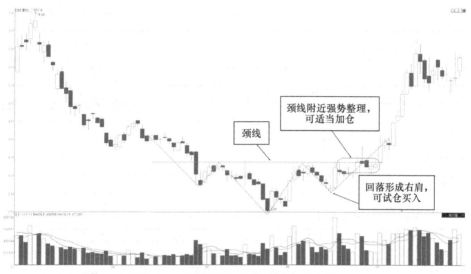

图 5-30　三聚环保 2020 年 3 月至 7 月走势

5.3.6　头肩顶

　　头肩顶是出现频率很高的一种顶部反转形态。图 5-31 是一个较为标准的头肩顶形态，它由左肩、头、右肩三个部分组成，且左肩与右肩同高，头部是最后一波探顶走势形成的。颈线是一个强支撑位，跌破颈线标志着头肩顶形态构筑完成。

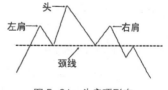

图 5-31　头肩顶形态

　　图 5-32 是中孚信息 2020 年 3 月至 9 月走势，该股在高位震荡过程中，构筑了一个头肩顶形态。利用头肩顶形态进行卖出时，右肩处及向下跌破颈线位置，是两个较好的卖点。

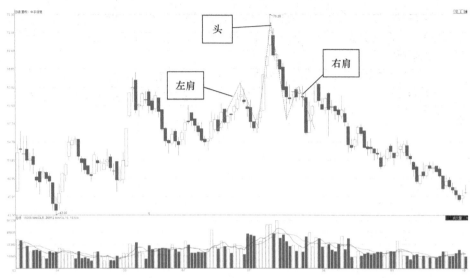

图 5-32　中孚信息 2020 年 3 月至 9 月走势

5.4　经典放量形态

　　成交量蕴含了丰富的信息，在结合价格走势的基础之上，通过量能形态的变化，可以及时了解多空双方的交锋情况，把握多空力量对比的转变，进而预测价格的后期走向。

　　对量能形态的变化，最重要的影响因素当属放量，因为放量代表着多空分歧的加剧，它往往会引发价格走势的急速变化。在急速的上涨或下跌过程中，我们往往可以看到成交量的同步放大，可以说，没有放量配合，急速上涨或下跌都很难发生。换个角度来说，通过成交量的变化，我们也可以更好地解释当前的价格走势变化，并且进一步把握走势的未来变化。本节将介绍市场中出现频率较高的几种放量形态，可以称之为经典放量形态。

5.4.1　温和式放量

　　温和式放量是指成交量缓缓放大，较近期的均量水平而言，放量效果较为温和，常出现在较为缓和的上涨走势中，代表着买盘资金的陆续入场、多方力量持续释放。在短期涨幅不大的情况下，这是一种相对稳健的量价配合，多预示着上涨走势有望持续。

　　图 5-33 是浙江富润 2020 年 4 月至 7 月走势，该股自低位区开始了一波上涨，上涨速度较缓且量能呈温和放大状，这种量价关系是上涨走势持续增强的标志。操作上，可以持

股待涨或买入布局。

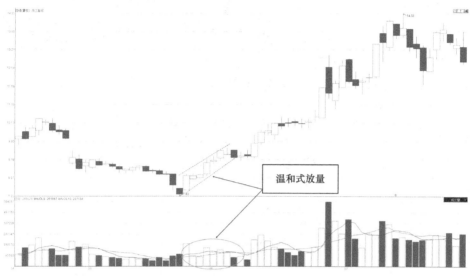

图5-33 浙江富润2020年4月至7月走势

5.4.2 脉冲式放量

脉冲式放量也称为"凸"量，是成交量单日（或连续两日）突然放大的状态，其放量效果可以达到之前均量水平的3倍左右（或更高）。随后，成交量又突然缩小，量能的放大过程有着明显的不连续性。

脉冲式放量是量能的明显异动，常出现在阶段高点。虽然放量日多收于大阳线，但这一般并不是上涨信号，由于随后交易日的量能突然缩减，高位获利盘得不到有效承接，价格走势出现回落的概率较大。一般而言，脉冲式放量幅度越大、形态越鲜明，预示随后出现深幅回落的概率越大。下面我们结合实例加以说明。

图5-34是泰豪科技2020年6月至9月走势，该股在震荡区高点出现了放量大阳线，但当日的成交量形态呈现为凸量。脉冲式放量形态是后续买盘资金匮乏的标志，很难推动股价持续向上，突破行情也难以为继。操作上，应注意价格再度跌回震荡区的风险。

图5-35是京能电力2020年2月至4月走势，该股在跳空上涨时出现双日脉冲式放量，第二个交易日还是低开高走且收于上影线的形态，这表明高点的市场抛压异常沉重，短线操作上，宜卖出规避风险。

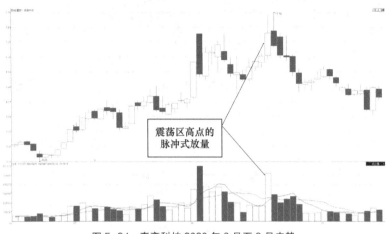

图 5-34　泰豪科技 2020 年 6 月至 9 月走势

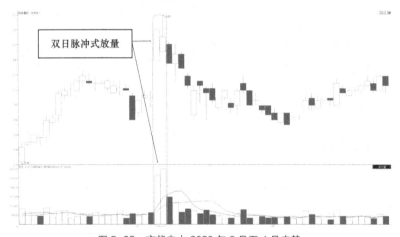

图 5-35　京能电力 2020 年 2 月至 4 月走势

5.4.3　单日天量

　　单日天量与脉冲式放量较为相似，只是它的放量效果更为明显，一般来说，当日的成交量可以达到近一两年的峰值，且当日量能要明显高于近期的均量水平。

　　这种放量形态常出现在短期大涨后的高点，是价格快速变化引发市场分歧急剧增加的标志。由于放出了天量，这对买盘消耗是极大的，多方力量也将快速减弱，出现深幅回落的概率较大，是风险的信号。

　　图 5-36 是维维股份 2019 年 4 月至 2020 年 5 月走势，跨度为一年，可以看到，在一波急速上涨后，出现了单日天量形态，虽然当日收于长阳线，但这种量价形态很难支撑上涨走势。操作上，宜锁定利润、卖出离场。

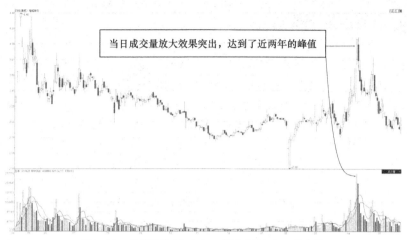

图 5-36　维维股份 2019 年 4 月至 2020 年 5 月走势

5.4.4　井喷式巨量

井喷式巨量形态是指，在一波连续大阳线、快速飙升走势的上涨波段，成交量大幅放出且至少连续保持三个交易日。一般来说，这几日的放量幅度相近。

对于这种量价形态，连续的巨量是支撑行情飙升的关键，一旦在上涨过程中出现了单日相对缩量且收于阴线，多预示着短线行情或将终结，应留意高位反转风险。

图 5-37 是东方通信 2019 年 3 月至 10 月走势，在该股的一波急速上涨过程中，出现了成交量连续大幅度放出情况，形成井喷式巨量形态。随后，成交量缩小，且收于阴线，预示着短线行情或将结束，有调整风险，宜卖出离场。

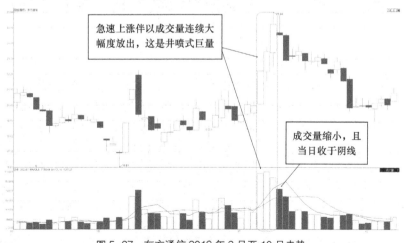

图 5-37　东方通信 2019 年 3 月至 10 月走势

5.4.5 连续放量下跌

连续放量下跌形态与井喷式巨量形态正好完全相反，它出现在一波深幅下跌后的低点位。此时，价格重心仍在下移，但量能形态出现变化，持续放大并收于阴线。

这种量价形态标志着空方力量正加速释放，考虑到当前处于一波深跌后的低点，因而这可以被看作中短期内空方力量消耗过度，易引发行情反转的信号。操作上，若随后出现了相对缩量的企稳走势，则往往是行情将反转的信号，可以适当抄底入场。

图 5-38 是爱柯迪 2020 年 2 月至 5 月走势，该股在一波下跌后的低点再度下探，在这一波继续下跌的过程中出现了成交量持续放大的形态，这属于典型的连续放量下跌形态，是空方力量加速释放的标志。随后的缩量企稳区间出现在深跌后的低点，此时的空方力量已明显消耗过度，易引发行情反转，是建立仓位进行中短期布局的时机，投资者可适当参与中短线行情。

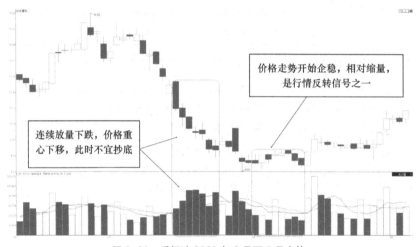

图 5-38　爱柯迪 2020 年 2 月至 5 月走势

5.4.6 堆量式上（滞）涨

堆量式上（滞）涨是指，在短期的一波相对缓和的上涨走势（或是横向整理）中，成交量连续数个交易日保持着十分鲜明的放大，形态上呈现为一种堆积式放大的效果。但此时的价格没有在堆量的推动下快速上涨，呈现出了与量能放大不相符的缓和式上涨（或是横向滞涨）。

这是一种常见的量价形态，它的出现多预示个股短期内将有深幅下跌走势出现。在堆量滞涨形态中，连续且明显放大量能说明个股此时的抛压极其沉重，即使是如此巨量的买盘入场也无法有效地推升个股快速度上涨。那么，一旦买盘入场力度减弱，一波下跌走势自然难以避免。

图 5-39 是天喻信息 2019 年 12 月至 2020 年 3 月走势，该股以一种跳空的方式实现突破，突破后的上涨走势虽然有连续放出的巨量支撑，但十分缓慢。这属于堆量式上涨形态，标志着市场抛压较重，一旦出现量能缩减，往往就是短线行情反转的信号，应注意规避短线风险。

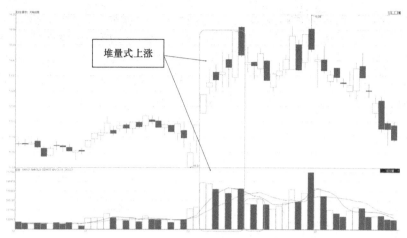

图5-39　天喻信息2019年12月至2020年3月走势

　　图5-40是宝胜股份2020年1月至4月走势，该股在盘整区的多个交易日均出现了较大的盘口振幅，但股价重心并没有上移，其间的成交量呈堆积式放大形态，属于堆量式滞涨，预示着随后的价格走势或将破位向下，应注意风险。

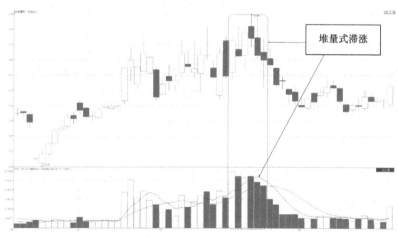

图5-40　宝胜股份2020年1月至4月走势

5.4.7　间隔式放量

　　间隔式放量是成交量隔日放大的一种形态，它常出现在盘整区突破点或是短期大涨后的高点。间隔式放量伴以上涨走势，这种量价形态出现的位置点不同、放量幅度不同，其所蕴含的多空信息也不尽相同。

　　一般来说，出现在盘整区突破点且放量效果相对温和的间隔式放量，对行情的突破有助推作用，是上涨信号；而出现在短期涨幅较大时的间隔式放量，其放量幅度往往较大，呈现出一种"脉冲式"的效果，是市场抛压沉重的信号，多预示着短线行情即将见顶，是逢高卖出的信号。

图 5-41 是太平鸟 2020 年 4 月至 9 月走势，该股在相对低位区经历了长期的盘整蓄势，随后向上突破，在突破启动点出现了放大幅度温和的间隔式放量形态，它对行情的突破具有支撑作用。操作中，可结合价格波动特点买入布局。

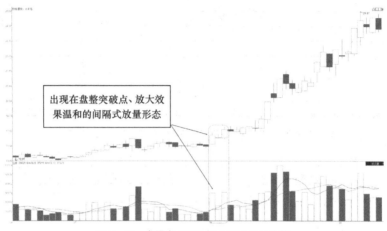

图 5-41　太平鸟 2020 年 4 月至 9 月走势

图 5-42 是威派格 2019 年 12 月至 2020 年 3 月走势，该股在一波快速上涨中出现了间隔式放量。由于量能放大幅度明显且短线涨幅较大，此时的间隔式放量应被看作多方力量消耗较大、市场追涨盘不足的信号，预示着短期上涨走势或将见顶。操作上，宜在随后的交易日逢高卖出，锁定利润。

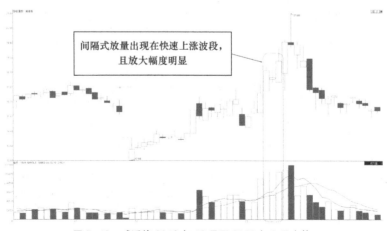

图 5-42　威派格 2019 年 12 月至 2020 年 3 月走势

5.4.8 递增式放量

递增式放量也是一种较为典型的放量形态，它的形态特征是：成交量在连续数个交易日内出现逐级放大的递增式过程，即后一交易日的量能略高于前一交易日，且这种递增效果至少持续4个交易日。

在实际盘面中，只要5日移动平均线出现明显的上行态势，成交量在连续数个交易日内保持一种较为明显的逐渐放大的形态，也可以视为递增式放量。

递增式放量蕴含的市场信息有：买盘在加速入场，正是由于不断加大力度的买盘资金推动，股价才得以在短期内快速上扬。但是，交易是双向的，不断递增的量能同时意味着抛压在不断加大。因而，一旦买盘入场速度减缓，即量能出现相对缩减，在短期高点的沉重抛压下，价格出现回落的概率是极大的。

一般来说，当递增式放量达到极限，无法再度放大时，其位置点往往就是这一波上升走势的阶段性高点。

图5-43是安迪苏2020年6月至9月走势，该股在一波快速上涨中出现了递增式放量形态，随着量能的递增，上涨速度也在加快。但是，当量能无法再度放大时，股价也进入了短期顶部，宜逢高离场。

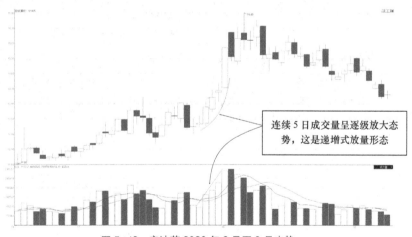

连续5日成交量呈逐级放大态势，这是递增式放量形态

图5-43 安迪苏2020年6月至9月走势

5.4.9 放量大阴线

放量大阴线形态代表着卖盘的大量抛售且买盘无法有力承接，从而造成了场内资金只能以股价大幅下挫的方式来卖出，是市场抛压沉重的标志。一般来说，这种形态是中短期风险信号，它常出现在中长期高点或高位盘整之后，是价格走势转向的信号。

但是，也有一些放量大阴线出现在快速下跌之后的低点，此时它可以被看作空方力量快速、过度消耗的信号，往往酝酿着反弹行情。下面我们结合实例来看看不同情形下的放量大阴线是如何提示买卖信号的。

图 5-44 是中炬高新 2020 年 6 月至 9 月走势，该股在高位平台区出现了一个放量大阴线形态，这是获利盘集中涌出的标志，也预示着高位平台整理之后或将出现破位行情，是反转下行信号，宜卖出以规避风险。

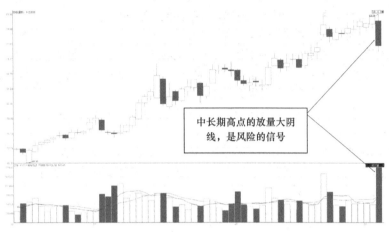

图 5-44　中炬高新 2020 年 6 月至 9 月走势

图 5-45 是南京化纤 2019 年 12 月至 2020 年 3 月走势，该股在一波快速上涨中，突然出现了一个低开低走的阴线，虽然当日成交量略小于上一个交易日，但仍远高于近期平均水平，属于放量大阴线形态。这种出现在急速上攻走势中的放量大阴线往往是行情急速转向的信号，个股的短期运行上也易出现快速的"过山车"，应注意规避风险。

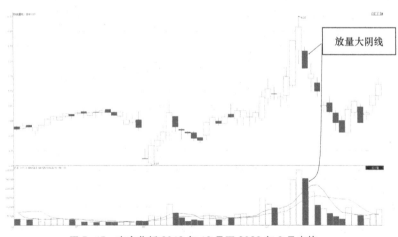

图 5-45　南京化纤 2019 年 12 月至 2020 年 3 月走势

图5-46是盘江股份2020年3月至6月走势，图中标注的放量大阴线出现于持续下跌的低点，该股的中短期跌幅已经较大，且基本面良好，有业绩支撑，对于这样的个股，大跌之后的低点往往是较好的低吸时机。而此时出现的放量大阴线可以被看作中短期内空方力量释放较为充分的信号，一旦随后出现止跌企稳形态，则可适当建仓，低吸入场。

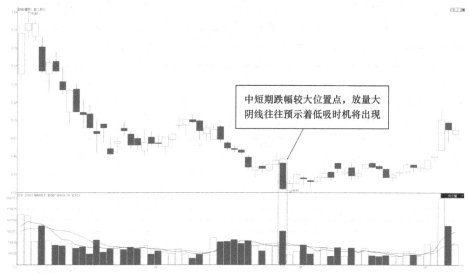

中短期跌幅较大位置点，放量大
阴线往往预示着低吸时机将出现

图5-46 盘江股份2020年3月至6月走势

5.5 经典缩量形态

放量是多空分歧加剧的标志，也常被视作主力参与的信号，多对应着价格的剧烈变化，受关注度较高。缩量常被市场看作交投清淡、市场萎靡的信号，价格波动趋窄，常被投资者忽略。其实，行情的迸发往往有一个酝酿的过程，出现的一些典型缩量形态很可能蕴藏着重要的市场信息，例如市场浮筹少、主力控盘能力强，或是市场抛压减轻、多空力量转变等，如果能够解读这些缩量形态所蕴含的信息，就可以提前布局，锁定机会。本节总结了几种典型的缩量形态，它们有的预示着机会，有的提示着风险，有着较高的实战价值。

5.5.1 低点位的缩量上移

低点位的缩量上移是指，在中长期的低位区，或是深幅下跌后的低点，价格走势开始不断上移，但是在上涨过程中，成交量并没有出现明显的放大。对比之前盘整区或是下跌过程中的量能大小，这一波持续的上涨走势是相对缩量的。

正常的量价配合是：涨时放量，因为需要更多的买盘推动上涨，抵挡获利抛压；而下跌时则相对缩量，因为场内持股者多处于观望状态，只要下跌走势不剧烈，不出现恐慌盘，抛压不会十分沉重。

但是，常态下的量价关系并没有将主力控盘这个因素考虑进来，当主力入驻一只个股后，由于改变了筹码的供求关系，市场浮筹较少，此时股价的上涨往往就会呈现为缩量。因而不能认为缩量上涨就一定是不牢靠的，在实盘中，需具体情况具体对待。

对于这种低位缩量上涨个股，一般来说机会大于风险，因为只有股价大幅上涨之后，主力资金才有利润可言，如果个股有基本面及较好的估值状态配合，则此时的买入布局会更稳妥。在实盘操作中，对于这类低位缩量上涨且有业绩支撑的个股，可适当中线买入布局，以分享主力随后继续拉升所带来的利润。

图 5-47 是昭衍新药 2020 年 2 月至 6 月走势，个股自低点位开始一波上涨走势，虽然股价涨至前期盘整区，但并没有引发解套盘与短线获利盘的大量涌出，成交量始终呈相对缩小状态，这是主力控盘能力较强的标志。从整体走势来看，当前仍处于低位区，后期上升空间较大，操作上，可以买入布局。

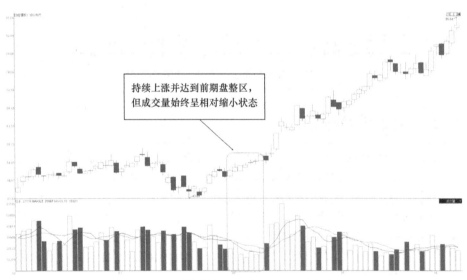

持续上涨并达到前期盘整区，但成交量始终呈相对缩小状态

图 5-47　昭衍新药 2020 年 2 月至 6 月走势

5.5.2　震荡区低点相对缩量

在横向震荡区的低点出现了明显的缩量，一般来说，这既是市场交投平淡的表现，也是市场抛压大幅减轻的信号。特别是当这一震荡区域位于中长期的相对低点位时，随后只

需少量的买盘资金介入，个股就会迎来一波反弹上涨走势。个股随后破位下行的概率将减小，而转向上攻的概率则较大，是中短线买入的时机。

但是，如果这一震荡区域位于短期大涨后的高点或是中长期累计涨幅较大的位置点，在实盘参与时，则应控制好仓位，注意风险。

图 5-48 是海鸥住工 2020 年 3 月至 5 月走势，随着价格波动幅度趋窄，成交量也逐渐缩小，此时的股价位于震荡区的相对低点，属于震荡区低点相对缩量形态。

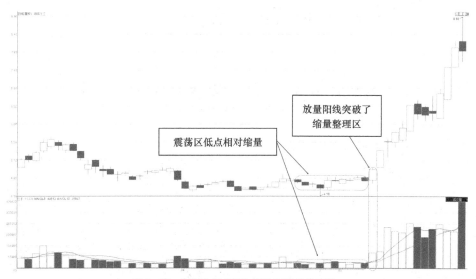

图 5-48　海鸥住工 2020 年 3 月至 5 月走势

对于中线操作来说，此时的震荡缩量区可适当买入布局；但对于短线交易来说，一般宜等到其发出明确的上攻信号时再入场，这种信号多为相对放量的阳线突破形态，本案例就是以这种方式开始上攻走势的。

5.5.3　缩量回踩支撑区

放量上涨走势，代表着资金的加速入场，但往往因获利抛压沉重、市场整体低迷等因素，价格难以稳于短期高点，进而回踩启动点（即这一波上涨走势的支撑位）。

如果价格回落至支撑位出现了明显的缩量，即成交量处于最近一段时间内的最小值状态，则表明短期内的空方力量已消耗殆尽，价格走势有望反转上行，是入场信号。

图 5-49 是天富能源 2020 年 4 月至 7 月走势，该股在一波放量上涨之后持续回落，当价格跌至支撑位时，成交量处于近期最小值，是典型的缩量回踩形态。由于中短期内的空方力量已释放充分，价格进一步下跌的概率较小，反转上行则有望展开，是买股入场时机。

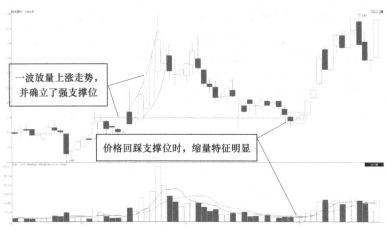

一波放量上涨走势，
并确立了强支撑位

价格回踩支撑位时，缩量特征明显

图 5-49　天富能源 2020 年 4 月至 7 月走势

5.5.4　盘中极度窄幅缩量

盘中的波动一般会受大盘走势的影响，如果个股连续多个交易日的盘中波动幅度极窄，则表明市场浮筹极少，大量的筹码或掌握在主力手中，这种情形在个股位于中长期低位区时，是机会大于风险的信号，预示着后期上涨潜力较大。但是，若这种情形出现在大涨后的高位区横向波动时，则往往是风险的信号。由于市场的承接盘较少，主力出货将面临困难，特别是在股票市场整体低迷的背景下。对于投资者来说，在高位区宜规避此类个股。

图 5-50 是中兴商业 2019 年 2 月至 8 月走势，该股在大涨后的高位区出现了横盘震荡，随着震荡的持续，出现了连续多日盘中波动幅度极窄且成交量明显萎缩的形态，高位区的这种量价关系是风险的信号，特别是对于基本面与涨幅无法匹配的个股，应卖出离场。

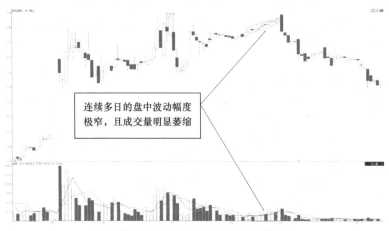

连续多日的盘中波动幅度
极窄，且成交量明显萎缩

图 5-50　中兴商业 2019 年 2 月至 8 月走势

5.5.5　快涨后的断层式缩量

断层式缩量常见于堆量式上涨之后，在一波快速的火箭式上攻走势中，成交量往往呈现出堆积式放大。在随后的高点，当上涨停止，开始震荡时，量能会相对缩小。如果震荡时的量能较之前上涨时的堆量呈现出类似于"断层"缩减效果，多表明此时的市场参与度大幅下降、承接力度在逐步减弱，而个股又正处于高位区，获利抛压较为沉重，易出现反转向下的破位走势，应注意风险。

图 5-51 是协鑫集成 2019 年 2 月至 5 月走势，个股在急速上涨后的高位区出现了断层式缩量形态，此时的价格重心也略有下移，表明市场的承接力度在变弱，高位支撑力度不足，宜卖出离场。

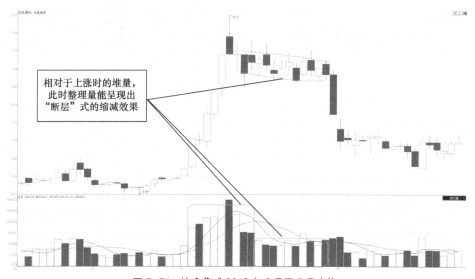

图 5-51　协鑫集成 2019 年 2 月至 5 月走势

5.5.6　突破震荡区后的缩量攀升

震荡区是多空分歧较为剧烈的区域。当个股突破震荡区后，如果能以不放量（或是相对缩量）的方式向上攀升，多表明市场抛压较轻、主力控盘能力较强。一般来说，只要个股此时的累计涨幅不是很大且有业绩支撑，则随后往往仍有一定的上升空间，中长线操作仍宜持股待涨。

图 5-52 是中顺洁柔 2019 年 12 月至 2020 年 7 月走势，该股在突破震荡区间后缓缓上行，量能并没有随着价格创新高而放大，反而出现了相对缩量。结合该股优异的基本面及累计涨幅尚可等因素综合分析，该股依旧处于整体形态良好的上升趋势之中，可继续持有。

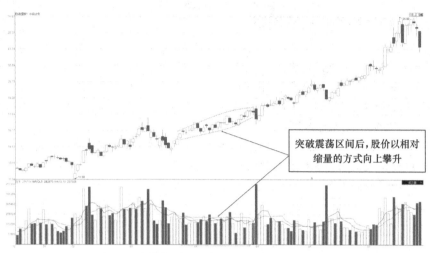

突破震荡区间后，股价以相对
缩量的方式向上攀升

图 5-52　中顺洁柔 2019 年 12 月至 2020 年 7 月走势

第 6 章

MACD "形态" 买入技术

    MACD 指标的运用方法有很多种，其中最基础也是最核心的当数 MACD 指标线形态的运用。MACD 指标线的运行形态是其设计原理的直观呈现，不同特征的形态有着不同的含义，利用形态特征，我们能够很好地辨识市场及个股多空力量的转变，进而确定买卖时机。

    本章从买入时机着手，看看 MACD 指标线的哪些特征形态能够提示多方力量转强，或是多方优势正在扩大，进而帮助我们把握入场时机。第 7 章将讲解能够提示卖出时机的 MACD 指标线形态。

6.1 DEA 线穿越 0 轴买入技术

在 MACD 指标中，0 轴代表着多空力量的分水岭，当指标线（主要指经过平滑处理的 DEA 线）稳健运行于 0 轴之上时，多方力量占优；反之，则代表空方力量占优。当 DEA 线穿越 0 轴时，代表着多空力量的快速变化，那么这种变化是具有持续性，还是将转折？哪些形态可以作为买入时机来参考？本节从 MACD 指标线（注：不做特殊说明，均指 DEA 线）穿越 0 轴的角度，讲解哪些形态提示了买入时机。

6.1.1 震荡中跃上 0 轴并企稳

在横向的震荡走势中，特别是相对低位区的震荡走势，DEA 线由 0 轴下方跃升至 0 轴上方，且随后较长一段时间能够企稳，同期的价格走势仍处于震荡之中。这是多方力量转强且仍在进一步汇聚的标志，多预示着价格能向上突破，宜逢震荡回落之时买入。

图 6-1 是豫园股份 2020 年 2 月至 7 月走势，该股在低位区经历了一波反弹后，开始横向震荡，从中长期来看，仍处于明显的低位区。但在此期间，MACD 指标线却由 0 轴下方较远的位置跃升至 0 轴上方，且随后长时间企稳。指标形态的这种变化预示着多方力量正在转强且占据优势，随后股价或将突破盘整区，可以逢短线回落买股布局。

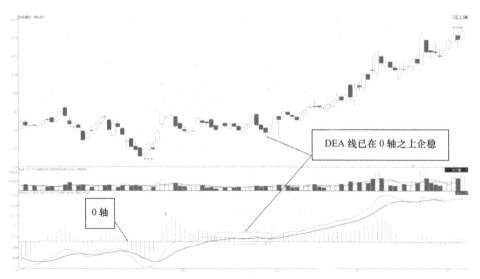

图 6-1　豫园股份 2020 年 2 月至 7 月走势

6.1.2　强势上穿后回踩 0 轴

股价在经历了一轮较为强势的上涨之后，若 MACD 指标线由 0 轴下方较远位置上升且向上远离 0 轴，则表明多方力量非常强劲，此时易出现整理或调整。当 MACD 指标线向下回踩 0 轴时，往往就是整理或调整结束的信号，新一轮上涨有望展开，是买入时机。

值得注意的是，对于短线连续收于涨停板的火箭式上攻行情，多属于热点题材炒作的结果，并不宜使用指标线形态的变化来分析，更应结合市场热点来把握。

图 6-2 是信达地产 2019 年 9 月至 2020 年 3 月走势，该股自中长期低位区出现了一波持续的上涨，这使得 MACD 指标线由 0 轴之下较远位置跃升至 0 轴之上且远离了 0 轴，这是多方力量过度释放的信号，彰显了多方力量的强劲。随后，当价格走势经历了长时间的震荡、调整后，MACD 指标线开始向下靠拢 0 轴，这是调整将结束的信号，可作为买入时机加以把握。

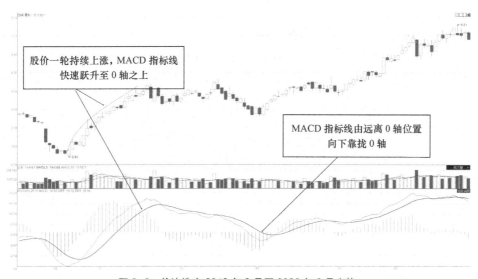

图 6-2　信达地产 2019 年 9 月至 2020 年 3 月走势

6.1.3　上升穿越 0 轴后的强势指标线

在横向震荡走势中，MACD 指标线由 0 轴下方穿越至 0 轴之上，随后，始终与 0 轴保持一定距离的强势形态，同期的价格走势仍为震荡。这种形态是多方力量较为强劲、价格走势有望在多方力量积蓄后向上突破的信号，可逢震荡回落之机实施短线买股操作。

图 6-3 是第一医药 2020 年 3 月至 7 月走势，该股在长期震荡走势中出现了 MACD 指标线先向上穿越 0 轴，随后强势运行的形态，这是多方力量不断积蓄、多方优势不断加强的标志，震荡回落时就是短线买入的好时机。

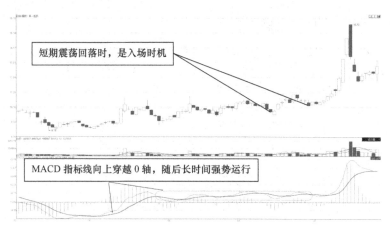

图 6-3　第一医药 2020 年 3 月至 7 月走势

6.1.4　高位跌破 0 轴后的价格回踩

MACD 指标线由高位区向下跌破 0 轴并远离，这代表中短期内的价格回落幅度较大，此时易出现反弹。如果个股于低位区企稳震荡，当价格二次回探低点时，MACD 指标线却明显上移，则表明多方力量有转强趋势，此时是较好的逢低入场时机。

图 6-4 是上工申贝 2019 年 10 月至 2020 年 3 月走势，对比价格走势与同期的 MACD 指标线运行形态可以发现，当价格再度回踩低点时，MACD 指标线已明显上行，这是一个中短线入场信号，预示着该股随后或有较大的反弹上行空间。

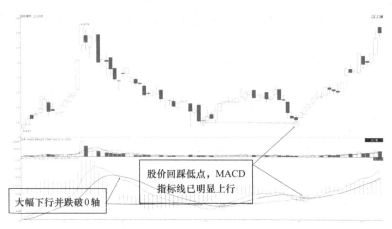

图 6-4　上工申贝 2019 年 10 月至 2020 年 3 月走势

6.1.5　低点上穿 0 轴后的价格指标值同步攀升

所谓的低点，既是价格的低点，也是指标值的低点，当两者同步攀升，且 MACD 指标线上穿 0 轴后，代表多方力量已经整体占优，是趋势转向上行的信号之一。操作上，宜逢价格短线调整时择机买入。

图 6-5 是禾望电气 2020 年 5 月至 9 月走势，该股自低位整理后开始向上突破，上升形态稳健，同期的 MACD 指标线也攀升至 0 轴上方，这是多方力量开始占据主导地位的标志。操作上，可以在价格走势整理过程中或短线回落过程中买入布局。

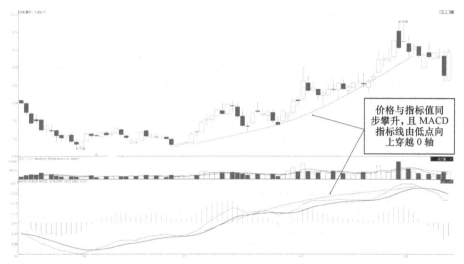

图 6-5　禾望电气 2020 年 5 月至 9 月走势

6.2　DEA 线靠拢 0 轴买入技术

DEA 线以向上穿越的方式突破 0 轴，固然是多方力量强劲的标志。但在很多时候，此时的价格涨幅也较大，追涨买入则存在短线高位被套的风险。如何在指标线将要上穿 0 轴之前把握更好的低位入场时机呢？我们可以借助 DEA 线靠拢 0 轴的买入技术。

6.2.1　横向震荡收窄，指标线向上靠拢 0 轴

个股价格前期下跌使 MACD 指标线持续运行于 0 轴下方，随后价格在低位止跌、震荡，随着震荡的持续，价格波动幅度趋窄且 MACD 指标线开始向上靠拢 0 轴。

这种形态有两个关键点：一是震荡收窄，代表多空力量处于 "平衡" 与 "改变" 的转折点；二是 MACD 指标线向上靠拢 0 轴，代表多方力量转强。结合当前的价格处于低位区来看，随后选择突破上行概率大，投资者应注意把握这种中短期入场时机。

图 6-6 是电子城 2019 年 7 月至 2020 年 1 月走势，在低位区长期震荡之后，出现价格波动趋窄且 MACD 指标线向上靠拢 0 轴走势，这预示着随后或有突破上升行情，是买入时机。

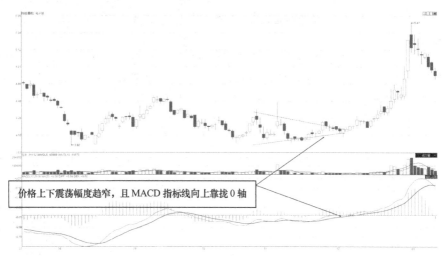

图 6-6　电子城 2019 年 7 月至 2020 年 1 月走势

6.2.2　强势整理，指标线快速向上靠拢 0 轴

强势整理形态是一种上下震荡幅度较大，但股价重心缓慢上移的整体运动形态。在强势整理的过程中，如果同期的 MACD 指标线由 0 轴下方较远位置点快速向上靠拢 0 轴，这往往是多方力量正快速增强的信号。由于此时短线涨幅很小，一旦多方力量开始释放，随后或有一轮上攻行情出现。

图 6-7 是海尔智家 2020 年 2 月至 7 月走势，该股在低位区出现了强势整理，伴以 MACD 指标线快速向上靠拢 0 轴的形态，这是多方力量不断转强的信号，可以逢短线震荡回落时买股入场。

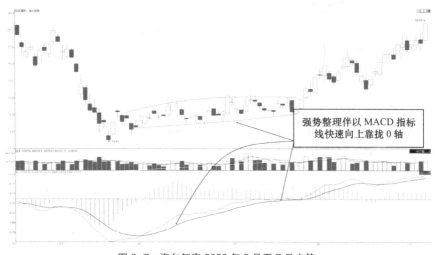

图 6-7　海尔智家 2020 年 2 月至 7 月走势

6.2.3 整理走势中 0 轴支撑位

在震荡相对较窄的整理走势中，如果 MACD 指标线由 0 轴上方较远位置点向下缓缓运行并靠拢 0 轴，一般来说，0 轴会形成较强支撑，此时的价位也正处于整理区的相对低点，是一个较好的中短线入场时机。

在这种形态中，应注意的一点是，MACD 指标线以较为缓和的方式向下运行，且持续时间较长，这样的运动方式才能在 0 轴附近获得支撑。

图 6-8 是伟星新材 2020 年 2 月至 7 月走势，图中的标注点的价位处于整理区相对低点，价格有支撑；同时，MACD 指标线也在长时间运行后回落至 0 轴，0 轴形成支撑，这是中短线入场信号。

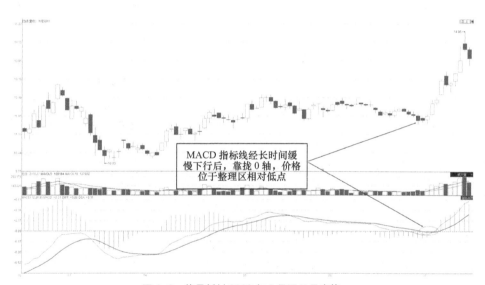

图 6-8 伟星新材 2020 年 2 月至 7 月走势

6.3 一次金叉买入技术

金叉是 MACD 指标最典型的买入信号之一，它是指速度较快的 DIFF 线向上交叉并穿越有着移动平均效果的 DEA 线。金叉与价格上涨同步出现，它代表着多方力量正加速释放，由于价格走势的惯性，当金叉出现时，往往还有上升空间。

值得注意的是，金叉并不等于买入时机，一些金叉形态出现后，由于短期涨幅过快、过大，此时买入，有追涨套牢的风险。实盘中，需结合具体的情形来把握。

6.3.1　指标线高位转低位震荡后的金叉

指标线高位转为低位震荡后的金叉形态是指，MACD 指标线由 0 轴之上远离 0 轴的位置点，持续下行至 0 轴下方且远离 0 轴，此时在指标的低位区，也是价格大幅回落后的低点，出现了金叉形态。一般来说，这种情形下的指标金叉形态往往预示着价格走势将强势反弹或趋势将反转，宜作为入场信号来把握。

图 6-9 是天赐材料 2020 年 1 月至 5 月走势，该股经历了一轮长时间且幅度极大的下跌之后，MACD 指标线已经向下远离 0 轴。随后，价格走势阶段企稳伴以金叉形态出现，这是反弹行情或将展开的信号。

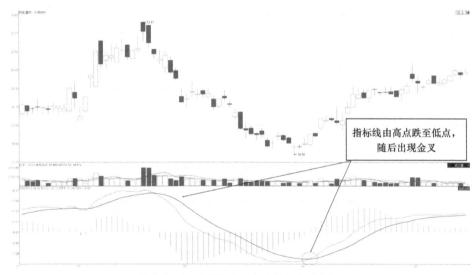

图 6-9　天赐材料 2020 年 1 月至 5 月走势

6.3.2　强势整理回踩 0 轴金叉

MACD 指标线由 0 轴上方较远的位置点向下回落，往往对应着整理波段或回调走势。当 MACD 指标线回落至 0 轴附近时，若能够形成金叉，往往是调整走势结束、新一轮上攻行情将展开的信号。操作上，可以结合同期的大盘走势来把握入场时机。

图 6-10 是中船防务 2020 年 3 月至 7 月走势，可以看到，该股的上升走势十分稳健，MACD 指标线始终在 0 轴之上且离 0 轴较远的位置点，这是多方力量强劲的标志。随后，因横向整理走势的出现，MACD 指标线回落至 0 轴附近，此时出现的金叉就是整理结束的信号，也是新一轮突破行情将展开的信号。

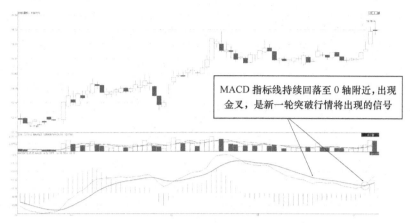

MACD 指标线持续回落至 0 轴附近，出现
金叉，是新一轮突破行情将出现的信号

图 6-10　中船防务 2020 年 3 月至 7 月走势

6.3.3　强势整理后的金叉突破

　　一些能够脱离大盘格局强势上涨的牛股，往往会有至少两轮上攻行情，其在一轮上攻结束之后，会陷入较长时间的震荡整理。如果随着震荡的持续，出现了 MACD 指标线的金叉形态，且在金叉出现时股价仍旧位于价格整理区的突破点，短线未加速上攻，则这样的金叉多预示新一轮上攻行情或将展开。操作上，可短线适当追涨参与，但要控制好仓位。

　　图 6-11 是世联行 2020 年 7 月至 10 月走势，从价格整体走势中可以看出，该股有着明显的独立运行结构，随着震荡整理的持续，股价因为短线上涨而达到了整理区的突破点。此时的 MACD 指标线出现了鲜明的金叉形态，预示着新一轮突破上升空间或将打开，是短线追涨入场的信号。

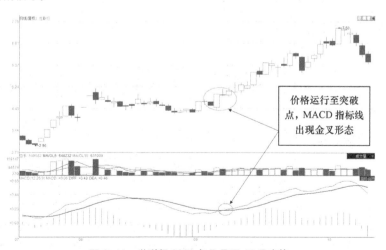

价格运行至突破
点，MACD 指标线
出现金叉形态

图 6-11　世联行 2020 年 7 月至 10 月走势

6.3.4　宽震区低位金叉

　　一般来说，在宽幅震荡的价格走势中，当价格回落至震荡区低点时，会遇到较强支撑，如果此时的 MACD 指标线同时能够在指标区的相对低点出现金叉，基于价格区的支撑与指标线向上靠拢 0 轴的动力，会有较强的反弹动力，是中短线入场时机。特别地，当这个宽幅震荡区间处于中长期的相对低位区时，低位金叉蕴含着更强的反弹动力。

　　图 6-12 是华润三九 2018 年 10 月至 2019 年 3 月走势，在中长期低位区，价格走势宽幅震荡，随着价格回落至震荡区低点，在 MACD 指标区的相对低点出现了金叉形态，这是强势反弹的信号，也是中短线入场信号。

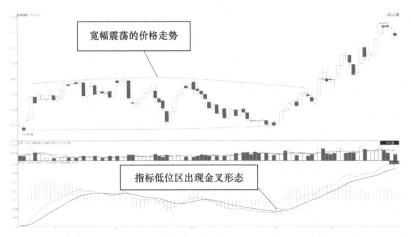

图 6-12　华润三九 2018 年 10 月至 2019 年 3 月走势

6.4　二次金叉买入技术

　　二次金叉，是指在价格运动过程中，指标线先后两次出现金叉形态。二次金叉是一种重要的指标形态，由于多了一次金叉，所以在提示多方力量转强时，准确性往往要更胜一筹，是把握买入时机的重要参考。

6.4.1　长时间震荡二次金叉

　　长时间震荡二次金叉是指，震荡区两个低点的时间间隔较长，第一次震荡低点形成金叉，第二次回探低点时，再度出现金叉。

　　两个低点的时间间隔长，多源于攀升与回落的节奏均较为缓慢。当价格走势经长期波动再度回探前期低点时，MACD 指标线往往已明显上行，并使得第二个金叉出现在 0 轴附近。这正是多方力量经震荡后明显增强的标志，预示着上涨的概率更大，可作为入场时机加以把握。

图 6-13 是申华控股 2019 年 9 月至 2020 年 4 月走势，该股在震荡过程中的两个低点相距较远，第二个低点出现金叉时，MACD 指标线已向上靠拢 0 轴，这是后期行情看涨的信号。

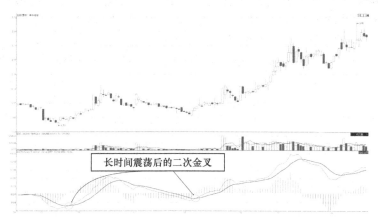

图 6-13　申华控股 2019 年 9 月至 2020 年 4 月走势

6.4.2　黏合 0 轴的二（三）次金叉

如果在横向的震荡走势中，MACD 指标线始终位于 0 轴附近且多次出现金叉，则表明多方力量有望因震荡得到加强。一般来说，若此时的价格处于中长期相对低位，或是累计涨幅较小的位置点，则后期突破上行的概率较大，宜作为买入时机加以把握。

图 6-14 是三安光电 2020 年 6 月至 10 月走势，该股在相对低位出现了持续的横向震荡走势，其间的 MACD 指标线于 0 轴附近出现了三次金叉，每一次金叉的出现都提高了行情突破的概率。操作中，MACD 指标线第二次或第三次出现金叉时，均是较好的买入时机，投资者可以结合同期大盘走势加以把握。

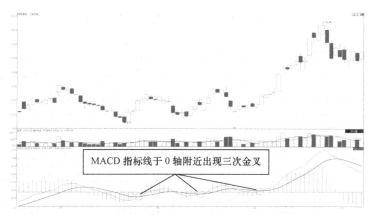

图 6-14　三安光电 2020 年 6 月至 10 月走势

6.4.3　0 轴下方低点的二次水平金叉

当 MACD 指标线运行于 0 轴下方较远位置点时，多代表空方力量已得到了较大程度的释放，但这并不是反弹信号，因为若没有买盘推动，跌势仍可持续下去。

但是，如果指标线在 0 轴下方较远位置出现了二次金叉，且两个金叉离 0 轴距离相近，这被称为二次水平金叉，一般可以将其看作空方力量减弱、多方力量明显转强的信号，价格走势或将反转向上。

图 6-15 是赛轮轮胎 2020 年 3 月至 7 月走势，该股因一轮下跌而进入相对低位区，此时的 MACD 指标线于低点出现了二次金叉，这既是低位企稳的标志，也是价格走势将反转上行的信号，是一个较好的抄底入场时机。

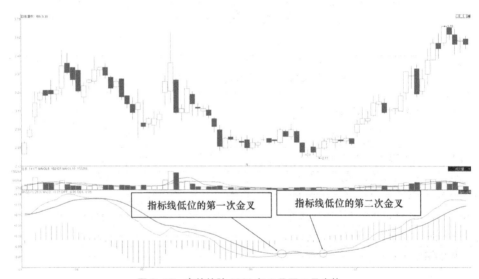

图 6-15　赛轮轮胎 2020 年 3 月至 7 月走势

6.4.4　宽震行情 0 轴下方三次金叉

横向的宽幅震荡走势是趋势不明朗的表现，同期的 MACD 指标线也会围绕着 0 轴上下波动。如果在这种宽幅震荡过程中，指标线在更多的时间内是运行于 0 轴之上的，且第三次金叉出现在 0 轴附近，表明多方力量依旧占据主动，随后行情突破上行的概率更大。

图 6-16 是航发动力 2020 年 1 月至 7 月走势，MACD 指标线因该股的长期宽幅震荡出现了多次金叉形态，仔细观察可以发现，指标线因价格回落而运行于 0 轴下方的时间较为短暂，而第三次金叉出现在 0 轴附近。这是多方力量整体占优的表现，第三次金叉形态出现后，多方力量已得到了较大的增强，新一轮突破上攻行情有望展开，可作为买入时机加以把握。

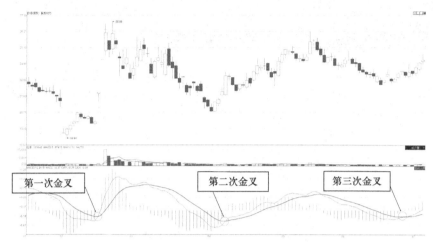

图 6-16　航发动力 2020 年 1 月至 7 月走势

6.4.5　震荡中跃至 0 轴附近的二次金叉

在深幅下跌后的低位区，价格走势企稳震荡，如果同期的 MACD 指标线先后于 0 轴下方较远位置点、0 轴附近位置点出现金叉形态，而价格仍处于震荡之中，未见明显上涨，这是多方力量快速转强的信号，价格走势后期有望向上突破。出现在 0 轴附近的第二次金叉形态就是一个较为明确的中短线入场信号。

图 6-17 是营口港 2019 年 12 月至 2020 年 4 月走势，低位企稳走势中，MACD 指标线的第一个金叉出现在远离 0 轴的位置点，第二个金叉则大幅上升至 0 轴附近，这表明多方力量正快速转强。由于当前的价格仍处于中短期低点，所以此时是较好的买入时机。

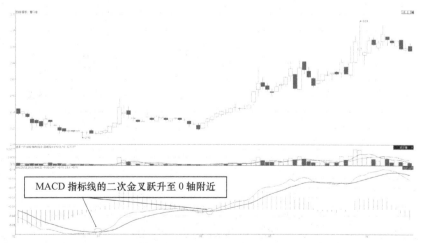

图 6-17　营口港 2019 年 12 月至 2020 年 4 月走势

6.5 DEA 线形态变化与中长线入场时机

除了指标线与 0 轴的位置关系以及两条指标线的金叉形态之外，还有一些特征形态也具有较强的实战价值，它们可以很好地呈现当前市场上多空力量的强弱特征，进而帮助我们把握入场时机。由于这些特征形态需要市场长时间的交投才能呈现，因而指标线的形态反映的是一种整体上的多空力量强弱格局，所提示的入场时机也可以被看作中长线的入场时机。

6.5.1 长期强势震荡不回踩 0 轴

长期强势震荡，是指在长时间的震荡走势中，股价重心不断上移，但上移速度较慢，从而使得累计涨幅不大。在长期强势震荡格局中，如果 MACD 指标线能够一直位于 0 轴之上且始终与 0 轴保持一定距离，即即使在价格回落走势中，指标线也没有回踩 0 轴，则表明个股有主力资金积极运作，只要市场不出现大幅度的整体性下跌，则个股随后出现突破上行的概率较大，且突破后的上升空间可观。操作上，可以在个股震荡回调时积极入场布局，分享主力随后的拉升成果。

图 6-18 是京运通 2020 年 5 月至 11 月走势。首先，从价格走势来看，这是一个时间跨度极长的强势震荡格局；其次，从 MACD 指标线运行形态来看，在长期的强势震荡格局下，指标线从未出现过回踩 0 轴的情形。对于这种组合方式，由于此时该股的累计涨幅不大，从中长期走势来看，仍旧处于相对低位区，可以逢短线回调时买股布局。

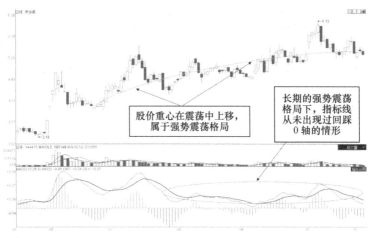

图 6-18 京运通 2020 年 5 月至 11 月走势

下面我们再来看一个例子，与上一例有相似之处，但不完全相同。

图 6-19 是濮耐股份 2020 年 3 月至 2021 年 1 月走势，仅从 K 线走势来看，这是一种长期的强势震荡上行结构，但同期的 MACD 指标线出现过回踩 0 轴的情形。指标线的运行形态提示我们，个股在随后运行中向上突破的概率有所下降，因而更宜实施低买高卖的波段操作。

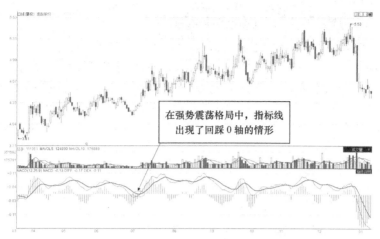

图 6-19　濮耐股份 2020 年 3 月至 2021 年 1 月走势

6.5.2　低位企稳中指标线逐底抬升

随着低点的止跌企稳或是回升走势的出现，MACD 指标线向上突破了 0 轴，但上升走势没有延续下去，此时，代之以横向的震荡或整理行情。如果在震荡整理过程中，出现了 MACD 指标线逐底抬升的运动方式，且价格处于中长期的低位区，则这种形态多对应着中期底部区的构筑，预示着趋势将转向上行，是买入信号。

图 6-20 是三安光电 2020 年 5 月至 10 月走势，该股在低位区出现了企稳回升走势，MACD 指标线攀升至 0 轴附近。并且，因震荡走势的持续，MACD 指标线出现了 "一底高于一底" 的底抬升形态，这是多方力量在逐步加强的标志，预示着后期仍有一定的突破上升空间，宜逢回调买股布局。

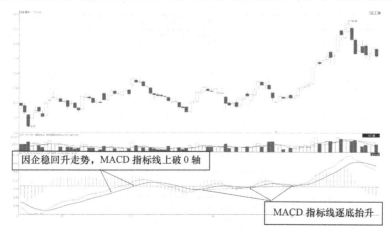

图 6-20　三安光电 2020 年 5 月至 10 月走势

6.5.3 低位震荡中的指标线头肩底

在低位区震荡走势中，如果 MACD 指标线出现形态开阔的头肩底形态，表示多方力量整体转强。在头肩底形态中，头部位于 0 轴下方且远离 0 轴，这是中短期跌幅较大的标志，但左肩与右肩的位置则有两种表现方式：一是左肩与右肩均向上突破了 0 轴；二是左肩与右肩虽然未突破 0 轴，但向上靠拢且接近 0 轴。两种表现方式的市场含义相近，都预示着趋势或将转向上行。

图 6-21 是洪都航空 2019 年 12 月至 2020 年 6 月走势。其间 MACD 指标线构筑了一个左肩与右肩均向上突破了 0 轴的头肩底形态，且该股处于中长期低位区。操作上，在指标线构筑右肩并回踩 0 轴过程中，将遇到较强支撑，此时就是较好的中长线入场时机。

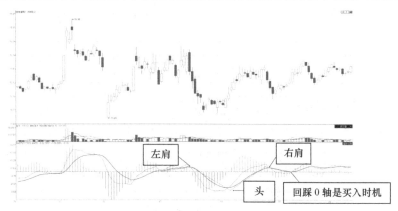

图 6-21　洪都航空 2019 年 12 月至 2020 年 6 月走势

图 6-22 是美克家居 2018 年 6 月至 2019 年 4 月走势，该股在低位区出现长时间的震荡企稳走势，同期的 MACD 指标线构筑了一个头肩底形态。形态中的左肩与右肩未突破 0 轴，但 MACD 指标线的这个组合形态仍然预示了中期底部的出现，应注意把握好中长线的入场时机。

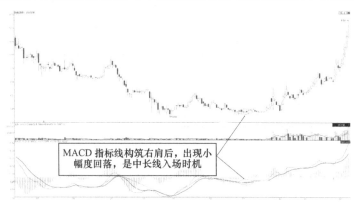

图 6-22　美克家居 2018 年 6 月至 2019 年 4 月走势

第7章

MACD "形态" 卖出技术

第 6 章讲解了能够提示买入时机的 MACD 指标线形态，与之相对，也有一些典型的指标线形态标志着空方力量已转强或正持续加强，提示了卖出时机。本章就结合实例对比加以说明。

7.1 DEA 线穿越 0 轴卖出技术

MACD 指标线穿越 0 轴之后，预示着多空力量对比格局正发生转变。一般来说，MACD 指标线下穿 0 轴代表空方力量增强，多为卖出信号；但是，也有一些较为特殊的情况。例如，多方力量在中短期内过度释放、消耗较大，此时空方力量转强概率增加，是价格回落信号，这同样体现在指标线对 0 轴的穿越形态上，但这是由下向上穿越 0 轴。本节讲解如何利用指标线穿越 0 轴的形态来把握卖出时机。

7.1.1 指标线由低位区攀升至高位区

在 MACD 指标窗口，若出现 DEA 线由低位区以较为平滑的方式不断攀升，向上穿越并远离 0 轴，这往往对应着一轮较大规模的上升行情。

无论是趋势的突然反转上行，还是下跌途中的中级反弹，持续、平滑上扬且向上远离 0 轴的 MACD 指标线形态提示我们：由于在这一波上升过程中未出现明显的中继整理或调整，此时的多方力量已得到了较大的消耗，获利抛压沉重。因而可以预测，中等规模的回落调整出现概率较大，宜逢高卖出。

图 7-1 是出版传媒 2020 年 4 月至 9 月走势，对应着同期股价的一轮持续上涨。MACD 指标线由低位区攀升至高位区，这是市场进入超买区状态的标志，有调整回落的需要，应注意规避行情调整风险。操作上，宜减仓或清仓离场。

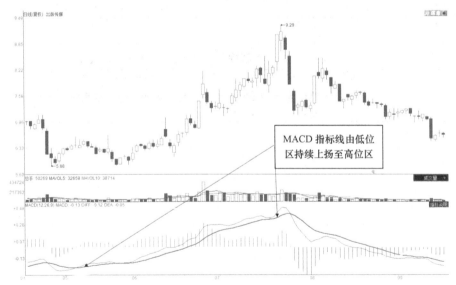

图 7-1 出版传媒 2020 年 4 月至 9 月走势

7.1.2　弱势震荡中指标线下滑破 0 轴

弱势震荡，是指价格的波动幅度不大，但股价重心却随着震荡的持续而向下移动。

在弱势震荡过程中，MACD 指标线也会同步下行，但如果向下跌破了 0 轴，则往往表示多空整体力量对比格局的转变。特别是对于价格处于高位区的弱势震荡，指标线若随着震荡向下跌破 0 轴，往往预示着趋势或将转向向下，是风险的信号。

图 7-2 是中装建设 2020 年 6 月至 11 月走势，该股在相对高位区出现弱势震荡走势，同期的 MACD 指标线向下跌破了 0 轴。此时，应注意规避价格破位下行的风险。

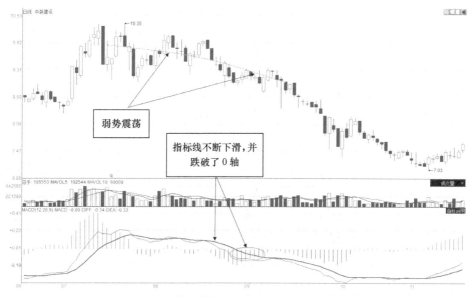

图 7-2　中装建设 2020 年 6 月至 11 月走势

在弱势震荡过程中，往往会出现反弹，这时仅从价格走势上难以判断多空力量对比是否发生转变，需要借助 MACD 指标线与 0 轴的位置关系进行分析。

图 7-3 是丹化科技 2020 年 6 月至 11 月走势，在该股震荡区的低点，可以看到出现了企稳反弹走势，但同期的 MACD 指标线却向下跌破 0 轴且持续运行于 0 轴下方，这表明当前仍然是空方力量占据主动，投资者应注意规避破位下行风险。

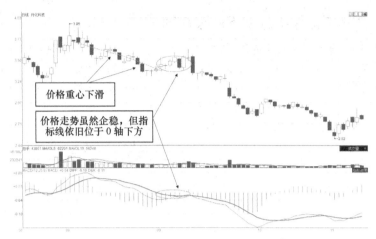

图 7-3　丹化科技 2020 年 6 月至 11 月走势

7.1.3　跌破 0 轴后的中继型震荡

价格走势的一波下跌使得 MACD 指标线跌破 0 轴，表示空方力量较强，但市场多空力量对比格局在实时转变，投资者需留意观察。

随后，因多空力量再度均衡，股价会在相对低位持续地横向震荡，同期的 MACD 指标线则徘徊于 0 轴下方。如果在横向震荡过程中，MACD 指标线在 0 轴下方呈下滑状，说明随着震荡，即使是价格重心略有上移的强势震荡的持续，空方力量有增强的趋势，当前的震荡区间成为下跌中继的概率较大，应注意价格走势的破位下行风险。

图 7-4 是海尔智家 2019 年 12 月至 2020 年 4 月走势，该股在相对低位的横向震荡过程中，虽然价格重心未见下移，但 MACD 指标线却呈下滑状态，这是空方力量在加强、多方力量在减弱的标志，也预示了随后的向下破位走势。

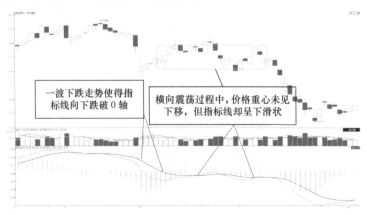

图 7-4　海尔智家 2019 年 12 月至 2020 年 4 月走势

7.1.4　上穿 0 轴后再度反穿停留

MACD 指标线向上穿越 0 轴，代表着多方力量的转强，同步对应着一波上涨走势，但这也可能是跌势中的反弹行情。如果 MACD 指标线起初长期运行于 0 轴下方，先是因一波上涨行情而上穿 0 轴，随后再度跌破 0 轴并长时间停留于 0 轴下方，多标志着反弹行情的结束，价格走势再度进入跌势的中继整理阶段，应注意规避新一轮破位下行风险。

图 7-5 是三维通信 2020 年 3 月至 8 月走势，该股的 MACD 指标线运行就经历了这种形态结构：先是长期位于 0 轴下方，随后上穿 0 轴，最后又再度跌破 0 轴且长时间运行于 0 轴下方。在这种形态结构中，再度跌破 0 轴并且长时间运行于 0 轴下方是分析的关键点，只有再度长时间运行于 0 轴下方才能体现空方力量的整体占优，也才能据此准确地判断当前仍处于跌势的整理阶段。

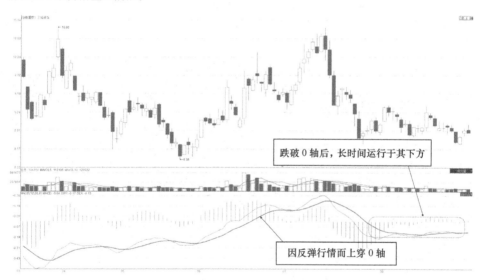

图 7-5　三维通信 2020 年 3 月至 8 月走势

7.2　DEA 线靠拢 0 轴卖出技术

DEA 线向上或向下靠拢 0 轴都是典型的运动方式，在结合价格走势的基础上，往往预示着多空力量的转变。本节讲解提示卖出时机的 DEA 线靠拢 0 轴的形态。

7.2.1　低位区弱势整理向上靠拢 0 轴

在经历价格下跌后，MACD 指标线往往处于 0 轴下方的低位区。此时，伴随着止跌企稳走势，指标线多会向上靠拢 0 轴。但是，如果同期的企稳走势呈现为弱势震荡整理格局（即随着震荡整理的持续，价格重心略有下移），则表明多空力量对比格局并未扭转，当前的整理区更有可能是下跌途中的中继，随着空方力量的增强，新一轮破位下行或将展开。此时不宜抄底，应注意规避破位下行风险。

图 7-6 是中恒电气 2020 年 7 月至 12 月走势，该股经历了深幅、快速下跌后，开始了长时间的横向整理，但价格重心略有下移，同期的 MACD 指标线向上靠拢 0 轴后，往往代表整理走势将结束。

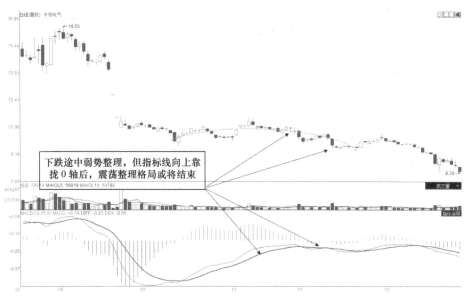

图 7-6　中恒电气 2020 年 7 月至 12 月走势

7.2.2　日内波动加大与指标线高位下滑

如果在横向震荡走势中，个股多日的盘中振幅较大，且同期的 MACD 指标线由高位下滑，则表明在当前市场分歧较为剧烈的位置点，空方力量正在转强，后期走势向下跌破震荡区的概率更大。

图 7-7 是中国重工 2020 年 6 月至 9 月走势，该股在上涨后的高位区横向震荡。随着震荡的持续，可以看到，频繁出现带有长上影或下影的单根 K 线，这表明个股的盘中振幅较大，同期的 MACD 指标线不断下滑，综合来看，在价格尚未回落之前，空方力量已经出现增强的趋向。操作上，宜逢震荡回升卖出离场。

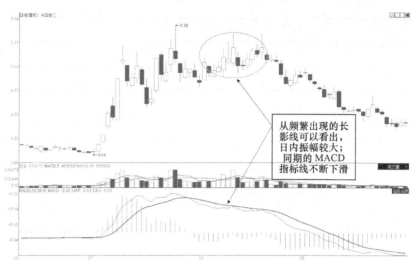

图 7-7 中国重工 2020 年 6 月至 9 月走势

7.2.3 震荡收窄后向下靠拢 0 轴

随着价格震荡幅度的收窄，多空力量趋于平衡，但价格方向也面临着再度选择，是向上突破，还是破位下行？我们可以借助同期的 MACD 指标线运行形态进行分析。如果在震荡收窄的过程中，MACD 指标线不断下滑并靠拢 0 轴，表明这个震荡收窄的过程同时也是空方力量逐步加强的过程，随后的价格走势向下破位的概率较大，应注意风险。

图 7-8 是百川能源 2019 年 11 月至 2020 年 5 月走势，该股在相对高位区出现了震荡收窄的运动过程，同期的 MACD 指标线下滑并靠拢 0 轴，此时的价格正处于震荡区的相对高位，宜逢高卖出。

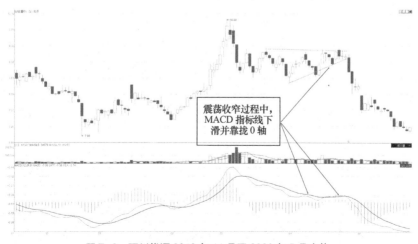

图 7-8 百川能源 2019 年 11 月至 2020 年 5 月走势

7.2.4　高位震荡中指标线快速向下靠拢 0 轴

在大涨后的高位区，横向的震荡走势会使 MACD 指标线由高位区向下运行，但如果指标线下滑速度较快，在价格震荡反弹中也难有回升，有着明显的向下靠拢 0 轴倾向，表明空方力量在快速汇聚。虽然当前的价格走势仍旧维持强势震荡，但后期出现破位下行的概率在增加。操作上，宜逢震荡回升卖出离场。

图 7-9 是彩虹股份 2018 年 12 月至 2019 年 6 月走势，因股价大涨，MACD 指标线也进入了明显的高位区，但随着行情震荡的持续，MACD 指标线却以较快的速度向下靠拢 0 轴。

当这种形态出现后，我们宜提前判断，卖出离场。因为当 MACD 指标线真正向下跌破 0 轴、空方力量完全转强时，阶段下跌幅度往往已较大，将错失最佳的逢高出局时机。

图 7-9　彩虹股份 2018 年 12 月至 2019 年 6 月走势

7.3　一次死叉卖出技术

死叉是 MACD 指标最典型的卖出信号之一，它是指速度较快的 DIFF 线向下交叉并穿越有着移动平均效果的 DEA 线。死叉与价格下跌同步出现，代表空方力量正加速释放，由于价格走势的惯性，当死叉出现时，往往还有下跌空间。

值得注意的是，死叉并不等于卖出时机，一些死叉形态出现后，由于短期跌幅过快、过大，此时卖出，有可能卖在阶段性低点，错失了随后的行情反弹。实盘中，需结合具体的情形来把握。

7.3.1　指标线低位转高位震荡后的死叉

　　指标线低位转为高位震荡后的死叉形态是指，MACD 指标线由 0 轴之下远离 0 轴的位置点，持续上行至 0 轴上方且远离 0 轴，此时在指标的高位区，也是价格大幅上涨后的高点，出现了死叉形态。一般来说，这种情形下的指标死叉形态往往预示着价格走势将出现中期调整或趋势反转，宜作为出场信号来把握。

　　图 7-10 是漫步者 2020 年 3 月至 7 月走势，该股经历了一轮长时间且幅度极大的上涨之后，MACD 指标线已经向上远离 0 轴。随后，该股价格走势开始出现震荡，并伴以 MACD 指标线死叉形态出现，这是中期筑顶的信号，也预示着趋势或将反转下行。操作上，应逢震荡回升卖出离场。

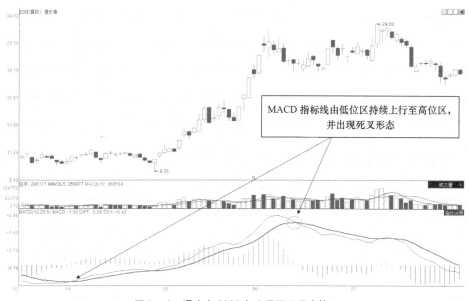

图 7-10　漫步者 2020 年 3 月至 7 月走势

7.3.2　窄幅整理指标线高位死叉

　　在经历了一轮大幅上涨后，股价与 MACD 指标线均处于明显的高位区，若此时出现整理走势且同期的 MACD 指标线形成死叉，表明空方力量有转强的趋向。而且，MACD 指标线处于高位区，表明当前的市场处于超买状态，有向下回落、靠拢 0 轴的倾向。综合分析，当前的整理区更有可能成为中期顶部，宜卖股离场。

图 7-11 是水井坊 2019 年 9 月至 2020 年 1 月走势，在一轮大涨后，价格走势开始整理，同期的 MACD 指标线也位于高位区且出现死叉形态，这是后期价格走势或将破位下行的风险信号，应卖出离场。

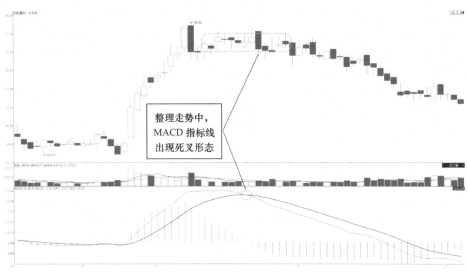

图 7-11　水井坊 2019 年 9 月至 2020 年 1 月走势

7.3.3　宽幅震荡指标线高位死叉

与 "7.3.2 窄幅整理指标线高位死叉" 相近，宽幅震荡指标线高位死叉同样提示着卖出时机。所不同的是，价格在高位区是以宽幅震荡方式（震荡幅度超过 10%）呈现的。

一般来说，宽幅震荡走势中出现 MACD 指标线死叉形态时，价格往往正处于震荡区低点，结合震荡走势的特征来看，只要同期的大盘走势相对稳健，则可以在随后震荡反弹时卖出。

图 7-12 是同达创业 2020 年 7 月至 10 月走势，在高位区的宽幅震荡走势中，MACD 指标线也正处于高位区且出现了死叉形态，这是空方力量随着震荡走势而加强的标志，当价格再度震荡回升时，是卖出时机。

图 7-13 是城投控股 2020 年 2 月至 5 月走势，高位区的 MACD 指标线的死叉形态出现后，虽然价格再度强势回升，但只是二次探顶，没有足够的动力突破上行。也可以说，这个死叉形态提示了当前的位置区间或将成为中期顶部，震荡回升或再度上探阶段高点时，是很好的逢高卖出时机。

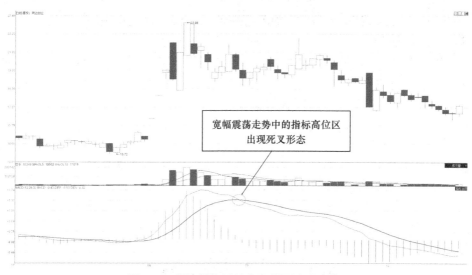

宽幅震荡走势中的指标高位区
出现死叉形态

图 7-12 同达创业 2020 年 7 月至 10 月走势

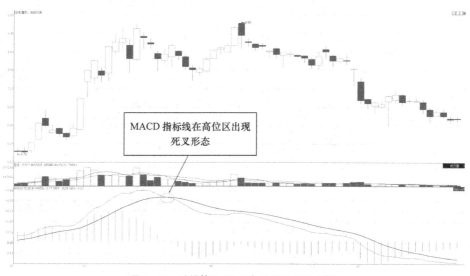

MACD 指标线在高位区出现
死叉形态

图 7-13 城投控股 2020 年 2 月至 5 月走势

7.3.4 价格指标值新高整理中的死叉

在持续上涨且累计涨幅较大的位置区，同期的价格与指标均创新高，这是升势加速的标志，但也应注意短期回调。如果此时出现高位整理且 MACD 指标线出现死叉形态，则表明短期内的空方力量增强，价格走势或将因获利抛压而出现一波回落，短线操作上，应注意规避高位追涨风险。

图 7-14 是中联重科 2020 年 1 月至 5 月走势，该股在上升途中一波加速上涨后，开始横向整理，价格略有回调，其间 MACD 指标线出现死叉形态，这是短期回落走势或将持续的信号。

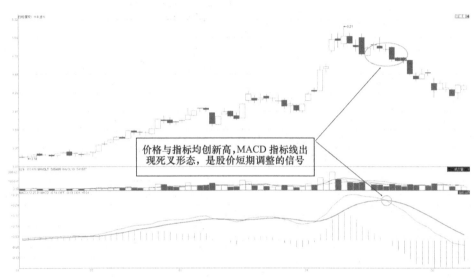

图 7-14　中联重科 2020 年 1 月至 5 月走势

7.4　二次死叉卖出技术

二次死叉，是指在价格运动过程中，指标线先后两次出现死叉形态。二次死叉是一种重要的指标形态，由于多了一次死叉，所以在提示空方力量转强时，准确性往往要更胜一筹，是把握卖出时机的重要参考。

7.4.1　平行上涨中的收敛死叉

在震荡上扬过程中，价格走势是一峰高于一峰、一谷高于一谷的，将价格波动中的峰与峰相连、谷与谷相连，可以画出两条近似的平行线，这被称为向上平行运动结构。

若同期的 MACD 指标线出现了明显的收敛形态，即一峰低于一峰，谷底则不断抬升，表明价格运动结构与指标线结构出现了明显背离，是上升动力不足的标志，持股者应注意把握好随后的逢高卖出时机。

图 7-15 是瑞贝卡 2020 年 5 月至 10 月走势，价格走势呈向上水平运动状，MACD 指标线

则呈收敛状。当第二次死叉出现时，由于价格短线回落幅度较大，且个股累计涨幅不大，结合同期大盘来分析，宜在随后的反弹冲高时卖出；当第三次死叉出现时，短线回落幅度较小，价格处于高位，应第一时间卖出。

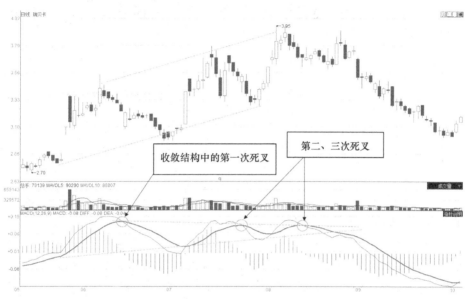

图 7-15　瑞贝卡 2020 年 5 月至 10 月走势

7.4.2　背离型的二次死叉

背离型的二次死叉是一种较为经典的背离组合，它是指在价格突破创新高之后，整理或回落而使指标出现死叉形态，但在 MACD 指标线区，这个死叉所处位置却低于价格相对低位时出现的死叉位置。即价格在突破或震荡上扬中明显创了新高，但 MACD 指标线在走低。

背离型的二次死叉出现并不一定是上升趋势结束的信号，如果个股的升势刚刚起步，累计涨幅不大，此时的背离并不具有实际意义，它只是偶然波动的结果。但是，如果背离型的二次死叉出现在累计涨幅较大的中长期高位区，或是短期内涨速较快、涨幅较大的位置区，则是风险的信号，表明个股的突破上涨动力减弱，应注意规避可能出现的趋势反转风险。

图 7-16 是锦江投资 2020 年 2 月至 5 月走势，在经历了短期调整后，该股突破创了新高，但 MACD 指标线没有同步跟随，随后因回落整理而出现死叉形态。这是一个典型的背离型二次死叉，预示着当前的高位整理区有成为中期顶部的风险，宜卖股离场。

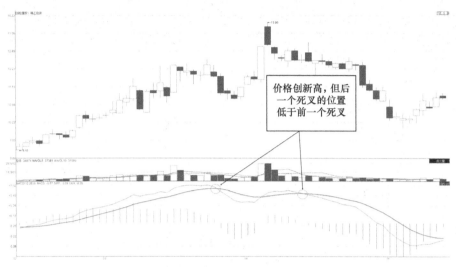

图 7-16　锦江投资 2020 年 2 月至 5 月走势

7.4.3　宽幅震荡中的二次死叉

在宽幅震荡走势中，如果 MACD 指标线于高位区两次出现死叉形态，则表明震荡区高点的阻挡作用极强，趋势有更强的向下运行动力。操作上，宜逢震荡回升卖股离场，且不宜在价格回落至震荡区低点时抄底入场，因为价格走势有着较强的破位下行动力。

图 7-17 是农发种业 2020 年 3 月至 8 月走势，在宽幅震荡过程中，MACD 指标线于高位区两次出现死叉，第一次死叉可以作为短线离场信号，第二次死叉更宜作为中线离场信号。

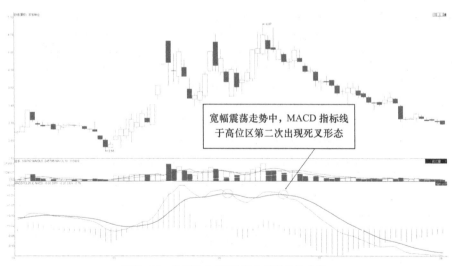

图 7-17　农发种业 2020 年 3 月至 8 月走势

7.4.4 回落0轴的二次死叉

在价格走势的震荡过程中，如果 MACD 指标线先于高位区出现死叉，随后，大幅回落至 0 轴附近，并再次出现死叉，则表明空方力量已整体转强，是趋势或将转向下行的信号。操作上，宜及时逢反弹卖出。

图 7-18 是长春燃气 2019 年 9 月至 2020 年 1 月走势，该股在震荡过程中出现了 MACD 指标线回落至 0 轴附近，并再度形成死叉形态，这是趋势下行的信号。操作上，应注意把握好反弹卖出时机。

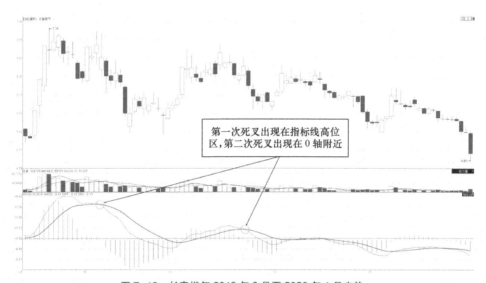

第一次死叉出现在指标线高位区，第二次死叉出现在 0 轴附近

图 7-18 长春燃气 2019 年 9 月至 2020 年 1 月走势

7.5 DEA 线形态变化与中长线卖出时机

MACD 指标线的运行形态能够反映较长时间跨度内多空力量的变化情况，具有呈现趋势、提示趋势的作用。第 6 章讲解了一些提示中长线买入时机的 DEA 线形态，与之相对，本节将讲解那些提示中长线卖出时机的 DEA 线形态。

7.5.1 强势震荡中的三个下降峰

强势震荡，是指在震荡过程中，股价重心出现了一定的上移，一峰高于一峰。强势震荡往往预示着向上突破，但高位区的强势震荡有着极强的不确定性。如果个股累计涨幅较大，在高位区的强势震荡过程中，MACD 指标线呈现一峰低于一峰的形态，则表明空方力量有转强趋向，此时的强势震荡或只是表象。操作上，更宜逢高卖出，而不是回调买入。

图 7-19 是珠江实业 2020 年 1 月至 5 月走势，在高位区的强势震荡过程中，MACD 指标线呈现为三个下降峰的形态，这是空方力量转强的信号，投资者应注意规避中期遇顶的风险。

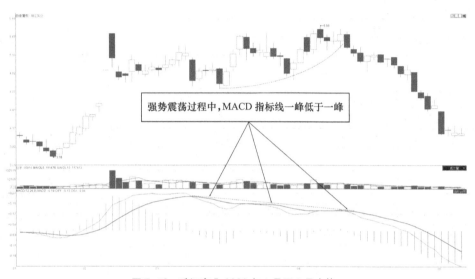

图 7-19　珠江实业 2020 年 1 月至 5 月走势

7.5.2　指标线由缓变陡后走平

角度较为平缓地上涨最为稳健、持续性最强，此时的 MACD 指标线在 0 轴上方也处于角度平缓的攀升状态。如果随着上涨的加速，MACD 指标线明显变陡，表示多方力量正加速释放。这种状态持续时间可长可短，与主力运作及市场环境有关。

操作上，投资者应注意把握好多方力量消耗过度、涨势减弱的转向时机。一般来说，这种情况常体现在 MACD 指标线由陡转平的形态变化上。

图 7-20 是鸿路钢构 2020 年 4 月至 9 月走势，该股在持续攀升过程中，MACD 指标线一直稳健地运行于 0 轴之上。随着升势的持续，MACD 指标上涨速度开始加快，MACD 指标线由缓变陡，对于中长线投资者来说，此时仍应持股待涨。但是，当指标线由陡转平出现下滑时，往往预示了中期顶部将出现，宜逢高卖出，规避风险。

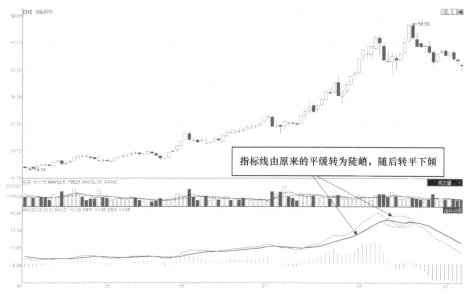

图 7-20　鸿路钢构 2020 年 4 月至 9 月走势

7.5.3　指标线峰值的二次探顶

在上升趋势中，个股往往会因起初的一波强势上涨而出现一个 MACD 指标线 "峰"，随后，因整理走势或回调波段，指标线有所回落，但仍旧维持强势运行的态势，这是多方力量依旧总体占优、升势有望持续的信号。

在此背景下，如果个股再度突破上涨且创新高，我们可以观察 MACD 指标线的运行：如果指标线上升至前期 "峰" 值便因涨势放缓而遇到了阻力，这表明指标线很难突破前期的 "峰" 值，MACD 指标线出现 "二次探顶" 的概率很大，而此时股价上涨的遇阻位置点，或将成为中期顶部。操作上，宜卖出，规避趋势转向的风险。

图 7-21 是南京证券 2019 年 11 月至 2020 年 4 月走势，从 K 线走势上很难判断在一轮突破创新高之后，升势能否延续下去，但此时借助 MACD 指标线的二次探顶形态，则可以较为及时地把握住这个预示着反转的高位区间。

指标线峰值的二次探顶形态，在预判中长线牛股的顶部区时，有着极为重要的作用，它也经常出现，下面我们再举一例加以说明。

图 7-22 是双星新材 2020 年 6 月至 10 月走势，该股是一个有着独立上涨节奏的中长线牛股，在经历了上升途中的长期整理之后，该股再度突破上行，但此时 MACD 指标线没有同步跟随创新高，而且出现了二次探顶的 "M" 形走势，这是上涨动力不足的标志。结合该股中长期累计涨幅较大来看，升势步入顶部的概率大增，宜减仓或清仓离场。

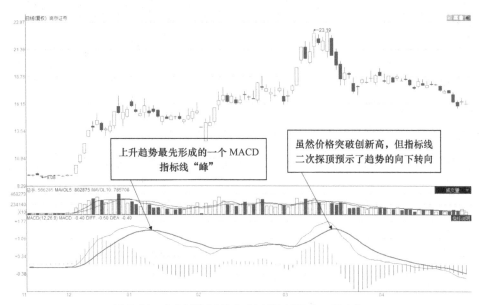

上升趋势最先形成的一个 MACD 指标线 "峰"

虽然价格突破创新高，但指标线二次探顶预示了趋势的向下转向

图 7-21　南京证券 2019 年 11 月至 2020 年 4 月走势

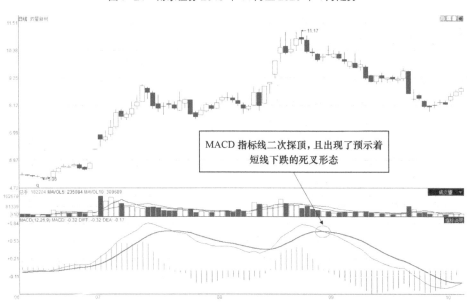

MACD 指标线二次探顶，且出现了预示着短线下跌的死叉形态

图 7-22　双星新材 2020 年 6 月至 10 月走势

第 8 章

MACD "柱线" 交易技术

MACD 指标的使用者常常忽略红（绿）色的柱线。其实，柱线的实际用途非常广。从短线交易的角度，柱线的灵敏度高，能及时发出买卖信号，如果单纯依靠指标线，有时候会迟滞市场一步，错失良机；从中线交易的角度，柱线可以帮助投资者更清晰地观察买卖总体力量的改变趋势，进而把握价格发展的大方向，更好制订中长期交易策略，是持股待涨、忽略小波动，还是择机布局（或离场）、关注短期波动。本章将结合实际案例，讲解各种柱线形态在实战中的运用方法。

8.1　柱线变化方式与用法

线性变化，是指柱线的长短变化呈现出一种连续性的形态。例如，红柱线由短线逐渐变长线，或者是绿柱线由长线逐渐变短线。线性变化有两种具体表现方式：一种是柱线的颜色未发生改变，一种是柱线的颜色发生改变。它们分别有着不同的市场含义。价格走势不同，柱线的具体线性变化方式蕴含了不同的市场信息。本节讲解如何利用柱线的线性变化方式解读市场多空信息。

8.1.1　线性变化与非线性变化

线性变化是指相邻两个交易日的柱线长度变化较小、不突兀，从多个交易日来看，柱线的伸长或缩短有一个连续性的过程，是逐渐伸长或缩短的。非线性变化则刚好相反，相邻两个交易日的柱线长度相差较大，柱线变化呈现为突然伸长或缩短。

大多数情形下，价格走势具有前后连贯性，柱线的长短变化也是线性的；少数情形下，价格走势波动过大，柱线的长短变化往往呈现为非线性。下面结合一个案例加以说明。

图 8-1 是华民股份 2021 年 4 月至 7 月走势，在图中标注了柱线非线性变化的几个交易日，每个交易日柱线都较之前一日大幅伸长，柱线长度的前后变化有一定的跳跃性，这种变化多与收盘价变动较大有关。一般来说，柱线出现这种非线性变化，是收盘价大幅偏离上一日、原有运行节奏被打破的信号。此时，我们应密切留意价格走向，因为这往往是中短期趋势方向的标志。

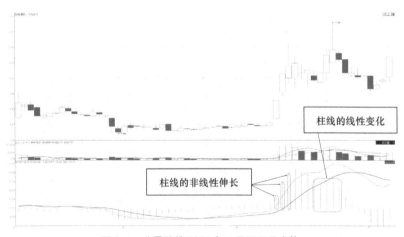

图 8-1　华民股份 2021 年 4 月至 7 月走势

对比可见，在标注柱线线性变化的多个交易日，柱线的长短变化较为缓和，没有呈现跳跃式的伸长或缩短，这种线性变化方式更普遍。一般来说，这种线性变化是收盘价变动较为连续的信号，我们应关注柱线的线性变化方向是红柱线（或绿柱线）呈缩短趋向，还是伸长趋向，再结合短线位置把握价格波动方向。

8.1.2　颜色不变的线性变化

在柱线平缓伸长或缩短的过程中，如果柱线颜色未发生改变（或者颜色改变只是偶然出现，不具有持续性），这表明多空力量对比格局未整体发生转变，只要短期内价格波动不剧烈，就仍宜按原有的趋势策略进行操作。

图 8-2 是金卡智能 2018 年 11 月至 2019 年 5 月走势，在图中标注的柱线区域，可以看到红柱线在伸长或缩短时有着连续、平缓的效果，这属于线性变化方式。这期间柱线始终为红色，价格走势震荡上扬，趋势整体向上，此时宜持股待涨。但随着局部红柱线的整体性缩短，应留意多空力量的转变，提防趋势见顶的风险。

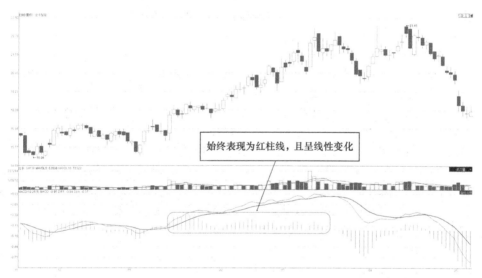

始终表现为红柱线，且呈线性变化

图 8-2　金卡智能 2018 年 11 月至 2019 年 5 月走势

8.1.3　颜色改变的线性变化

随着柱线长短的平缓变化，若柱线颜色改变，且改变颜色后的柱线有一定的长度并能够持续多日，这往往是多空力量对比格局发生变化的信号。此时的价格走势虽然未打破原有的趋势形态，但随着多方（即柱线由绿转红的线性变化）或空方（即柱线由红转绿的线性变化）力量的进一步增强，突破上攻或破位下行的概率将大大增加。

图 8-3 是三安光电 2021 年 1 月至 6 月走势，在深幅下跌后的低位区，MACD 柱线出现了由绿变红的线性变化，这是市场由空方力量占优逐渐向多方力量占优过渡的信号。结合当前的低位区特性，操作上，可逢震荡回落试多入场。

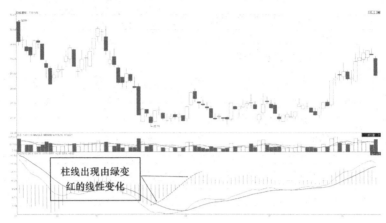

图 8-3　三安光电 2021 年 1 月至 6 月走势

8.1.4　非线性变化与方向选择

　　MACD 柱线的非线性变化常对应着行情的出现，特别是在长期盘整之后，往往提示着短期的方向选择。例如：低位盘整区若出现了突然伸长的红柱线，是价格突破的信号，也是多方进攻有效的标志；反之，高位盘整区若出现了突然伸长的绿柱线，则应提防破位行情的风险。

　　图 8-4 是浙数文化 2018 年 12 月至 2019 年 3 月走势，图中标注了 A、B、C、D 4 根红柱线。B 柱线相对于 A 柱线是一种突然伸长的非线性变化，同样，C 柱线相对于 B 柱线、D 柱线相对于 C 柱线都属于非线性伸长。连续几根红柱线的非线性伸长也对应了一波快速、大幅度的突破上攻行情，而这一行情最初是以 B 柱线的非线性伸长为信号的。

　　可以说，在结合价格走势的基础上，柱线的非线性伸长形态有着重要的实战意义，特别是在预判短期大行情时，应给予关注。

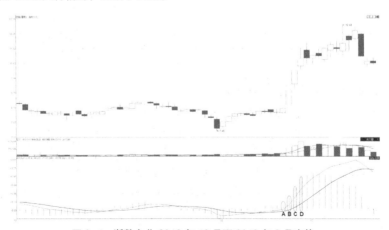

图 8-4　浙数文化 2018 年 12 月至 2019 年 3 月走势

8.2　柱线收放形态之买入

8.1 节讲解了柱线的两种变化方式：线性变化与非线性变化。这两种变化方式是进一步学习并利用柱线形态把握买卖时机的基础。实盘操作中，有一些典型的柱线收缩、伸长形态能够有效地呈现市场多空信息，特别是在短线交易中，具有很强实时性，在价格波动幅度较大、较为迅急的行情中，能够及时发出买卖信号。本节介绍如何利用柱线的收放形态把握中短线入场时机。

8.2.1　长红柱线快速缩短接近 0 轴

较长的红柱线出现时，短期涨幅往往已经较大，市场或将进入超卖状态。这时，有向下回落、释放获利抛压的需要。在一波相对快速的回落走势中，若出现长红柱线逐渐收缩、接近 0 轴，意味着短期内的空方力量已释放较为充分，当前的价位将获得支撑，而基于趋势持续的力量，新一波上涨走势或将展开，此时往往是中短线买入时机。

图 8-5 是哈药股份 2019 年 1 月至 4 月走势，在趋势整体向上的背景下，短期的快速上涨也引发了深幅回落，此时的红柱线由长变短、接近 0 轴，这是短期支撑点出现的信号，结合该股的上升趋势形态并未被破坏来分析，此时是中短线的一个入场时机。

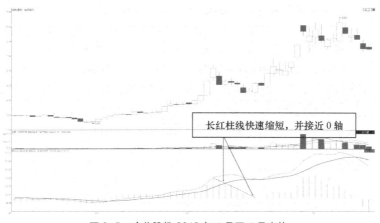

图 8-5　哈药股份 2019 年 1 月至 4 月走势

8.2.2　低位整理区绿柱线转红柱线

在经历了低位持续下跌后，若个股出现横向整理走势，且其间的 MACD 柱线由绿柱线逐渐缩短并转变为红柱线，表明随着整理走势的持续，多方力量开始增强且占据优势。由于此时的反弹上升空间较大，在多方力量转强的背景下，价格走势有望反转突破。操作上，可将该转变作为中短线入场时机以予关注。

图 8-6 是天箭科技 2020 年 8 月至 2021 年 1 月走势，在图中标注区域，价格走势为低位

整理，MACD 柱线由绿线过渡为红线且持续多日，多方力量已明显转强，是中短线买入信号。

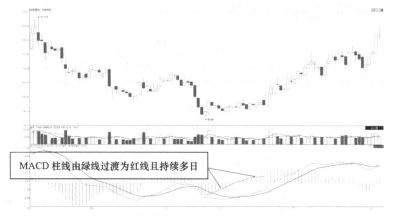

图 8-6　天箭科技 2020 年 8 月至 2021 年 1 月走势

在窄幅整理走势中，如果红柱线由接近 0 轴的位置，经数个交易日缓缓伸长，这是多方力量开始增强的信号，随后向上突破窄幅整理区的概率较大，是短线买入信号之一。

一般来说，缓缓伸长的红柱线有两种具体表现方式：一种是由绿柱线持续收窄转变为红柱线后，缓缓伸长，这种表现形式往往对应着下跌后的低位整理走势；另一种是由长红柱线收窄至 0 轴附近，再度缓缓伸长，这种表现形式往往对应着上升途中的整理走势。无论哪种表现形式，只要价格的中短期涨幅不大，则柱线的这种变化方式就是一个相对可靠的上涨信号。

这是一种出现频率较高的组合形态，且实战作用突出，下面再结合一个案例加以说明。

图 8-7 是海量数据 2021 年 2 月至 5 月走势，在低位整理走势中，MACD 绿柱线收窄并转变成红柱线，随后缓缓伸长。在红柱线伸长过程中，价格走势仍旧为小幅度震荡整理。这是一个入场信号，预示着多方力量转强后，价格走势有望向上突破。

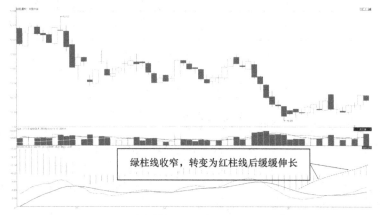

图 8-7　海量数据 2021 年 2 月至 5 月走势

8.2.3　低位反弹后回落中的 "红长绿短" 柱线格局

在深幅下跌后的低位区，如果在反弹及随后的回落波段中，出现反弹时红柱线很长、持续时间较长，回落时绿柱线较短、持续时间相对也短，则表明多方力量在此区间明显转强，个股再度破位下行的概率较小。操作上，可以逢回落低点适当买入布局，博取中短期行情。

图 8-8 是高新兴 2020 年 12 月至 2021 年 4 月走势，在图中标注的低位震荡区内，可以看到明显的 "红长绿短" 柱线排列方式，红柱线长、持续时间长，绿柱线短、持续时间也相对短，这是多方力量明显转强且空方力量大幅减弱的标志。结合该股有较为充裕的反弹上升空间来看，当价格走势回落时，宜逢低买入布局。

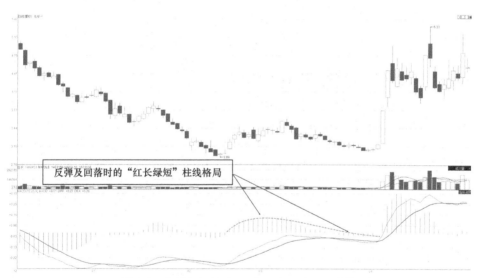

图 8-8　高新兴 2020 年 12 月至 2021 年 4 月走势

这是一种十分重要的中短线买入形态，一般来说，低位区的反弹回落走势越有独立性、红柱线与绿柱线的长短对比效果越鲜明，则随后突破低位区的力度往往就越强。下面再结合一个案例加以说明。

图 8-9 是鹏辉能源 2021 年 1 月至 6 月走势，低位区的震荡方式为先反弹再回落，整理及反弹期间的红柱线较长，而回落期间的绿柱线则大幅缩短。"红长绿短" 的柱线排列方式十分鲜明，这是酝酿突破行情的信号。操作中，宜在回落走势中买入布局。

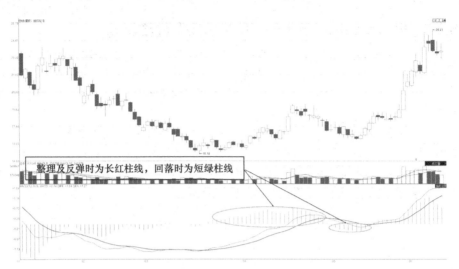

整理及反弹时为长红柱线，回落时为短绿柱线

图 8-9　鹏辉能源 2021 年 1 月至 6 月走势

8.2.4　稳健攀升中的"价柱"同步

对于涨势刚刚起步的攀升走势，如果在价格创新高时，MACD 红柱线长度也能够同步创新高，即"价柱"同步，则表明多方力量充足、升势状态良好，也预示着上升趋势持续推进的概率更大。

图 8-10 是东富龙 2020 年 12 月至 2021 年 5 月走势，在长期横向整理之后，该股向上攀升创新高，此时的 MACD 红柱线也同步创新高。这种"价柱"同步组合出现在升势刚刚启动时，预示着后期仍有较大的上升空间，随后的中继整理走势中，可以择机买入布局。

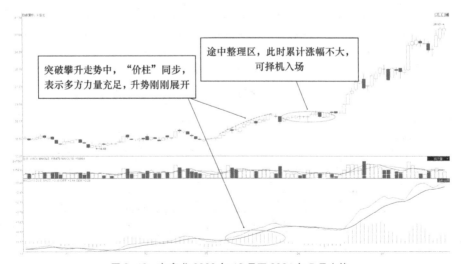

突破攀升走势中，"价柱"同步，表示多方力量充足，升势刚刚展开

途中整理区，此时累计涨幅不大，可择机入场

图 8-10　东富龙 2020 年 12 月至 2021 年 5 月走势

8.2.5　长绿柱线回归 0 轴呈"挖坑"形态

在股价短期快速下跌后，MACD 柱线呈长绿柱线。随着跌势的放缓或跌势企稳，会出现绿柱线不断缩短的趋向，这是多方力量或将转强的信号，但是多空力量对比格局是否开始转变，此时难以确定。因为绿柱线在短暂缩短后，仍有可能再度伸长。

如果在绿柱线整体趋近 0 轴过程中，出现了一个小规模的"挖坑"形态，即绿柱线在整体缩短过程中，出现了"局部先伸长再缩短"的一个变化过程，则表明短期内的空方力量已不占据主动，随着柱线趋近 0 轴，多方力量已开始占据优势，也预示着中短线买入布局时机出现。

图 8-11 是昊华能源 2020 年 12 月至 2021 年 3 月走势，该股在持续下跌的过程中，出现了长绿柱线回归 0 轴途中的"挖坑"形态。

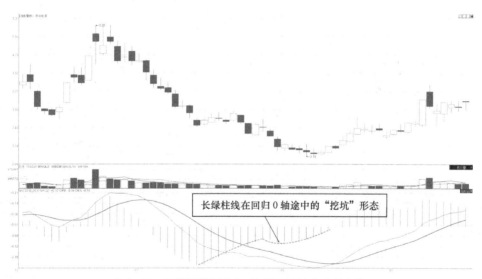

图 8-11　昊华能源 2020 年 12 月至 2021 年 3 月走势

"挖坑"只是一种形象说法，它是绿柱线在整体收缩过程中的一次局部"伸长再缩短"形态。"挖坑"形态的出现既表明了多方力量整体占据优势的格局未改变，也表明空方力量过度释放。随着绿柱线接近 0 轴，多方力量优势局面得到确认，价格走势出现反弹或反转的概率大增。操作上，当绿柱线接近 0 轴而价格又处于阶段低点时，是较好的中短线入场时机。

8.2.6　次低位平台持续长红柱线

"次低位"是一个重要的位置区，要了解次低位，先从低位谈起。所谓低位，就是指股价已经经过了长期的下跌，或者是中短期跌幅极大，一般来说，跌幅不少于此前高点的

50%。而"次低位"是指股价在经过大幅下探后，达到低位即近期的最低点，随后出现了一波反弹，达到比近段时间最低股价高 10%至 20%的价位位置。从中长线上看，次低位是比较低的位置，但是如果从短线上看，它又是相对的高位，所以次低位指的是从中线上看的情况。

在次低位构筑平台的过程中，如果 MACD 柱线呈红色且处于持续伸长的状态，则表明此平台区域的多方力量较为充足，这个平台也是多方蓄势的一个区域，随后向上突破的概率较大。操作上，宜逢震荡回调或是盘中回落时买入布局。

图 8-12 是福光股份 2020 年 12 月至 2021 年 3 月走势，该股在经历了持久的下跌后，出现了次低位的整理平台，其间的 MACD 红柱线明显伸长且持续一段时间，这是价格走势反转的信号。操作上，宜多不宜空。

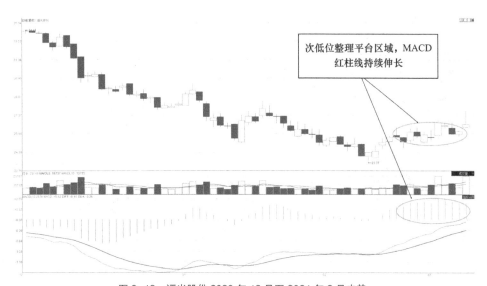

次低位整理平台区域，MACD
红柱线持续伸长

图 8-12　福光股份 2020 年 12 月至 2021 年 3 月走势

8.2.7　震荡回弹与红柱线新高

随着横向震荡走势的持续，价格将最终选择方向，要么向上突破，要么破位下行。如果在经历了长时间横向震荡之后，在一波涨至震荡区上沿位置的走势中，出现了红柱线明显伸长且创近期新高的形态，多表明这一波上涨强劲有力、多方力量充足，随后继续向上并最终突破成功的概率较大。操作上，如果整个震荡区处于中长期的低位，有较大的突破上行空间，则可以适当追涨入场。

图 8-13 是中科电气 2020 年 11 月至 2021 年 5 月走势，股价在一波强势上涨至震荡区

高点的走势中，MACD 红柱线明显伸长且创近期新高，表明上升走势或将突破震荡区。短期
操作上，可逢盘中回落适当追涨参与。

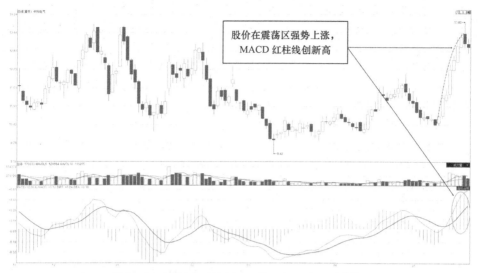

图 8-13 中科电气 2020 年 11 月至 2021 年 5 月走势

8.3 柱线收放形态之卖出

8.2 节讲解了提示买入信号的柱线收放形态，实盘操作中，这些形态一般都可以反向运
用。将 "红柱线" 替换为 "绿柱线"、将 "低位整理" 替换为 "高位整理"，替换后的柱线
形态正好具有相反的市场含义。

例如，8.2.1 小节 "长红柱线快速缩短接近 0 轴" 形态，对应着强势上涨后的回落
支撑时机出现，是提示入场的信号；可以替换为 "长绿柱线快速缩短接近 0 轴"，则
对应着大幅下跌后的反弹阻力时机出现，是提示卖出的信号。对于这样的替换，本节
不一一列举，只在补充的基础上，继续讲解一些较为常见的、能够提示卖出时机的柱
线收放形态。

8.3.1 红柱线快速递增式伸长

红柱线快速递增式伸长，是指在柱线的局部形态中，呈现为后一日略高于前一日的
状态，这种递增效果至少能够保持五个交易日。在红柱线递增过程中，会伴以价格的快
速上涨。

一般来说，柱线的这种递增形态有两种表现方式：一种是在递增出现前，柱线为

持续的红柱线，这对应着上升途中的震荡整理，此时出现的红柱线递增是价格走势继续突破上攻的标志；另一种是在递增出现前，柱线为持续的绿柱线，这对应着一波下跌走势，随后，绿柱线的缩短与红柱线的伸长一气呵成（注：若绿柱线在缩短过程中呈现为递减效果，则可视作红柱线递增的一部分），这时的递增是价格走势强劲反弹的标志。

实盘中，红柱线的快速伸长也对应着多方力量的加速释放，一旦多方力量减弱，重重的获利抛压就会将价格轻易打落，因而应注意把握短线高点卖出时机。当红柱线无法再度伸长，或者红柱线已至少五个交易日保持递增且此时出现其他卖出信号时，往往就预示着短期高点的出现，宜获利减仓或卖出退场。

图 8-14 是祥龙电业 2021 年 2 月至 5 月走势，在图中箭头标注的五个交易日里，可以看到 MACD 红柱线呈递增式伸长，同期的价格走势为快速上涨，急速上涨后的高位区出现了单日振幅超 10% 的情形。虽然当日收盘价创新高，但过大的盘中振幅彰显了空方抛压的沉重，多空分歧加剧，且此时的红柱线已递增伸长五个交易日，应提防短期顶部的出现。暴涨往往伴随着暴跌，操作上，宜获利离场，规避短期风险。

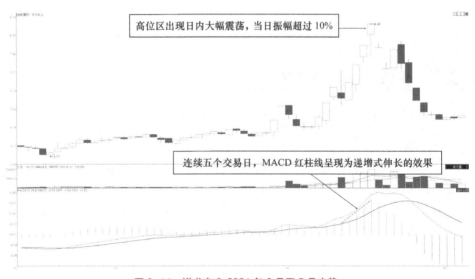

图 8-14　祥龙电业 2021 年 2 月至 5 月走势

图 8-15 是芯源微 2020 年 11 月至 2021 年 1 月走势，在图中箭头标注的七个交易日里，先是绿柱线逐渐缩短三日，随后是红柱线递增式伸长四日。在红柱线递增伸长的最后两日里，股价收于小阴线，柱线伸长与价格上涨已不再同步，这是短线见顶的信号之一，操作上，宜卖出。

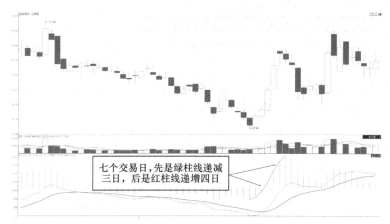

图 8-15　芯源微 2020 年 11 月至 2021 年 1 月走势

8.3.2　高点红柱线脉冲式伸长

红柱线脉冲式伸长是指，在相对平缓的伸长过程中，某个交易日的红柱线突然比前一日明显高出一截，显示出了明显的不连续性。

高点，即股价的高点，在短期已有较大涨幅，且原本红柱线已明显伸长的情况下，某个交易日红柱线又出现了脉冲式的伸长效果，就是"高点红柱线脉冲式伸长"形态。当红柱线经历了这种脉冲式伸长之后，往往就会达到极限状态，短期内的多方力量也将由强转弱，价格走势随之出现深幅调整，操作上，应注意把握卖出时机。

图 8-16 是宁波联合 2020 年 5 月至 8 月走势，在股价持续上涨过程中，红柱线稳步伸长，多方动能充足，此时应耐心持有。随后的短线高点出现了红柱线脉冲式伸长，这是短线见顶的一个信号，应注意规避价格回落风险。

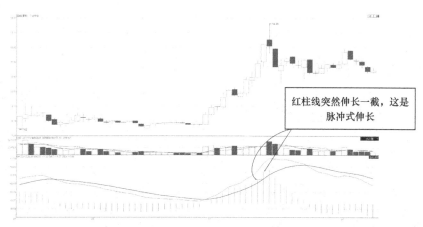

图 8-16　宁波联合 2020 年 5 月至 8 月走势

8.3.3　高位震荡长红柱线变为持续绿柱线

在中短期大幅上涨之后，股价或进入顶部区间，或进入上升趋势的中继整理环节。此时，可以借助柱线颜色的变化来分析。

在高位震荡区，若 MACD 柱线由较长的红柱线变为绿柱线，且绿柱线持续时间较久，表明多空整体力量对比格局发生转变，预示着顶部区出现的概率大增。长红柱线，代表着多方力量占据完全主动，对应着股价上涨与创新高；而转变后的持续性绿柱线，则代表空方力量已占据主动，随着震荡的持续，随后的价格方向向下的概率更大。在操作上，可以逢震荡回升之际卖出离场。

图 8-17 是中国一重 2019 年 1 月至 5 月走势，股价在经历大幅上涨后，于高位区横向震荡，其间 MACD 柱线由长红柱线变为绿柱线，虽然绿柱线较短，但持续时间较长，这是空方力量开始占据优势的信号，应提防顶部的出现。操作上，应逢高卖出。

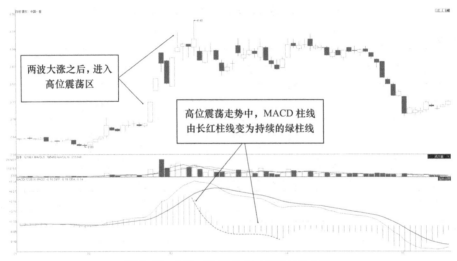

图 8-17　中国一重 2019 年 1 月至 5 月走势

8.3.4　长红柱线一波收缩直接变为绿柱线

在一波价格上涨过程中，红柱线会不断伸长直至这一波上涨结束。柱线因一波价格快速、大幅上涨而变为长红柱线后，因价格走势的整理、回落，就会缩短。

如果红柱线收缩至 0 轴附近时，没有再度伸长，而是直接变为绿柱线，表明短期内的空方抛压十分沉重且持续性强。此时，虽然价格已距高点有所回落，但在空方的抛压下，仍有进一步走低的可能，不宜过早抄底入场。

图 8-18 是华电国际 2020 年 7 月至 9 月走势，箭头标注位置点是上攻前的启动位，有一定支撑作用，但此时的 MACD 柱线已由长红柱线直接变为绿柱线，空方抛压依旧十分沉重，因而此时不宜实施中短期抄底操作。

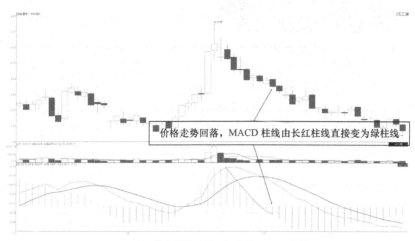

图 8-18　华电国际 2020 年 7 月至 9 月走势

8.3.5　长阳线突破时红柱线极短

在价格走势以长阳线向上突破时,若红柱线极短,则表明多方动能不足,特别是在价格大涨后高位区突破过程中,往往是"假突破、真反转"的信号。

极短的红柱线表明此前的多方力量蓄势不足,此时价格的上涨并创新高,更应被看作价格的偶然波动,而不是行情的突破。若价格此时处于高位区,则有可能是主力的一次诱多操盘行为,随后反向下行的概率较大,追涨买入的风险极大。

图 8-19 是内蒙一机 2020 年 11 月至 2021 年 2 月走势,股价在以长阳线向上突破高位整理区时,MACD 红柱线却处于极短状态,这种形态易引发价格走势突然反转,应注意规避风险。

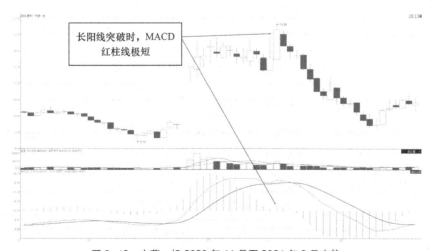

图 8-19　内蒙一机 2020 年 11 月至 2021 年 2 月走势

8.3.6　震荡上升后红柱线缩短

震荡上升，是多方力量有序释放、占据优势的结果，只要多方力量总体占优，震荡上升格局就会持续下去。在震荡上升波段，如果 MACD 红柱线能够保持明显的伸长状态，则表明多方力量充足，此时趋势上行，可以实施短线的高抛低吸、持股待涨的策略。

但是，若随着震荡上升行情的推进，MACD 红柱线较之前大幅缩短，虽然此时的价格走势能够创新高，且上升形态依旧良好，但多方力量已开始整体减弱，趋势见顶或反转向下的概率增加。操作上，宜实施中线的卖出离场策略。

图 8-20 是海油发展 2021 年 1 月至 4 月走势，在图中标注位置点，股价在经历了几波震荡上升后已累积了一定的涨幅，这一波上涨的 MACD 红柱线明显缩短，这是多方力量减弱的信号，预示着中期顶部将出现。操作上，宜卖出，锁定利润。

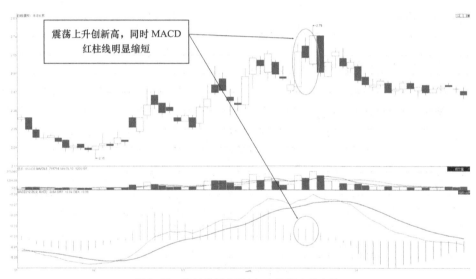

图 8-20　海油发展 2021 年 1 月至 4 月走势

8.3.7　稳步攀升创新高，柱线转绿

在价格走势稳步攀升的情况下，MACD 柱线基本为红色，这是多方力量占优的标志，也是升势持续推动的信号。但是，如果随着累计涨幅的增加，价格走势在稳步上涨中虽然能创新高，但同期的 MACD 柱线却转变成了持续的绿色，这多表明个股在高位区的上涨节奏出现了变化，而这往往源于多空力量的转变，应注意趋势见顶的风险。

图 8-21 是飞科电器 2020 年 4 月至 9 月走势，价格的整个上升过程是稳步推进的，走势上没有短线的剧烈波动，但在高位区的攀升中却出现了柱线转绿的情况，这是见顶的信号。

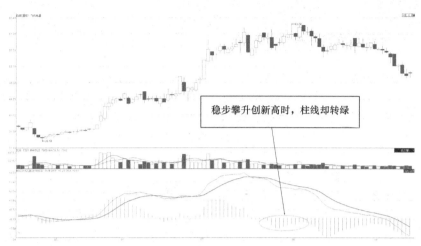

图 8-21 飞科电器 2020 年 4 月至 9 月走势

8.3.8 回升企稳中收窄的绿柱线

在价格走势回升并以横向整理方式企稳之后，从 K 线形态来看，似乎有望继续突破上行。但如果同期的 MACD 柱线未随着整理走势转变为红色，即使当前绿柱线较短，也表明空方力量依旧占据优势，应注意规避随后破位向下的风险。

图 8-22 是大悦城 2020 年 6 月至 9 月走势，在股价整体走势上升的背景下，高位区出现了深幅回落、回升企稳的一波宽幅震荡，但在回升后的整理过程中可以看到，虽然绿柱线缩短了，但依旧没有转变为红色，这是多空力量对比格局悄然发生转变的信号，应注意趋势的反转。操作上，此整理区不宜再持股待涨。

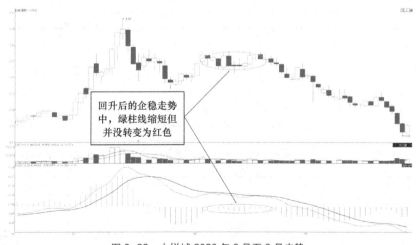

图 8-22 大悦城 2020 年 6 月至 9 月走势

8.4　柱线区面积买入技术

柱线的长短变化与涨跌速度直接相关，在结合价格走势的基础上，它能够预示多空力量的变化，进而帮助投资者把握短期高低点，是较好的短线交易技术指标。但是，对于中线行情来说，投资者更应分析多空力量的整体对比格局，而这可以透过柱线区面积来分析。本节先介绍柱线区面积的基本知识，再讲解如何利用柱线区面积变化把握中线入场时机。

8.4.1　看懂柱面区形态

柱线的颜色变化有一个循序渐进的过程，所谓的"柱线区面积"（也称为柱面区），就是由一组颜色相同的多根柱线组成的一个面积区域，柱面区的左右两侧以接近 0 轴的短柱线为分割标识，具体可以分为红柱面区、绿柱面区两种。下面结合一个案例加以说明。

图 8-23 是老白干酒 2021 年 2 月至 7 月走势，图中标注了三个红柱面区、两个绿柱面区，每一个柱面区的左右两侧都是以接近 0 轴的柱线为分割标识的。

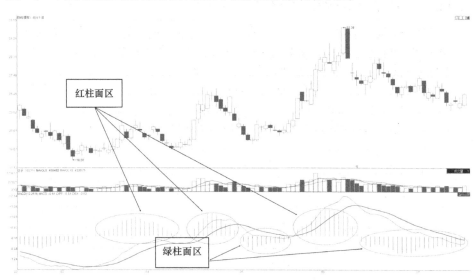

图 8-23　老白干酒 2021 年 2 月至 7 月走势

一般来说，每一个柱面区都对应着一个独立的局部运动形态。例如：最左侧的红柱面区，对应着低位震荡中的一波反弹及回落；最右侧的绿柱面区则对应着价格重心缓缓下移的一波走势。

8.4.2　了解柱面区含义及用法

柱面区对应着价格的局部运动，那么它蕴含了什么样的信息呢？我们又如何借助它把握多空力量变化呢？

一般来说，可以将红柱面区理解为多方区域，将绿柱面区理解为空方区域。柱面区主要用于分析股价的震荡行情，在趋势方向不明朗时，借助柱面区直观呈现的多空区域大小，可以较好掌握市场当前的多空力量变化情况。

若一段时间内的红柱面区大于绿柱面区，表明多方力量相对占优；反之，若绿柱面区大于红柱面区，表明空方力量相对占优。实盘中，在结合趋势运行的背景下，利用红绿柱面区的大小变化，可以更好判断后期的价格选择方向。

但是，在利用柱面区分析多空格局时，应注意一点：若每个红柱面区与绿柱面区都相对较小，此时，即使能直观看出二者的相对大小，但并不能反映市场多空信息，也不能作为方向判断的依据。这可以被称为柱面区钝化现象，更宜使用其他分析方法。

图 8-24 是新城控股 2020 年 3 月至 2021 年 1 月走势，在相对高位的横向震荡过程中，虽然红柱面区明显小于绿柱面区，但这期间的每个绿柱面区都较小，这属于柱面区钝化，并不适用于分析多空力量的变化。

图 8-24　新城控股 2020 年 3 月至 2021 年 1 月走势

8.4.3　低位震荡出现放大红柱面区

在相对低位的震荡走势中，如果在价格反弹波段出现了明显放大的红柱面区，则表明多方力量有转强趋向，后期反转突破向上的概率较大。操作中，宜逢震荡回落时买入。

图 8-25 是怡球资源 2019 年 11 月至 2020 年 8 月走势，价格在低位区出现了宽幅震荡，价格上下波动幅度较大，其间的两个反弹波段均出现了明显放大的红柱面区，对比同期回落波段的绿柱面区，优势明显。这是多方力量整体转强的信号，预示着中期底部的出现。

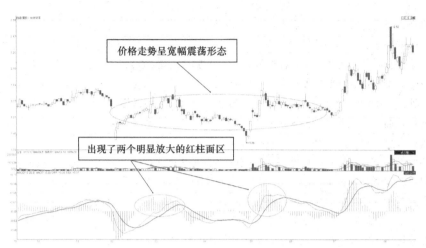

图 8-25　怡球资源 2019 年 11 月至 2020 年 8 月走势

8.4.4　低位反弹"山峰"式柱面区

在相对低位的反弹走势中，如果 MACD 柱线能够在反弹波段呈现出"山峰"式的形态特征，可视作多空力量对比格局发生转变的信号。

一般来说，这种"山峰"式柱面区常见于升势中的上涨回落波段，有着较大的面积区域，是多方力量整体占优的标志。低位反弹或震荡走势中出现这种形态，往往是趋势转向的信号。操作上，可逢回落低点买入布局。

图 8-26 是创元科技 2020 年 12 月至 2021 年 3 月走势，在低位的震荡反弹波段，出现了"山峰"式的红柱面区，这是多方力量转强的信号，也预示了后期的突破行情。

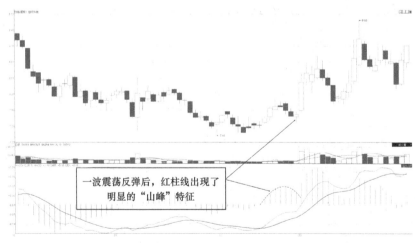

图 8-26　创元科技 2020 年 12 月至 2021 年 3 月走势

8.4.5　跌势中的柱面区缩小

在下跌过程中，绿柱面区较大，这是空方力量占优的标志；如果随着跌势的推进，绿柱面区缩小或逐渐转变成红柱面区，这种变化可以被称为"跌势中的柱面区缩小"，是空方优势格局越来越弱、多方力量不断转强的标志。

一般来说，柱面区在经过两次明显的缩小后，多空力量对比格局出现转变的概率极大。当柱面区颜色由绿色转变为红色后，虽然红柱面区还相对较小，但如果伴有同期企稳的价格走势及前期巨大的跌幅，则反转空间巨大，在多方力量进一步转强的推动下，趋势或将反转上行。操作上，应注意把握好底部入场时机。

图 8-27 是一汽解放 2017 年 9 月至 2018 年 1 月走势，随着跌势推进，柱面区在缩小，当红柱面区出现时，价格走势企稳并位于中长期低点，这是入场布局的好时机。

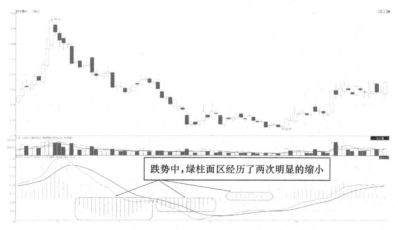

图 8-27　一汽解放 2017 年 9 月至 2018 年 1 月走势

8.5　柱线区面积卖出技术

8.4 节讲解了利用柱面区的颜色变化与大小买入股票的技术。本节继续讲解哪些柱面区形态能够提示空方力量的转强，以帮助投资者把握卖出时机。

8.5.1　高位震荡中的绿柱面区

在高位区的横向震荡走势中，如果出现了明显放大的绿柱面区，则表明空方力量有转强趋向，当前的震荡区或将成为中期顶部。

图 8-28 是兴业证券 2018 年 11 月至 2019 年 5 月走势，高位区出现了宽幅震荡走势，虽然股价在震荡中再创新高，但震荡区出现了较大的绿柱面区。操作上，宜在震荡回升时卖出离场。

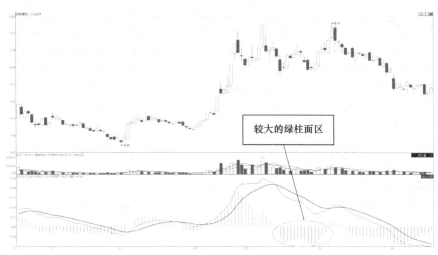

图 8-28　兴业证券 2018 年 11 月至 2019 年 5 月走势

8.5.2　升势整理中的绿柱面区

在升势整体形态良好的背景下，如果在横向的窄幅整理过程中出现了较大的绿柱面区，则表明空方力量显著增强，这对于升势持续运行将起到较强的阻挡作用。操作中，应注意规避趋势反转风险，控制好仓位。

图 8-29 是健盛集团 2018 年 10 月至 2019 年 6 月走势，股价在上升趋势中的小幅回调后，出现了较长时间的横向整理，其间股价重心未见下移，但同期的绿柱面区明显增大，这是升势遇阻的信号。操作上，宜逢高卖出，不宜再长线持有。

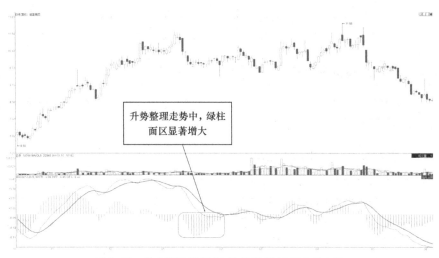

图 8-29　健盛集团 2018 年 10 月至 2019 年 6 月走势

8.5.3 高点绿柱面区的二次铺展

在高位区，如果在价格回落幅度不大时出现了明显增大的绿柱面区，往往表明多空力量对比格局在转变。因为此时的价格跌幅不大，所以随着空方力量的陆续释放，后期多有较大的下行空间，并会再度出现增大的绿柱面区，这被称为"绿柱面区的二次铺展"。

图 8-30 是三维通信 2020 年 1 月至 4 月走势，在高位区的震荡过程中，先是震荡中出现了一个明显增大的绿柱面区，随后因空方力量的持续释放，绿柱面区出现二次铺展并伴以价格的持续下行。

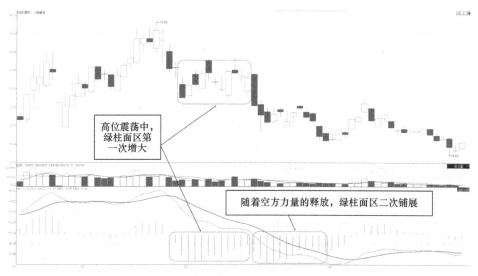

图 8-30 三维通信 2020 年 1 月至 4 月走势

可以说，在高位震荡中若出现了一个明显增大的绿柱面区，则操作上就宜寻找逢高卖出时机，规避绿柱面区二次铺展带来的下跌风险。

8.5.4 升势中的柱面区缩小

在上升过程中，红柱面区较大，是多方力量占据优势的标志；如果随着升势的推进，红柱面区缩小或逐渐转变成绿柱面区，这种变化可以被称为"升势中的柱面区缩小"，是多方优势格局越来越弱、空方力量不断转强的标志。

一般来说，红柱面区在经过两次明显的缩小后（或是转变为绿柱面区），多空力量对比格局出现转变的概率极大。虽然价格走势创了新高，但趋势反转的概率也在增加，升势见顶的风险较大。操作上，宜逢高卖出。

图 8-31 是厦工股份 2021 年 1 月至 5 月走势，随着升势推进，红柱面区在缩小，第二次缩小后，红柱面区接近于 0，应注意把握好高位减仓时机。

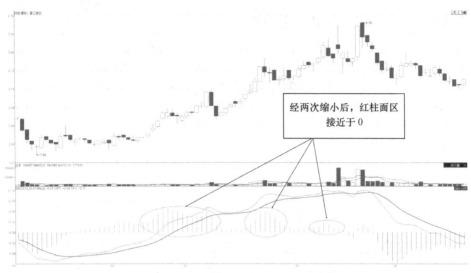

经两次缩小后，红柱面区
接近于 0

图 8-31　厦工股份 2021 年 1 月至 5 月走势

8.6　柱线峰值买入技术

　　柱线峰值，是指红柱线（或绿柱线）在价格快速波动中，创近一两年来的新高（或新低）。红柱线峰值的出现常见于多方力量达到最强状态时，绿柱线峰值的出现常见于空方力量达到最强状态时。利用 MACD 指标的柱线峰值形态，能够及时了解市场多空力量对比格局的变化，进而把握价格走向。本节在介绍柱峰运用方法的基础上，讲解如何通过不同的柱峰形态把握买入时机。

8.6.1　合格的柱峰形态与运用方法

　　柱峰，可以理解为柱线值的顶峰，其主要特点就体现在它的峰值上，这是一种极限状态。一般来说，峰值应明显高于近一两年的柱线值（注：红柱线峰值与红柱线值比较，绿柱线峰值与绿柱线值比较），这样的柱峰才能够很好地展示出多空力量的极限变化，进而提示价格走向。如果峰值只是略大于近期的柱线值，即使峰值是近期的最大值，但"峰"的特点不明显，其实战意义也不强。

　　图 8-32 是桃李面包 2019 年 5 月至 2021 年 4 月走势，图中标示了绿柱峰，可以看到，在近两年的走势中，这个绿柱峰很突出，明显大于其他时间段的绿柱线，这就是一个典型的绿柱峰。它准确地预示了空方力量的整体转强，是趋势转向的一个预警信号。

　　通过本例，我们也可以了解到：柱峰形态更多运用于趋势的研判上，由于价格短期波动的偶然性，柱峰出现后，并不意味着趋势的快速转向，价格仍有可能反复波动，但当前的价位区往往就是柱峰提示的顶部区（或底部区）。

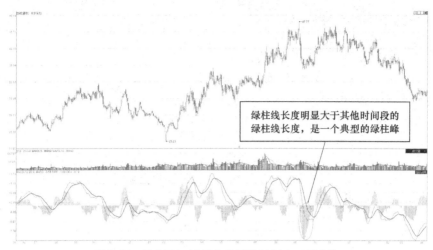

图 8-32 桃李面包 2019 年 5 月至 2021 年 4 月走势

图 8-33 是元祖股份 2019 年 6 月至 2020 年 6 月走势，图中箭头标注的右侧绿柱区内，柱线值已创新高，但它与高位下跌时的绿柱线值相近，因此这并不是一个实战意义突出的绿柱峰形态。

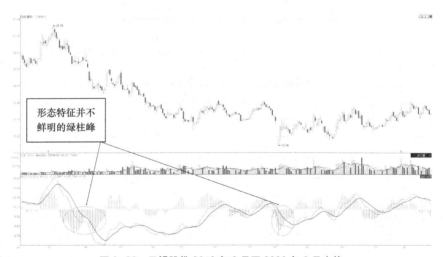

图 8-33 元祖股份 2019 年 6 月至 2020 年 6 月走势

如果认为这是一个典型的绿柱峰，并将其与空方力量的强大挂钩，从而得出跌势仍将持续下去的结论，显然是错的。因为，这个分析过程既忽略了绿柱峰所特有 "凸" 出的形态特征，也忽略了趋势运行情况。

在运用中，柱线的峰值状态一定要结合价格走势情况。因为柱线峰值更多代表着短期内的多空力量状态，只有将趋势运行状态、短期价格走势、柱线峰值情况三者有机结合起来，才能准确地把握价格转向时机。

8.6.2　突破点柱线峰值不断提升

在长期震荡之后，特别是相对低位区的震荡蓄势，如果在价格向上突破盘整区时，有红柱线达到峰值状态予以配合，则表明多方力量优势明显，趋势上升信号更为可靠，价格走势突破后稳于相对高点的成功率更高。操作上，在市场整体向好的背景下，可以适当追涨参与。

图 8-34 是三孚股份 2021 年 3 月至 6 月走势，该股在向上突破长期震荡区时，红柱线快速放出并创了近年来的新高，这种红柱线峰值状态是对突破可靠性的一种辅助验证，结合个股的趋势运行情况及短期涨幅不大的情况来看，突破后继续上行的概率较大，可以适当买入，短线追涨参与。

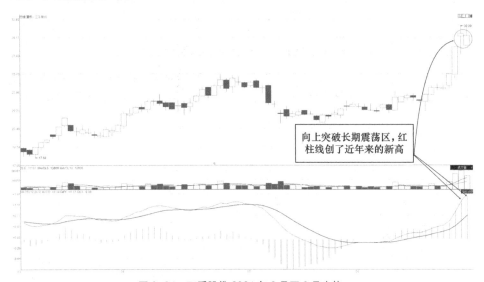

向上突破长期震荡区，红柱线创了近年来的新高

图 8-34　三孚股份 2021 年 3 月至 6 月走势

8.6.3　价格破位绿柱线大幅缩短

在中长期的低位区，价格走势再度下跌并创出新低，如果在价格破位时出现了 MACD 绿柱线明显缩短，且远远短于近一两年的峰值的情况，则表明空方力量已大大减弱，当前的破位下行更多源于趋势惯性。操作上，可以适当抄底入场，博取底部及随后的趋势反转出现。

图 8-35 是首创环保 2020 年 9 月至 2021 年 3 月走势，在图中箭头标注的破位新低走势中，可以看到 MACD 绿柱线远远短于 2020 年 9 月后的峰值，这就是"价格破位绿柱线大幅缩短"形态。当其出现在中长期低位区时，预示着趋势随时反转上行，可以作为抄底入场信号之一。

在实盘操作中，应注意那些有重大利空消息的个股，由于这些个股没有业绩支撑且利空消息不断，因此并不适用于采用此类技术分析手段。

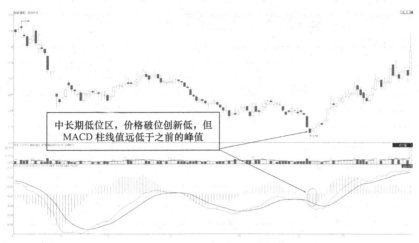

图 8-35　首创环保 2020 年 9 月至 2021 年 3 月走势

8.6.4　中长期低点的绿柱峰形态

在中长期的低位区，如果短期内的大幅下跌使得 MACD 指标区出现绿柱峰形态，往往表明空方力量过度释放，市场中短期内也将进入超卖状态，易引发价格走势的强劲反弹或趋势反转。

操作上，宜等到绿柱线接近 0 轴时入场，此时的空方力量释放完毕，多方力量也开始转强，且价格往往正处于阶段低点。

图 8-36 是皖天然气 2020 年 8 月至 2021 年 4 月走势，价格长期处于中长期的低位区横向震荡，在图中箭头标注时间段，短期内的快速、深幅下跌形成了一个鲜明的 MACD 绿柱峰形态。随后，绿柱线快速缩短并靠近 0 轴，此时的价格也处于阶段低点，是较好的中短线入场布局时机。

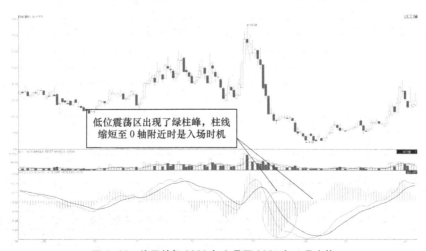

图 8-36　皖天然气 2020 年 8 月至 2021 年 4 月走势

8.6.5 红、绿柱峰交替下的震荡行情

在持续上涨之后，因多空分歧加剧，价格走势往往出现震荡，多空力量的转变也不是一蹴而就的。如果先因一波价格上涨出现了红柱峰，随后价格回落出现绿柱峰，且两个柱峰长度相近，则此位置区出现宽幅震荡的概率较大。在绿柱峰出现且短线回落幅度较大时，可以适当短线抄底，博取反弹收益。

在应用这种形态时，应注意：交替出现的红、绿柱峰并不是由急涨急跌的价格快速波动形成的，而是由相对平缓、具有一定持续性的涨跌波段形成的。因为在急涨急跌走势下出现的红、绿柱峰往往对应着多空力量的快速逆转，是趋势急速转向的信号。

图 8-37 是东宏股份 2020 年 2 月至 10 月走势，个股在一波持续上涨中出现红柱峰，随后在深幅下跌中出现绿柱峰，两个柱峰值相近。在红、绿柱峰交替出现的背景下，趋势运行或将转为宽幅震荡，短期深幅回落的低点是较好的短线入场点。

一般来说，当绿柱峰出现缩短趋向且价格又处于阶段低点时，是较好的抄底时机。

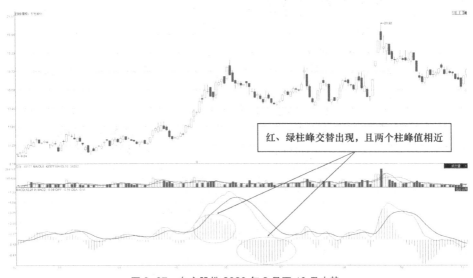

图 8-37　东宏股份 2020 年 2 月至 10 月走势

8.7　柱线峰值卖出技术

8.6 节讲解了柱线峰值形态下的买入技术，本节继续结合案例讲解柱线峰值形态所提示的卖出时机。

8.7.1 高位深幅回落出现绿柱峰

在累计涨幅较大的高位区，如果一波深幅、快速的下跌走势使得 MACD 指标区出现绿柱峰形态，则表明空方力量转强速度快、整体优势明显，这往往是趋势快速转向的信号。

一般来说，由于趋势刚刚转向，在经历短暂反弹或整理之后，再度破位向下的概率较大。操作上，宜逢反弹卖出。

图 8-38 是烽火电子 2020 年 3 月至 12 月走势，高位区的一波深幅下跌，使 MACD 指标区出现了明显的绿柱峰形态，这是趋势转向下行的信号。一般来说，绿柱峰的出现表明空方力量已快速转强，顶部区第一波下跌后的反弹空间往往较窄，操作上，不宜对反弹幅度期望过高，应及时减仓或清仓卖出，规避新一轮下跌风险。

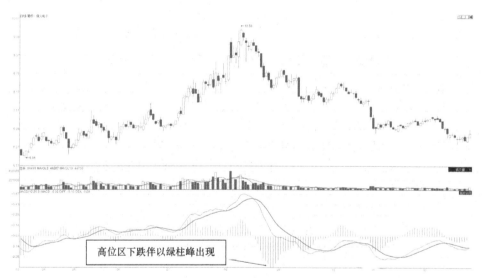

高位区下跌伴以绿柱峰出现

图 8-38　烽火电子 2020 年 3 月至 12 月走势

高位回落走势中的绿柱峰，也能帮助我们判断价格深跌后是否有可能进入底部。一般来说，如果绿柱峰值远大于前期低点时的绿柱线值，多表明空方力量仍有待进一步释放，当前的整理走势很难成为筑底区，中长线操作上，不宜买入布局。

图 8-39 是永贵电器 2018 年 12 月至 2019 年 8 月走势，对比可以看出，高位区一轮下跌时的绿柱峰值远大于前期低点时的绿柱线值，随后虽然出现了长期的横向整理，但这个价位区是紧邻绿柱峰出现的，因绿柱峰提示了空方力量的强大，这个价位区很难筑底成功，因此此区域不是中长线入场的最佳位置区。

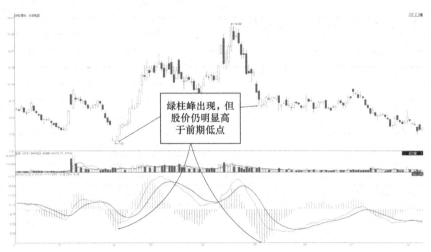

图 8-39　永贵电器 2018 年 12 月至 2019 年 8 月走势

8.7.2　井喷行情的峰柱线多日堆积

短期内的井喷走势是指价格直线上扬且涨幅极大，一般来说，红柱线能够在井喷行情尾声进入近年来的峰值状态，这就是峰柱线。如果峰柱线出现了至少三日内无法再度放大的情况，则表明短期内继续上涨动力减弱，在沉重的获利抛压下，价格走势或将急速转折下行，应注意规避风险。

图 8-40 是中国人保 2020 年 4 月至 7 月走势。在井喷行情中，红柱线快速伸长，并达到了近年来的峰值状态；随后，在价格高点，红柱线连续四个交易日无法再度伸长，此时不宜再看涨股价，宜短线卖出。

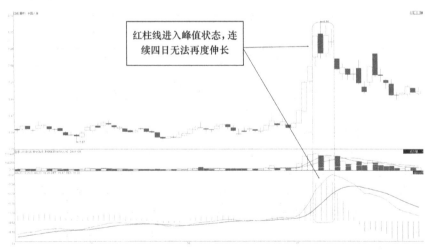

图 8-40　中国人保 2020 年 4 月至 7 月走势

8.7.3　中长期高点的红柱峰形态

在中长期的高位区，如果一波持续的上涨使得 MACD 指标区出现红柱峰形态，表明多方力量集中释放，市场中短期内也将进入超买状态，随着获利抛压的快速增强，易引发价格走势的深幅回落或趋势反转。

操作上，一般来说，如果短期涨速较快，则红柱线由峰值状态开始缩短时，宜及时卖出，避免价格快速回落；若红柱线快速缩短至 0 轴附近，但股价未见明显回落，此时往往是较为明确的中长期离场点。

图 8-41 是太平鸟 2020 年 6 月至 2021 年 1 月走势，在中长期高位区的一波强势上涨中，出现了鲜明的 MACD 红柱峰形态，结合该股累计涨幅来看，多方力量在经历了这一次集中释放后，后续或将转弱，趋势见顶概率加大，宜实施中长线卖出操作。

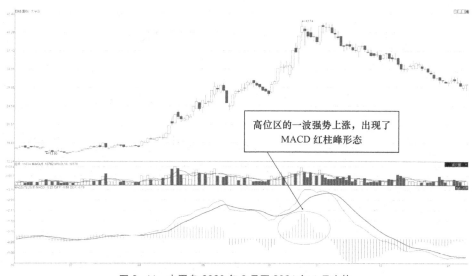

高位区的一波强势上涨，出现了
MACD 红柱峰形态

图 8-41　太平鸟 2020 年 6 月至 2021 年 1 月走势

对于高位区出现的 MACD 红柱峰形态，投资者应注意规避价格走势快速转向下跌的风险。一般来说，如果在红柱峰出现后，MACD 红柱线以递减的方式快速接近 0 轴，这往往表示空方力量转强速度快、高位抛压重，是短期内价格走势或将 "跳水" 的信号。

图 8-42 是迪马股份 2019 年 1 月至 4 月走势，在高位区的红柱峰出现后，可以看到，仅仅数个交易日，MACD 柱线就快速地接近 0 轴，此时的价格并未明显回落，但 MACD 柱线已给出了预警信号。操作上，应及时卖出以规避大幅下跌风险。

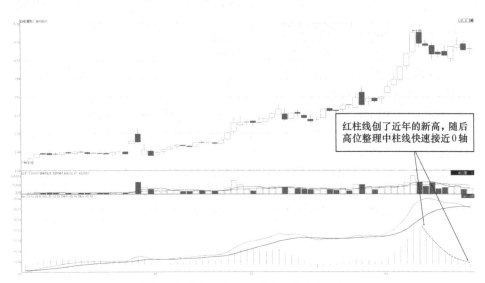

红柱线创了近年的新高，随后
高位整理中柱线快速接近 0 轴

图 8-42　迪马股份 2019 年 1 月至 4 月走势

第9章

MACD "联合"交易技术

联合交易技术，顾名思义，是一种联合多种分析方法的交易技术。在林林总总的股票分析技术中，最根本的当属形态与量能分析法。如果能够联合多种分析方法，交易成功率往往能得到进一步提升，而且可以很好地识别出一些虚假的买卖信号。特别是在把握短线买点上，如果运用多种分析方法均收到买入信号，则短线的入场风险将大大降低。

本章将再进一步，讲解 MACD 指标与其他技术分析方法的联合交易技术。由于 MACD 指标本身就包含了众多的买卖形态，其他每一种技术分方法也是如此，因此难以罗列所有情况。本章只讲解一些较为经典的联合交易技术，力求起到抛砖引玉的作用。

9.1　MACD 与大盘指数联合交易技术

　　大盘指数反映了市场的整体运行情况，是我们观察市场走势强弱的窗口。个股走势离不开市场带动，市场整体强势时，个股上涨有助推动力；市场整体弱势时，个股上涨将阻力重重。可以说，市场的强弱牢牢牵引着个股。虽然绝大多数个股随波逐流，但也有一些个股能逆流而上。特别是在市场震荡或偏弱的背景下，个股走势往往明显分化，强者恒强的市场格局特点突出，这就需要投资者把个股走势纳入市场整体，来看看它的独立性，以观察其是否有主力资金积极运作，进而选出更好的品种。

　　对于那些走势强于大盘的个股，如果能够借助 MACD 指标把握入场时机，在个股本身强势特征的助推下，往往会有更好的短期表现。本节采取叠加指数的方法，将 MACD 指标交易技术融入其中，来看看如何联合大盘指数与 MACD 指标来把握强势股的入场时机。

9.1.1　叠加大盘指数的原理

　　"对比中识强弱"，只有通过对比，我们才能更好地辨识一只个股是否够强势。在进行对比时，叠加大盘指数即上证指数是一个非常好的方法。我们可以在日 K 线中叠加大盘指数来对比，辨识强势股。如果在局部走势中，个股的表现明显强于同期大盘指数（例如大盘处于弱势震荡下滑时，个股则横向整理；或是大盘震荡整理时，个股缓缓攀升），若个股此时处于中长期低位，则这样的个股随后出现大涨的概率是极大的。

　　能够明显强于大盘的个股之所以更有潜力，是因为这类个股往往有主力参与其中，主力可能是机构、基金，也可能是实力较强的市场游资等。这类个股的参与者不同于以个人投资者为主体的大多数个股，当筹码大量被少数的主力吸纳后，更容易形成向上运行合力，上涨过程中的获利抛压也将大大减轻，是中短线操作的理想品种。

　　除此之外，我们也要关注那些走势弱于大盘的个股。在大盘走势尚算稳健，并没有出现快速下跌时，有一些个股可能因为主力出货，或是利空消息，或是估值状态较高而持续下跌甚至是快速下跌。对于这种逆市下跌的个股，它们可能是潜在的风险品种，特别是当其处于明显高位区时，后期的下跌空间往往极大。

　　上涨并不意味着强势，下跌也不代表弱势，因为每一只个股都处于非涨即跌或是今涨明跌波动之中。那么，如何更好地辨识个股的强弱情况呢？叠加大盘指数就是一种很好的方法。下面来看看叠加的方法。

9.1.2　叠加大盘指数的方法

　　叠加大盘指数，是指将个股的日 K 线走势与上证指数的日 K 线走势显示在同一个坐标系中，此时的坐标系以涨跌幅为纵轴、以时间为横轴。下面看看如何在大智慧新一代及同花顺软件中实施叠加。

在大智慧新一代软件中，首先，打开某只个股的日 K 线走势图界面，在主图上方可以看到一个"图形叠加"选项，如图 9-1 所示。单击此选项，会弹出图形叠加对话框，在对话框中，选择要叠加的品种"上证指数"即可。

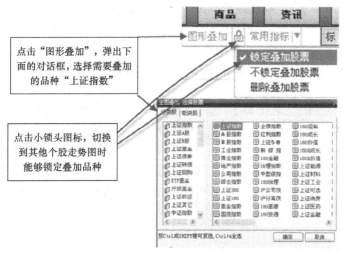

图 9-1 大智慧中图形叠加操作流程

在同花顺软件中，首先，打开个股的日 K 线走势图界面，在显示 K 线走势的主图窗口中，单击鼠标右键可以弹出一个快捷菜单，选择其中的"叠加品种"，在弹出的对话框中选择要叠加的品种"上证指数"即可，如图 9-2 所示。

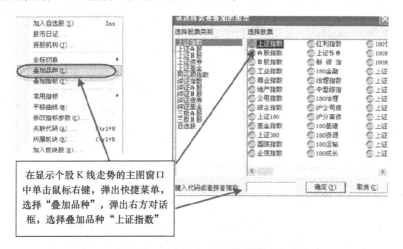

图 9-2 同花顺中图形叠加操作流程

9.1.3　强势整理后的 0 轴金叉起涨形态

强势整理是指，个股与同期大盘指数均处于横向震荡状态，但个股的震荡方式强于大盘指数。例如，同期的大盘指数在震荡中出现了重心下移，而个股则横向整理、重心不下移；或者同期的大盘指数处于横向整理状态，而个股则在震荡过程中出现了重心上移。

在强势整理背景下，如果个股一波短线回落使得指标线向下接近 0 轴或跌破 0 轴，此时若能出现 MACD 指标线的金叉形态，则是较为可靠的起涨信号。首先个股的强势特征存在，这是有资金积极介入的标志，代表着个股的上涨潜力较大；其次，金叉形态是典型的上涨信号；而且，当金叉在 0 轴附近出现时，表明个股短线回调较为充分、中短期内的上涨空间充足。

图 9-3 是中信证券 2018 年 8 月至 2019 年 3 月走势，在图中标注的整理阶段，该股的形态是强于同期上证指数的，同期的上证指数重心呈水平运行状，而该股在短线突破后能够强势整理不回落。

随着强势整理走势的持续，该股与上证指数均出现回调。此时的 MACD 指标线在向下靠拢 0 轴时出现了金叉形态，这就是调整结束的信号，预示了一波上涨行情或将出现，是中短线入场信号。

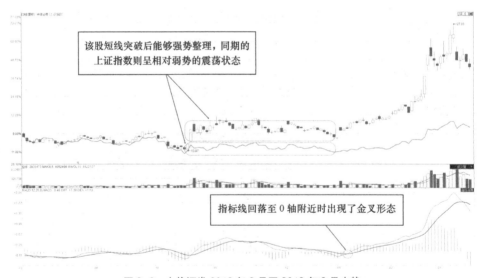

图 9-3　中信证券 2018 年 8 月至 2019 年 3 月走势

9.1.4　弱势整理后的 0 轴死叉破位形态

弱势整理是指，个股与同期大盘指数均处于横向震荡状态，但个股的震荡方式弱于指数。例如，同期的大盘指数在震荡中出现了重心上移，而个股则横向整理甚至重心下移；

或者同期的大盘指数处于横向整理状态,而个股则在震荡过程中出现了重心下移。

在弱势整理背景下,如果个股一波短线反弹使得指标线向上接近 0 轴或穿越 0 轴,此时若出现 MACD 指标线的死叉形态,多预示着反弹结束,新一波下跌走势将展开。如果当前处于相对高位区的整理区域,则此弱势运行格局下的 MACD 指标死叉形态往往是一轮破位走势出现的信号,应注意规避风险。

图 9-4 是彩讯股份 2020 年 7 月至 2021 年 2 月走势,在图中箭头标注的整理阶段,该股的形势是弱于同期上证指数的,同期的上证指数重心呈水平运行状,而该股在短线下跌后弱势整理,无明显回升迹象。

随着弱势整理走势的持续,该股受大盘带动出现了小幅度的反弹,此时的 MACD 指标线在向上穿越 0 轴后出现了死叉形态,这就是反弹结束的信号,也预示了随后的破位下行走势。

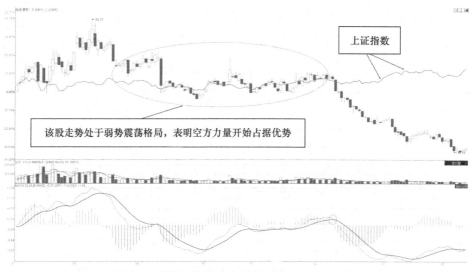

图 9-4 彩讯股份 2020 年 7 月至 2021 年 2 月走势

9.1.5 逆市宽震中的绿柱峰形态

在个股走势较强、具有一定独立性的背景下,大盘指数却在短期内出现了深幅下跌,带动个股大幅回落。由于这种下跌打破了个股原有的强势特征且完全由大盘带动所致,而大盘在短期深幅下跌后,多会出现企稳反弹,所以个股出现强势回升的概率极大,从而形成逆市宽震格局。操作上,可以结合绿柱峰及大盘波动把握入场时机。

绿柱线在短期快速下跌中达到峰值状态,预示着空方力量将由强转弱,而此时的大盘指数也跌幅较大,有企稳回升的空间,因而此时是较好的短线入场时机。

图 9-5 是三一重工 2019 年 7 月至 2020 年 3 月走势,从 2019 年 7 月之后的长期走势来

看，该股一直强于同期上证指数，这是典型的强势类个股特征。随后，该股在一波强势上攻后突然遇到上证指数快速回落，受此带动也出现了深幅下跌。但上证指数本身就处于低位，市场快速下跌与同期的消息面有关，不具有持续性，因而短线的深幅下跌为投资者创造了此类强势股的低吸时机。

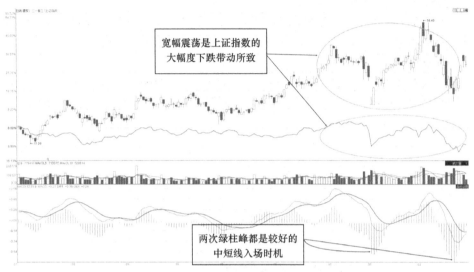

图 9-5　三一重工 2019 年 7 月至 2020 年 3 月走势

当 MACD 绿柱线达到峰值且同期上证指数也有企稳迹象时，就是入场的好时机。图 9-5 中标注了两个入场点，均是由上证指数深幅回落创造，而 MACD 绿柱线峰值状态就是提示短线入场的信号。

9.1.6　弱市助推下的红柱峰形态

走势弱于同期的整体市场，是弱势股的典型特征之一。但如果大盘指数表现较好，能够强势上扬，个股也会受到推动，出现一波上涨。但弱势股的上涨很难持续，一旦大盘企稳或走弱，易出现深幅回落。操作上，可以结合 MACD 红柱峰把握卖出时机。

在大盘助推下，个股短期上涨使得 MACD 红柱线达到峰值状态，表明短期内多方力量释放过度。红柱线达到峰值预示着多方力量将由强转弱，如果大盘也处于短期高点，那么在双重影响下，个股易出现深幅回落。

图 9-6 是福建高速 2020 年 1 月至 7 月走势，对比同期上证指数走势可以看到，该股走势明显较弱，上证指数震荡上扬时，该股震荡下跌。但随着上证指数的一波强势、大幅上涨，该股受带动也出现了一波上涨，此时的红柱线快速伸长并达到了峰值状态，这是中短期卖出信号。

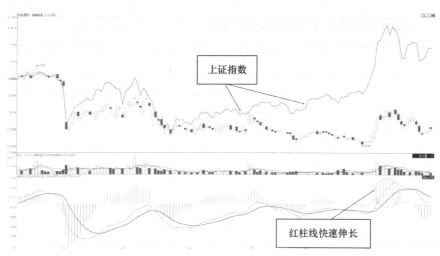

图 9-6　福建高速 2020 年 1 月至 7 月走势

9.1.7　逆市盘升中的 0 柱线共振点

逆市盘升，是指在同期大盘指数震荡回落或横向整理时，个股能够强势整理或缓缓攀升。逆市盘升使得个股的 MACD 红柱线处于伸长状态，若随着个股走势出现横向整理或回调，红柱线收缩至 0 轴附近，多预示着整理或回调的结束，新一波上升行情或将展开，是中短线入场信号。

图 9-7 是云图控股 2020 年 1 月至 6 月走势，该股在逆市盘升后的横向整理走势使 MACD 红柱线接近于 0 轴，这是 0 柱线。0 柱线的出现可被视作整理结束的信号，特别是在中短期涨幅较小的情况下。此时，可以在盘中震荡时逢低入场，积极布局。

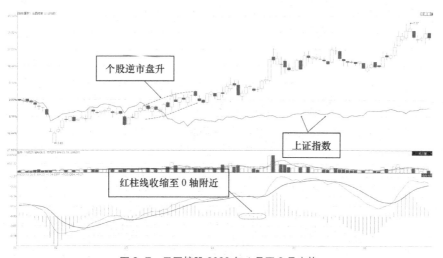

图 9-7　云图控股 2020 年 1 月至 6 月走势

9.1.8　逆市下滑中的 0 柱线共振点

逆市下滑，是指在同期大盘指数震荡上扬或横向整理时，个股出现弱势整理或缓缓下跌。逆市下滑使得个股的 MACD 绿柱线处于伸长状态，若随着个股走势的企稳或反弹，绿柱线收缩至 0 轴附近，多预示着整理或反弹的结束，新一轮下跌走势或将展开，应注意规避风险。

图 9-8 是海泰发展 2020 年 6 月至 12 月走势，该股在相对高位区出现震荡整理，其走势弱于同期大盘。随后，因价格反弹，MACD 绿柱线接近于 0 轴，0 柱线的出现可被视作短期反弹结束的信号，宜卖出。

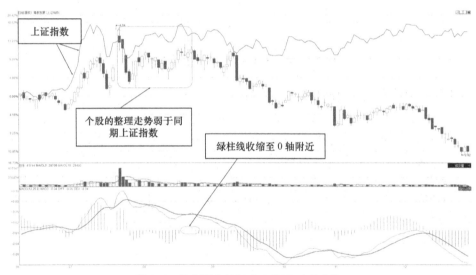

图 9-8　海泰发展 2020 年 6 月至 12 月走势

9.1.9　强市背景下的低位二次金叉

强市，是指市场整体运行较强，走势呈稳健攀升状。在这种背景下，若个股处于相对低位区，且 MACD 指标出现二次金叉形态，受强市格局助推，个股的上升空间往往较大，是入场信号。

图 9-9 是四川路桥 2020 年 8 月至 2021 年 3 月走势，在强市格局中，该股的 MACD 指标出现了二次金叉形态，此时价格处于低位，且该股之前出现过强劲的独立上攻走势，是资金曾大力介入的信号。此时的二次金叉出现，预示了新一轮上升行情或将展开，是入场信号。

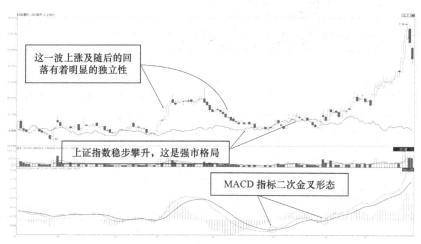

图 9-9　四川路桥 2020 年 8 月至 2021 年 3 月走势

9.1.10　弱市背景下的高位二次死叉

弱市，是指市场整体运行较弱，走势呈震荡下滑状。在这种背景下，若个股处于相对高位区，且 MACD 指标出现二次死叉形态，受弱市格局影响，个股易出现深幅回落，是离场信号。

图 9-10 是黄山旅游 2020 年 12 月至 2021 年 5 月走势，在市场处于弱市下跌格局时，该股逆市上涨幅度极大，但强势状态若没有市场配合，往往也会由强转弱，而一旦转弱，或有较大的补跌空间。当该股处于高位区且同期的市场仍处于弱市状态，此时出现的 MACD 指标二次死叉形态就是一个较为可靠的下跌信号，预示着该股走势或将由强转弱。操作上，应卖出以规避补跌风险。

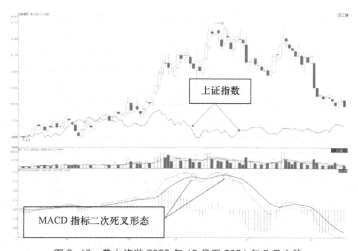

图 9-10　黄山旅游 2020 年 12 月至 2021 年 5 月走势

9.2　MACD 与 K 线联合交易技术

　　K 线，是短线交易中最基础、最重要的技术分析指标之一。多空力量的快速转变往往能通过典型的 K 线形态得以呈现。MACD 指标的形态转变、柱线的变化方式，往往需要多个交易日才能准确识别，因此，投资者可能会错失最佳的买卖时机。而 K 线则可以很好地弥补 MACD 灵敏性不佳这一缺点，帮助投资者第一时间预测买点与卖点的出现。本节将结合 K 线形态讲解如何更好地利用 MACD 指标，以及时把握买卖时机。

9.2.1　DEA 线支撑下的下影 K 线

　　MACD 指标窗口中有两条指标线——DIFF 线与 DEA 线。在趋势运行相对明朗的状态下，慢速的 DEA 线对快速的 DIFF 线往往具有支撑（回调波段）或阻挡（反弹波段）作用。但是，在很多时候，DIFF 线也会交叉穿越 DEA 线。那么，如何提前判断 DIFF 线是将穿越 DEA 线，还是在 DEA 线附近遇到支撑或阻挡呢？结合典型的多空 K 线形态，是一个很好的方法。

　　上升行情的回调波段或是震荡行情的回落波段中，当 DIFF 线向下回落至 DEA 线附近时，若出现了下影线较长的日 K 线形态，多表明此位置点有强支撑，DEA 线将对 DIFF 线起到较强支撑作用，价格走势也有望迎来一波中短期上涨，是买入信号。

　　图 9-11 是云天化 2021 年 3 月至 6 月走势，在该股上升形态较好的情况下，该股出现横向整理走势，使得 DIFF 线向下回落至 DEA 线附近，此时出现一根长下影 K 线，表明短线整理结束，预示新一轮上涨走势或将展开。

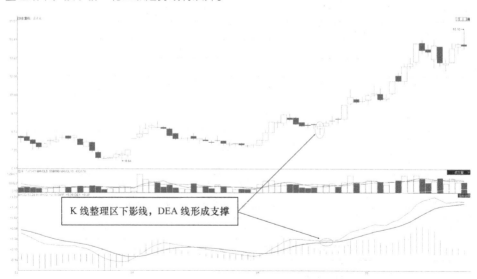

图 9-11　云天化 2021 年 3 月至 6 月走势

9.2.2　DEA 线阻挡下的上影 K 线

下跌行情的反弹波段或是震荡行情的回升波段中，当 DIFF 线向上回升至 DEA 线附近时，若出现了上影线较长的日 K 线形态，多表明此位置点有强阻力，DEA 线将对 DIFF 线起到较强阻挡作用，价格走势再度回落的概率较大，是卖出信号。

图 9-12 是同仁堂 2020 年 6 月至 9 月走势该股在相对高位区出现了先深幅回落、后强势反弹的宽幅震荡形态，DIFF 线向上回升并接近 DEA 线时，出现了一根长上影 K 线，表明 DEA 线或将起到较强的阻挡作用，DIFF 线很难向上穿越 DEA 线。这是反弹结束的信号，应卖出。

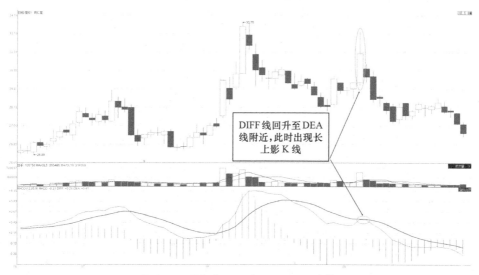

DIFF 线回升至 DEA
线附近，此时出现长
上影 K 线

图 9-12　同仁堂 2020 年 6 月至 9 月走势

9.2.3　预示红柱峰的螺旋桨形态

螺旋桨形态，是一种十分经典的单日 K 线形态，它的主要特点是上、下影线较长，实体短小，代表着多空力量的明显分歧，常见于短线走势的转折点。在使用柱峰形态判断短期高低点时，对于涨跌较为迅急的情况，往往很难在第一时间预测柱线的变化，因为柱线可以再创新高，也可以开始收缩。这种情况下，对于柱线是否达到峰值状态需要提前判断，利用灵敏性最强的日 K 线形态就是一个很好的方法。

柱峰与日 K 线的联合用法，更常用于短线高点的研判，因为急涨后的快速反转更常见，这也符合绝大多数投资者在获利后有较强卖出意愿的心理倾向；而急跌后的快速反转则相对少见，因为若没有利好消息突然出现，抄底盘总是陆续入场的，在绿柱峰的收缩过程中，股价往往还会有惯性下跌。

图 9-13 是开创国际 2020 年 1 月至 5 月走势，在一波突破上涨走势中，红柱线不断伸长并达到了近年的峰值状态，仍有望进一步伸长，但此时出现了上下影线较长的螺旋桨 K 线形态，表明当前位置的多空分歧剧烈，预示着红柱线难以再度伸长，已达到这一波上涨的峰值状态。操作上，宜短线卖出。

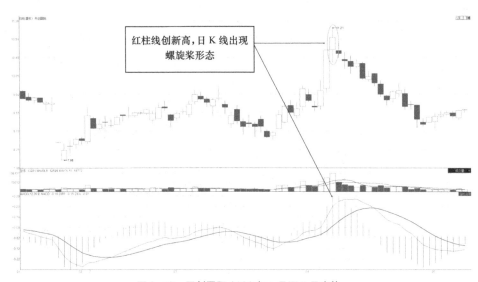

图 9-13　开创国际 2020 年 1 月至 5 月走势

9.2.4　红柱线收缩中的反转 K 线

一波上涨后，红柱线开始收缩，但这并不代表涨势的结束，也很可能表示处于升势中的整理阶段；不过也有一些红柱线的收缩预示了短期的深幅调整或价格转向，是风险的信号。对此该如何辨识呢？

一般来说，在一波大涨之后，若在红柱线收缩过程中，日 K 线出现了典型的看跌形态组合，例如长上影线、螺旋桨、看跌抱线、阴孕线、黄昏之星等，多预示着当前位置区多空分歧明显，且空方力量逐渐转强，红柱线或将进一步收缩甚至转成绿柱线，价格走势出现深幅下跌概率大，宜卖出。

图 9-14 是新华传媒 2021 年 3 月至 7 月走势，在红柱线收缩过程中，出现了两个鲜明的反转 K 线形态：长上影线和螺旋桨形态。红柱线收缩代表着多方力量正减弱，结合反转 K

线的出现，表明多方力量减弱的趋势仍将持续下去，此时的价格正处于高点，应卖出以规避风险。

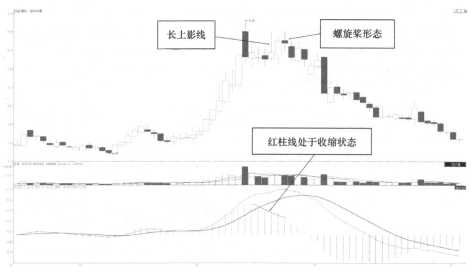

图 9-14　新华传媒 2021 年 3 月至 7 月走势

9.2.5　绿柱线收缩中的反转 K 线

一波下跌后，绿柱线开始收缩，但这并不代表跌势的结束，也很可能表示处于跌势中的整理阶段；不过也有一些绿柱线的收缩预示了反弹行情或趋势转向，是机会的信号。

一般来说，在一波大跌之后，特别是中长期低位区的一波下跌之后，若在绿柱线收缩过程中，日 K 线出现了典型的看涨形态组合，例如长下影线、锤子线、看涨抱线、阳孕线、希望之星等，多预示着当前位置区多方力量逐渐转强，绿柱线或将进一步收缩甚至转成红柱线，价格走势出现回升概率大，可适当抄底参与。

图 9-15 是广州发展 2020 年 12 月至 2021 年 3 月走势，在持续下跌后的低点，绿柱线开始收缩，其间出现了两个"倒锤子线"，如图箭头标注。倒锤子线常出现在短期下跌后的低点，它的实体很短，没有下影线（或下影线极短）。它的出现表明买盘入场力度转强但盘中仍有一定压力，由于当前处于阶段低点，因此这可以被看作多空力量开始转变的信号，也是短线反转形态之一。

对于此股来说，中短期跌幅较大，且倒锤子线的反转 K 线形态出现在绿柱线收缩过程中，而绿柱线的收缩代表着空方力量的减弱，综合来看，中短期回升行情有望展开。

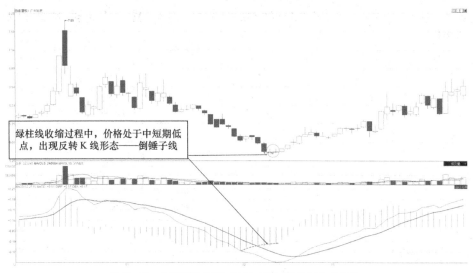

绿柱线收缩过程中，价格处于中短期低点，出现反转 K 线形态——倒锤子线

图 9-15　广州发展 2020 年 12 月至 2021 年 3 月走势

9.3　MACD 与成交量联合交易技术

　　"量在价先"是股市中的经典说法，量能形态的变化往往先于价格而动。因此，在联合 MACD 指标形态与成交量时，我们常会发现这样的情况：量能已经出现了明显的变化，而指标形态仍在按原有的特征变化。这就是成交量领先于指标的表现。在运用 MACD 指标形态进行交易时，若能很好地联合成交量的变化，就可以预判指标形态的变化趋向，进而及时把握价格走势的转向。本节将讲解如何将成交量形态与 MACD 指标形态联合起来使用，以求达到更高的交易成功率。

9.3.1　递增放大的量能与红柱线

　　成交量逐级放大被称为递增式放量。在递增式放量上涨过程中，红柱线也会快速伸长。如果短期涨幅已经较大，且成交量不再进一步放大，则预示着红柱线的长度已达到或接近峰值状态。这是中短期内价格走势转向的信号，应注意规避高点风险。

　　图 9-16 是海通证券 2020 年 5 月至 7 月走势，在一波快速上涨中，成交量与红柱线同步快速放大，量能呈递增式放大，红柱线也达到了近年来的高点。随后，成交量开始缩减，此时的红柱线虽仍在伸长，但也接近顶峰，价格走势很难再度向上。操作上，此时宜择机卖出。

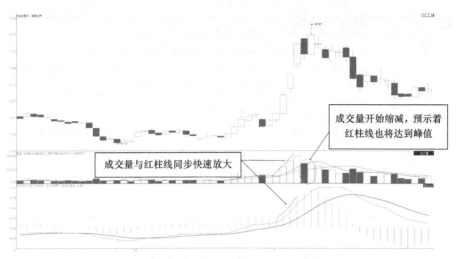

图 9-16 海通证券 2020 年 5 月至 7 月走势

9.3.2 凸量与红柱线极值状态

凸量，是量能的偶然性、突兀式的放大形态，它不具有持续性，也常对应着价格上涨的昙花一现。当凸量出现时，如果红柱线也创近期新高，则这往往就是红柱线的一个极值状态。随后，基于红柱线的收缩趋向及量能的突然缩减，价格走势或将急转直下，应注意及时把握好短线离场时机。

图 9-17 是上工申贝 2019 年 11 月至 2020 年 3 月走势，在一波快速上涨后的高点，出现了凸量伴以红柱线创新高的组合，预示着价格或将急速转向。操作上，第一时间卖股离场是较好的策略。

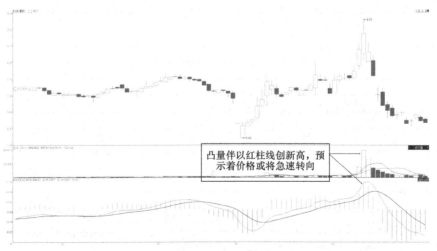

图 9-17 上工申贝 2019 年 11 月至 2020 年 3 月走势

9.3.3　高位震荡中的放量与绿柱线

在持续上涨后的高位区，若在横向震荡过程中出现了量能的放大且伴以绿柱线的组合，则表明此区域的市场抛压较重、空方力量占据优势，虽然价格走势仍旧维持横向震荡，但随后向下破位的概率更大。这是中期走势见顶的信号之一，应注意规避风险。

图 9-18 是宝信软件 2019 年 12 月至 2020 年 4 月走势，一波强势、大幅上涨后，该股于高位区开始横向震荡，震荡格局稳健、股价重心不下移，仅从日 K 线形态来看，这更像是升势中的一个中继平台。但是，同期的量能放大伴以持续的绿柱线组合则表明，此区域抛压重、空方力量开始占据优势，是中期走势转向的信号。操作上，应逢震荡反弹卖出离场。

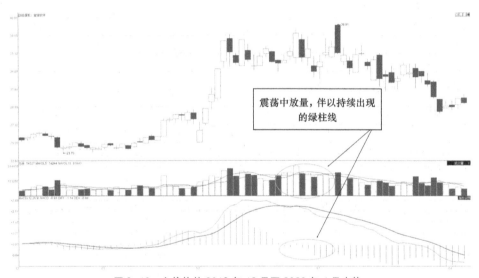

图 9-18　宝信软件 2019 年 12 月至 2020 年 4 月走势

9.3.4　低点缩量的红柱线反转区域

缩量，是多空分歧减弱的标志，也是价格走势将再度选择的信号。如果在中长期的低位区出现了企稳整理走势，其间量能明显缩小，则还不能判断此为底部区。但是，如果有持续的红柱线来辅助验证，则可表明多方力量正在转强，此区域成为底部反转区的概率将大大增加。

图 9-19 是上海临港 2019 年 12 月至 2020 年 7 月走势，在低位的企稳走势中，出现缩量伴以持续红柱线的组合，结合该股当前处于中长期低位这一情况来看，此区域或将成为底部反转区。操作上，可以适当买入布局，耐心持有。

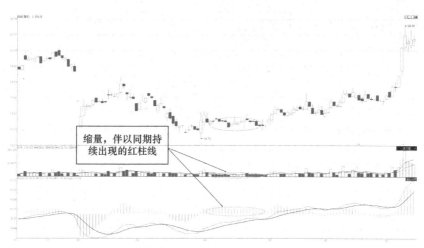

图 9-19　上海临港 2019 年 12 月至 2020 年 7 月走势

9.3.5　缩量下的 0 柱线整理区域

0 柱线是多空双方力量相对平衡的标志，而缩量则表明多空分歧不明显。如果柱线长时间处于接近 0 轴的状态（即 0 柱线状态），且同期量能相对缩小，则价格走势多会沿原有的趋势继续运行。操作中，应判断好原有趋势运行轨迹，顺势交易。

图 9-20 是上海临港 2018 年 10 月至 2019 年 4 月走势，该股处于明显的上升趋势运行中，长时间的整理虽然打破了趋势运行节奏，但升势形态并没有被破坏。随着整理的持续，出现了柱线长时间位于 0 轴附近且同期缩量的组合方式，这是多空力量对比格局未发生转变的标志，中短期内仍可适当做多。

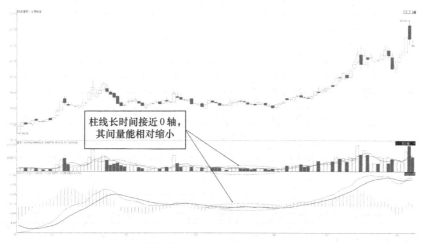

图 9-20　上海临港 2018 年 10 月至 2019 年 4 月走势

9.3.6 低位区的放量金叉回升

当价格处于低位区时，MACD 指标的金叉形态代表着一波回升走势，这可能是筑底震荡的开始，也可能仅仅是下跌途中偶然的一次反弹。此时，借助金叉前后的量能形态可以更好分辨。如果在 MACD 指标金叉出现之后，成交量温和放大，且伴随着价格的回升企稳，则金叉就是一个相对可靠的反转信号。操作上，宜逢回调之机买入布局。

图 9-21 是江苏银行 2020 年 11 月至 2021 年 6 月走势，在中长期的低位区，MACD 指标出现金叉，随后伴随着价格走势企稳，成交量温和放大，这是买盘资金积极介入的标志，表明此金叉是一个可靠的上涨信号，结合价格所处位置，预示后期上涨空间较为充足。操作上，可择机入场。

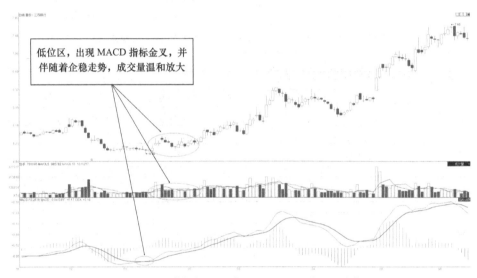

图 9-21　江苏银行 2020 年 11 月至 2021 年 6 月走势

9.3.7 新高缩量整理中的死叉形态

在中长期的高位区，个股在震荡中创新高，如果在高点的整理回调中出现了死叉形态，是短线回调信号；而同期的量能缩小表明潜在的获利盘仍未卖出，如果随后不能强势突破，则这些获利盘将有较强的抛售意愿，短期内或将出现深幅回落。操作上，宜注意短线波动风险。

图 9-22 是北京城乡 2020 年 4 月至 12 月走势，该股两次在创新高后的整理走势中出现了死叉并伴以量能缩小的组合，这是短期风险有释放倾向的信号。操作上，宜卖出以规避短期回落风险。

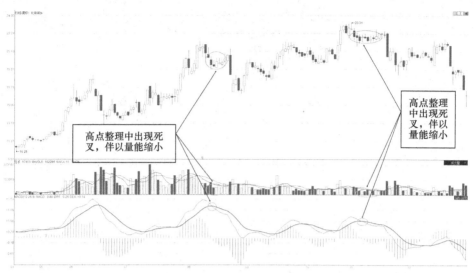

图 9-22　北京城乡 2020 年 4 月至 12 月走势

9.4　MACD 与均线联合交易技术

　　均线的主要作用是呈现趋向性，但它不够灵敏，通过均线分析趋势时，往往已被趋势甩在身后。MACD 指标中的"交叉""柱线"等技术常用于短期行情分析，灵敏度较好，但对于价格中期走向的判断略显不足。将 MACD 指标的短线技术与均线的趋势技术联合起来，就会形成短期与中期的共振，既方便投资者及时把握买卖时机，也便于看清大方向、增强策略性。本节将通过使用短期均线 MA5 与中期均线 MA20 这个组合，来讲解均线信号与 MACD 信号联合运用的交易技术。

9.4.1　红柱线与 MA20 支撑的筑底区

　　在相对低位区的震荡整理中，随着走势的持续，如果出现了 MA20 稳稳支撑 MA5，且 MACD 指标以红柱线为主的组合方式，则表明这是多方蓄势的一个平台区，当前多方力量已开始占据优势，突破上升行情有望展开。操作上，可逢 MA5 回落至 MA20 附近时，买入布局。

　　图 9-23 是九鼎新材 2021 年 1 月至 7 月走势，低位区出现了长久的横向整理过程，起初的整理走势是 MA5 缠绕 MA20、红绿柱线交替出现，此时还难以判断这个区域是否是筑底区。但随着震荡整理的持续，出现了 MA20 强力支撑 MA5、持续红柱线的组合方式，这预示了上攻行情有望展开，提示投资者应买入布局。

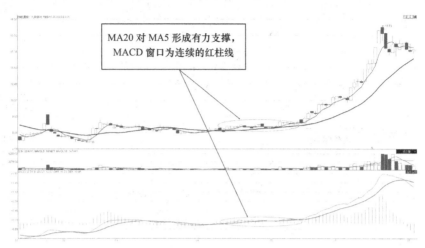

图 9-23　九鼎新材 2021 年 1 月至 7 月走势

9.4.2　绿柱线与 MA20 阻挡的筑顶区

在相对高位区的震荡整理中，如果出现了 MA20 阻挡 MA5 回升，且 MACD 指标以绿柱线为主的组合方式，则表明这是空方蓄势的一个震荡平台区，当前空方力量已开始占据优势，应注意中期下跌行情的出现。

图 9-24 是东软载波 2020 年 6 月至 2021 年 1 月走势，高位区出现了长时间的横向震荡过程，随着震荡的持续，MA5 向下跌破了 MA20，并在随后的回升过程中遇到了 MA20 的强力阻挡，同期的 MACD 柱线也转变为持续的绿柱线，说明空方力量已显著增强。操作上，宜及时逢反弹之机卖出离场。

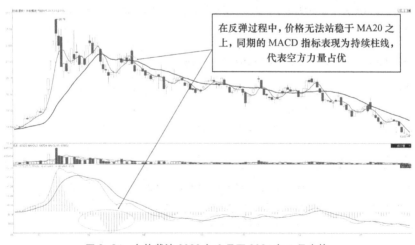

图 9-24　东软载波 2020 年 6 月至 2021 年 1 月走势

9.4.3　低位反转中的三金叉组合

MACD 指标的金叉多属于短线起涨信号，而 MA20 的金叉形态（即 MA5 向上交叉 MA20）多属于中期趋势信号。一般来说，筑底反转过程中会存在一定多空分歧，因而震荡中出现 MA20 的二次金叉才是更可靠的反转信号。这样就会出现三个金叉：MACD 指标金叉、MA20 的两次金叉。三金叉形态的出现是短期上涨与中期上涨形成共振的标志，多预示着趋势转向上升概率大。操作上，可适当买入，参与行情。

图 9-25 是奥士康 2020 年 10 月至 2021 年 6 月走势，在持续下跌之后，低位震荡出现了三金叉的组合形态，短期上涨与中期转向形成共振，这预示了随后或有较大上升空间，可以积极地买入布局。

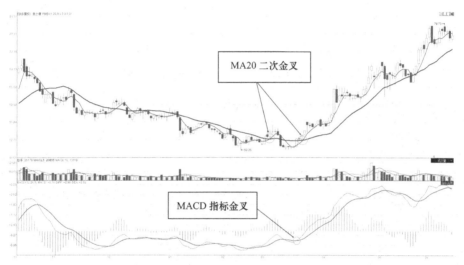

图 9-25　奥士康 2020 年 10 月至 2021 年 6 月走势

9.4.4　高位反转中的双死叉组合

相对于筑底过程来说，顶部的停留时间往往更短，因为一旦升势遇阻，特别是在中短期涨幅较大的情况下，往往会引发大量的抛盘离场，而高位的追涨盘稀少，这与筑底过程不同。筑底时，由于长期下跌导致大多数投资者的风险意识较强，以及反弹中引发的止损盘离场，常常可见价格的反复震荡。

基于此，在高位区若出现了 MACD 指标与 MA20 的双死叉形态，则是短期下跌与中期转向形成共振的标志，易引发趋势的快速下行。操作上，在价格反弹至 MA20 附近时，由于阻力作用较强，宜卖出以规避风险。

图 9-26 是日月股份 2020 年 10 月至 2021 年 3 月走势，在持续上涨后的高位区，出现了 MACD 指标与 MA20 的双死叉形态，这预示着中期价格走势将反转，应逢反弹之机卖股离场。

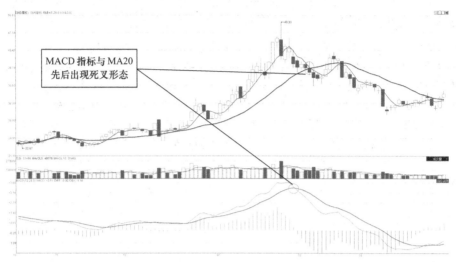

图 9-26　日月股份 2020 年 10 月至 2021 年 3 月走势

9.4.5　高位震荡中的 DEA 线与 MA20 背离

在中长期的高位区间，如果随着价格的震荡（震荡上扬），MA20 仍在缓缓上扬，创新高，但同期的 MACD 指标线（以 DEA 线表示）由高点位持续下行，这种顶背离形态的出现表明个股的上升动力在逐步减弱，趋势或将在震荡之后转向下行，应注意高位风险，逢高卖出。

图 9-27 是世运电路 2019 年 11 月至 2020 年 3 月走势，该股在高位震荡中出现了 DEA 线运行方向与 MA20 运行方向相反的顶背离形态，预示着升势将见顶。

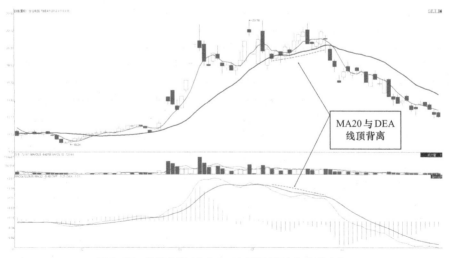

图 9-27　世运电路 2019 年 11 月至 2020 年 3 月走势

9.4.6 低位震荡中的 DEA 线与 MA20 背离

在中长期的低位区间，如果随着价格的震荡（震荡下跌），MA20 仍在缓缓下移，创新低，但同期的 DEA 线由低点位持续上行，这种底背离形态的出现表明个股的下跌动力在逐步减弱，趋势或将在震荡之后转向上行，应注意把握买入时机。

图 9-28 是台基股份 2020 年 11 月至 2021 年 5 月走势，该股在低位震荡中出现了 DEA 线运行方向与 MA20 运行方向相反的底背离形态，预示着跌势将见底。

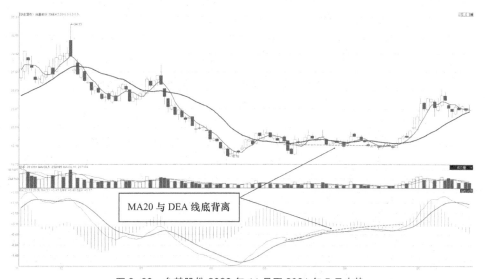

图 9-28　台基股份 2020 年 11 月至 2021 年 5 月走势

9.5　MACD 与 KDJ 指标联合交易技术

MACD 指标的设计原理是基于移动平均线的，而移动平均线是一种趋势类指标，它的中长线指向较好，但不够灵敏，对于短线波动的判断略显无力。MACD 指标虽然基于此有所改进，能够指导短期交易，但在实盘操作中，买卖信号也略显单薄。为了能够更好地验证 MACD 指标短线买卖信号，可以适当引入专门的短线类技术指标，而其中最具有代表性、最为经典的一种指标当属随机指标——KDJ。本节在讲解 KDJ 指标原理的基础上，将讲解如何将 MACD 与 KDJ 联合起来使用。

9.5.1 KDJ 指标原理与市场含义

KDJ 并不用于分析趋势的运行状态，它主要用于分析市场短期内的超买超卖情况，从而指示投资者进行短线的高抛低吸操作。

KDJ 是一种摆动类指标。摆动类指标的基本作用就是捕捉整理行情。摆动类指标以"平衡位置"为理论核心，主要通过考查当前价格脱离平衡位置的程度来发出买卖信号。对于摆动类指标来说，一定幅度（强度）的上涨就是卖出的理由，一定幅度（强度）的下跌就是买入的理由。

摆动类指标多属于超短线指标，适用于横盘震荡市场，此时的信号准确率相当高，能够超前反映价格波动过程中的短期顶部及短期底部。但是在单边涨跌行情中，摆动类指标往往会出现钝化，指标的"金叉""死叉"等形态并不能简单地作为买卖信号。

在 KDJ 指标窗口中可以看到：无论价格是处于上升趋势、下跌趋势还是盘整趋势，KDJ 指标窗口的三条指标线（K 线、D 线、J 线）总是在一个相对平衡的位置两侧来回波动。这种形态特征反映了 KDJ 的核心原理，即价格受"平衡位置"的向心力作用，当价格快速脱离平衡位置时，短期内往往就会处于超买或超卖状态，进而有回归平衡位置的倾向。

"平衡位置"所代表的价格并不是一成不变的，它会随着价格的运作方向不断地变换，体现在 KDJ 指标窗口，这一平衡位置就转化为"不动"的数值 50 所在位置区。

KDJ 指标在计算中主要用于研究最高价、最低价与收盘价之间的关系，通过一段时期内出现过的最高价、最低价及当日收盘价来计算 K 值和 D 值。在分析中通过将 K 值连成快速的 K 线、将 D 值连成慢速的 D 线，来进行共同研判，另外又引入了考查二者位置关系的 J 线。下面来看看 KDJ 指标的计算方法。

KDJ 指标在计算过程中，首先要计算周期内反映多空力量对比情况的未成熟随机值 RSV，然后再计算 K 值、D 值、J 值等。关于 KDJ 的周期有两个概念：一个是 KDJ 指标的周期，即选择几天作为样本，一般行情软件中的设置默为 9 天；另一个是进行平滑计算时选用几天作为周期，一般选择 3 天作为平滑移动平均线的周期。

下面的计算中以 KDJ 指标的周期为 9 天为例，计算过程如下。

（1）RSV=（今日收盘价−最近 9 天的最低价）÷（最近 9 天的最高价−最近 9 天的最低价）×100

（2）计算 K 值、D 值与 J 值。

当日 K 值=（2/3×前一日 K 值）+（1/3×当日 RSV 值）

当日 D 值=（2/3×前一日 D 值）+（1/3×当日 K 值）

若无前一日 K 值与 D 值，则可分别用 50 来代替。

注意：式中的平滑因子 1/3 和 2/3 是可以人为选定的，但是目前已约定为 1/3 和 2/3。在期货分析软件中，平滑因子已经被设定为 1/3 和 2/3，不需改动。

J 指标的计算公式为：J=（3×当日 K 值）−（2×当日 D 值）。

最早的 KDJ 指标只有两条线，即 K 线和 D 线，指标也被称为 KD 指标。随着分析技术的发展，引入了辅助指标 J 值。J 值的实质是反映 K 值和 D 值的疏离程度，从而领先 KD 值找出头部或底部，进而提高了 KDJ 指标分析行情的能力。

9.5.2 短期超买与红柱线收缩

根据KDJ指标的计算方法，可以得知：K值与D值都在0~100的区间内波动，其中的数值50为平衡位置。一般来说，当K、D、J三值在50附近时，表示多空双方力量处于均衡状态。

在短期价格波动中，主要关注K线与D线远离平衡点的情况。一般来说，若短期大幅上涨使得K值和D值都超过80，多表明市场短期内的多方力量已释放完毕，是市场短期内处于超买状态的表现，宜卖股。

当KDJ指标进入短期超买区，而此时的红柱线也开始收缩，则是价格回调的双重验证信号，宜短线卖出，规避价格回落风险。

图9-29是三安光电2020年11月至2021年2月走势，在一波大幅上涨后，价格走势出现了震荡，此时的MACD红柱线开始收缩，且同期的KDJ指标线也进入超买区间，表明短期下跌动力较强，应逢高卖出。

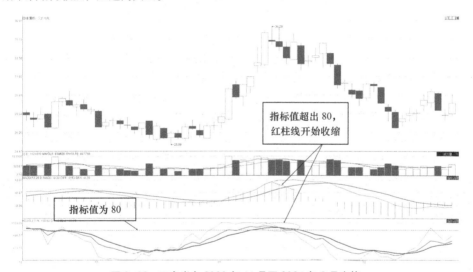

图9-29 三安光电2020年11月至2021年2月走势

9.5.3 短期超卖与绿柱线收缩

一般来说，若短期深幅下跌使得K值和D值都低于20，多表明市场短期内的空方力量已释放完毕，是市场短期内处于超卖状态的表现，宜买股。

当KDJ指标进入短期超卖区，而此时的绿柱线也开始收缩，则是价格回升的双重验证信号，宜短线买入，把握反弹入场时机。

图9-30是哈药股份2020年12月至2021年3月走势，在一波大幅下跌后，价格走势出现了企稳，此时的MACD绿柱线开始收缩，且同期的KDJ指标线也进入超卖区间，表明短期反弹动力较强，可适当抄底入场。

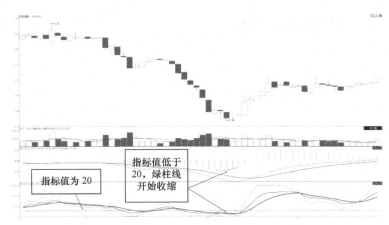

图 9-30　哈药股份 2020 年 12 月至 2021 年 3 月走势

9.5.4　指标高位双死叉组合

　　KDJ 指标有三条线，当 J 线由上向下交叉并穿越 K 线与 D 线时称为 KDJ 指标死叉，当死叉出现于指标窗口中明显高于平衡点的位置时，是价格回落的信号。

　　当 MACD 指标在上方远离 0 轴的位置点出现死叉时，这是价格中期转向的信号之一。若此时还有 KDJ 指标的高位死叉出现，则是中期与短期信号形成共振的标志，多预示着将展开深幅回落走势，操作中应注意风险。实盘中还应注意，由于 KDJ 指标更灵敏，且短期信号会领先于中期信号，因此 KDJ 指标的死叉形态常常先于 MACD 指标死叉形态出现。

　　图 9-31 是尖峰集团 2020 年 7 月至 10 月走势，在该股震荡上扬的高位区，MACD 指标与 KDJ 指标均出现了高位死叉形态，在 KDJ 指标窗口中用虚线标示了平衡点 50 所在的位置。双死叉形态的出现是价格走势将深幅回落的信号，可以结合个股与市场波动，把握反弹卖出时机。

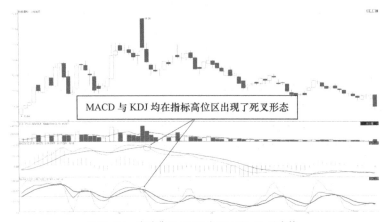

图 9-31　尖峰集团 2020 年 7 月至 10 月走势

9.5.5　指标低位双金叉组合

当 MACD 指标在下方远离 0 轴的位置点出现金叉，是价格中期转向的信号之一。若此时还有 KDJ 指标的低位金叉出现，则是中期与短期信号形成共振的标志，多预示着将有强势回升行情出现，应注意把握入场机会。

图 9-32 是阳煤化工 2020 年 8 月至 12 月走势，在该股震荡下跌的低位区，MACD 指标与 KDJ 指标均出现了低位金叉形态，其中 KDJ 指标先出现，这是价格走势将回升的信号，应注意把握买入时机。

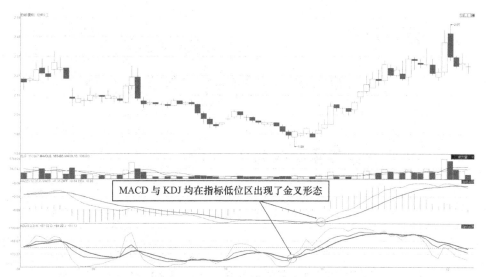

图 9-32　阳煤化工 2020 年 8 月至 12 月走势

第 10 章

策略性构建 MACD 交易系统

　　包括 MACD 指标在内的众多股票技术分析方法，都有各自独特的功能与优势，我们学习它们的根本目的是更准确地把握买卖时机，更有效地规避风险、实现盈利，特别是长期稳定的盈利。为了达到这一目的，仅仅依靠前面讲到的 MACD 指标用法显然不足。我们也许可以准确地识别指标形态并实施买卖操作，但成功率无法达到 100%。没有任何预测分析技术可以保证结果一定正确，几次盈利也许抵不上一次亏损。股票市场充满着太多的不确定，技术分析方法虽是一把利剑，但不是制胜法宝。很多投资者在入市多年后，账户资金也是起伏不定，主因往往不是不懂得技术分析方法，而是忽略了股市交易的策略。

　　技术与策略二者缺一不可。缺少技术，就找不到买卖点，难以下场交易；缺少策略，就可能面临较大风险，既有踏空的风险，也有被套牢的风险。本章将在重点讲解交易策略的基础上，结合 MACD 指标的运用方法，帮助投资者构建一个更完善的、以 MACD 指标技术为核心的交易系统。

10.1　股市交易的策略性

金融市场变幻莫测，它既有自身的运动规律，也受各种因素的影响，个股的走势更是充满了不确定性。如果没有足够的策略应对，获利往往只能是偶然的，不具有持续性，这显然不是投资股市的目标。对于每一笔交易，都要有好的行动方案。买什么股？何时买？盈利了如何处理？亏损了又如何处理？要回答这些问题，都需要策略。

可以说，策略运用得好，可以灵活应对，股票交易就是一门艺术；盲目交易或策略运用得不好，则将劳神费力、亏多盈少，股票交易将是一个负累，并严重浪费时间。本节介绍常见的股市操作策略，以及如何运用这些策略。为了更好地帮助读者系统理解这些较抽象的内容，本节以分类的方式梳理了各种策略，而关于每种策略较详细的讲解与实例对照，则将在随后的专题小节中介绍。

10.1.1　什么是交易策略

策略有三层含义：

（1）可以实现目标的方案集合；

（2）根据形势发展而制订的行动方针和斗争方法；

（3）有斗争艺术，能注意方式方法。

当我们说"某某很有策略"时，其实就是指这个人有很多可供执行的方案，当一个方案行不通时，能够及时应变；如果我们说"某某没有策略"时，意思是，这个人缺乏变通，因为他只有一个方案，只能一条道走到黑。

股票市场在金融领域发挥着重要作用。除此之外，股票市场也是一个智力竞技场，聪明的投资者进入后，靠自己的知识、经验、胆识展开交易，这些投资者互为对手盘，一方的盈利往往建立在另一方的亏损之上。这里也没有常胜将军，交易方向错误是每个投资者都会遇到的问题。

交易的目标是实现盈利，买对方向十分重要，但越是简单的选择，越是充满着不确定性。单一的行动方案显然不可能在博弈中占据优势，更别说取得胜利，这就需要有更多的行动方案：能够针对不同的情况提供相应的行动方案，当行动方案遇阻或失效时，也能够及时纠正、改进。而这些所谓的行动方案，就构成了交易策略集合，也可以说，策略是多种多样的。

例如，常见的一组策略是结合市场环境制定的。有的时候，市场整体较热，这是牛市的标志，采取的交易策略往往是追涨、持股待涨等相对激进的行动方案；有的时候，市场整体较冷，采取的交易策略往往是止损、离场观望等相对保守的行动方案；也有的时候，市场不冷不热，处于平衡状态，采取的策略则是将分析重点转移到个股上，因为在这样的市场状态下，个股与个股在走势上往往出现明显分化。

从交易的不同角度出发，策略也可以分为多种。一般来说，可以从分析预测、选股、选时、止盈止损、仓位控制等几个角度来学习梳理交易策略。例如，从"择时"的角度，主要是选择入场、出场的时机，而时机主要借助对市场环境的分析判断得来。在不同的市场环境下，要采取不同的操作策略；对于不同类型的个股，也要有相应的操作策略。牛市、震荡市中要紧跟强势股、题材股，熊市中则更宜多看少动，不可盲目追涨。

10.1.2　分析预测的策略

每一笔交易都是建立在预测的基础之上的。预测上涨，则买入；预测下跌，则卖出。对于绝大多数投资者来说，在股市的获利方式比较单一，就是在价格上涨中获利，即低买高卖的获利模式。只有预测准确，才能保障本金安全、实现盈利。但是，准确地预测并不简单，从概率的角度来看，虽然可以达到 50% 的成功率，但同时意味着有 50% 的可能性出现亏损。

将自己的交易成功率提高到 50% 以上，才能从概率的角度实现盈利。这就需要掌握更好的分析预测技术。股票市场是多空博弈的市场，意味着成功的交易只能属于一部分人，而这一部分人必定是那些掌握着更好的分析预测技术的投资者。

那么，问题的关键就是，何为更好的分析预测技术？对于这个问题，不同的投资者有不同的见解。有一种观点认为：价格只能围绕着价值波动，因而应在股价被高估时卖出，被低估时买入。但是，这种观点有一个缺点，就是对价值的评估带有很强的主观性，而且不能动态地看待企业发展。除此之外，还有一种主流观点：通过市场多空力量变化来预测。以上两个观点基本能够覆盖所有的分析预测技术，一种可以称为"基本分析法"，一种可以称为"技术分析法"。

基本分析法是以经济学的"价格围绕价值波动"这一原理为依据，以分析企业的内在价值为目的的一种分析预测方法。利用基本分析法时，主要考虑企业的自身价值，既包括当前的实际价值，也包括企业的成长价值，只有将两者有机结合起来，才能更好判断企业的核心价值，进而评估当前的股价是否被高估，价格走势的大方向如何。

对于基本面来说，如果股市经验不丰富的投资者，有一类个股应该规避，就是 ST 股，它是明确的风险股，虽然一些 ST 股可能因业绩改善、重组等而出现转变，但总体来说，其风险要明显高于机会。

ST 是英文 Special Treatment 的缩写，意即"特别处理"。若个股连续两年亏损，就会被戴上"ST"的帽子，若连续三年亏损，则会以"*ST"标识，以表明此股有退市风险。大盘走势较弱、市场人气较为低迷的时候，市场的炒作氛围全无，ST 类个股由于没有业绩支撑，重组又迟迟得不到兑现，就会被市场遗弃。即使大盘并没有出现快速下跌，但 ST 类个股出现连续跌停板走势也十分常见。它们将成为高风险的代名词。在这样的市场环境中，即使要博取短线反弹行情，它们也不是好的品种。

技术分析法以股票市场的实际交投情况为分析依据，通过各种盘口数据（如 K 线形态、成交量、技术指标、分时图等）来分析多空双方力量的转变情况，进而预测价格走势。股市是一个资金驱动市场，价格走势是多空双方交锋的结果。当多方力量更强的时候，股价会在多方力量的推动下而上涨；当空方力量更强的时候，股价则会因空方的打压而下跌。

那么，基本分析与技术分析孰优孰劣呢？其实，两者并没有绝对界限。忽略基本面分析，技术性交易就会成为纯粹的"博傻"方法，高位"博"的是有接盘者，低位"博"的是有抢反弹的，如果一次出现错误，而又不能及时止损，则可能出现大幅度的亏损。

同样，忽略技术分析，基本面交易则会常常偏离市场轨迹，常见的交易错误就是在下跌途中过早地抄底入场、在上涨途中过早地获利离场，从而面临中短期的深度套牢或严重踏空。

为了能够更好地贴近市场、规避风险，只有将两种分析预测方法有机结合起来，才能大幅提高成功率。技术分析从市场本身已发生的行为去分析并预测价格的未来走势，因而它是一种实时性极强的预测价格走势的方法，在预测个股或市场的短期甚至中期走势时也会更加准确。在实际操作中，一般宜采取"以技术分析为主、基本分析为辅"的分析预测策略。金融市场的走向往往会因投资者过冷或过热的情绪推动达到理性投资者难以预计的程度，因而主观地以实际价值来评估价格走向，将会频繁出现错误。

10.1.3　择股的策略

不同类型的股票在走势上往往有着迥然不同的风格，查看每日涨停个股就会发现：绝大多数都属于中小盘股，而且往往与当前的市场热点吻合。当然，大涨之后往往面临着快速回落。同样的市场环境，不同类型的个股在涨跌、涨速、K 线走势上，可能完全不同。因而，如果不懂得个股与个股之间的差别，没有很好的择股策略，即使投资者对股市整体运行判断准确，也难以从中获利。

要想更好地掌握择股的策略与技巧，除了要了解自身的交易风格之外，还要对个股的分类有大致了解。一般来说，可以从企业的成长性、所处的行业、所处地域、业绩状况、股本大小、是否与市场热点吻合等几个方面对个股进行分类。由于涉及较多案例的讲解，具体内容将利用随后的专题小节展开介绍。

10.1.4　择时的策略

择时，即选择交易的时机。相对来说，择股具有一定的客观标准，因为对所有投资者来说，一只股票的走势都是相同的，在选择某只股票时，应尽可能客观地评价一只股票，这样才能提高交易胜算。择时却有一定的主观性，因为除了极为少见且较为极端的暴跌行情外，无论股市是震荡中偏强，还是震荡中偏弱，都存在不少交易机会，而能否把握其中的一些机会，则主要取决于投资者自身的知识、经验与交易风格。

时机，主要是指个股出现的买入时机。对于不同类型的个股，买入时机也不相同。例如，对于业绩较差的个股，买入时机多出现在有利好消息出现或是有热点题材支撑时；又如，对于一些流通盘较大、业绩较好的蓝筹股来说，买入时机主要出现在股市低迷导致个股的价值被低估的时候。

择时，是一项综合性较高的策略，正确选择时机并不容易，因为既要关注市场整体运行情况，也要结合消息面、题材面了解市场热点方向，还要结合个股的自身特点、二级市场的技术形态等分析。由于择时的综合性与重要性，本书将在 10.3 节单独讲解如何把握时机。

10.1.5　止盈止损的策略

止盈，可以锁定利润，避免因股价波动而造成资金大起大落；止损，可以保护本金安全，避免因一次错误决策而陷入严重亏损境地。相较而言，止损的重要性更为突出。因为止盈建立在已获利的基础之上，此时的卖出多基于相对理性的决策，即使出现错误，踏空了后面的行情，也还有其他的交易机会可以把握；而止损则不然，止损之所以不能严格执行，往往是因为投资者抱有侥幸心理，这种决策是建立在运气成分之上的，而且止损不及时所造成的本金严重亏损，将使投资者失去以后交易的机会，很难再回本。

"鳄鱼法则"可以形象地说明止损的重要性。鳄鱼法则是指：如果一只鳄鱼咬住你的脚，而此时你若用手去帮助你的脚挣脱，鳄鱼便会同时咬住你的脚与手。你越挣扎，被咬住的地方就会越多，直到无法挣扎，最终丧命。所以，万一鳄鱼咬住你的脚，你唯一的机会就是牺牲一只脚。在股市里，鳄鱼法则就是：当你发现自己的交易方向背离了市场的方向，必须立即止损，不得有任何延误，不得存有任何侥幸心理。

即使是投资专家，也不是每笔交易都正确，他们的账户收益主要来自少数几次非常成功的操作，而大多数不成功的操作都在亏损进一步扩大之前就被果断地处理掉了。他们能冷静客观地对待手里的股票，勇于承认和纠正自己的失误操作。但是大多数投资者的做法恰恰相反：手里的股票出现了亏损，就一心希望它能反弹到自己的成本价以上解套，殊不知市场是不会记住你的成本价的，如果不能及时顺应市场变化调整自己的操作，就会越陷越深，直至亏损严重。

关于止盈，这里不做过多讲解，因为止盈主要建立在分析预判基础之上，这需要综合投资者的知识、经验、交易技巧。下面重点讲解几种止损策略，供投资者参考。

1．基本面突然转变时

当企业突然出现重大利空消息，例如，巨幅亏损、重组失败、股权被冻结等足以改变企业原来良好的基本面消息时，该个股往往会被二级市场遗弃。利空消息刚刚出现时，虽然当日跌幅极大甚至可能出现跌停，但这样的幅度不足以释放个股的中长期风险，对于持有这样个股的投资者来说，第一时间止损卖出是较为合理的决策。

2．跌停板出现时

跌停板是一种较为极端的价格波动，它反映了市场真实的多空力量对比，蕴含的市场含义是空方力量占据了压倒性的优势。如果此时个股正处于高位区或盘整后的破位点，则其中短期的下跌力度往往是极强的。因而应注意及时止损离场，避免亏损进一步扩大。

3．止损幅度的设定

止损幅度，即买入后的下跌幅度。止损幅度的设定并没有固定之规，如果以 5%、10%、20%这种固定的标准来设定，很显然难以适应多变的市场，也无法结合个股的走势特点。一般来说，在设定止损幅度时，一要结合个股的走势特征，二要考虑持仓的比例。

从个股走势特征来看。对于那些上下波动幅度较大、股性较活跃的个股，不妨将止损幅度设定得大一些。这些个股即使出现了短期大幅下跌，与判断不符，但随后的反弹走势可能会不错。可以逢反弹时再出局，没必要在短期下跌后的最低点亏损出局。反之，对于那些波动幅度较小、股性不够活跃的个股，止损幅度则应设定得小一些。这类个股一旦开始向与预期相反的方向运行，往往就是一种趋势的开始。此时，若不及时卖股离场，就会越套越深，损失惨重。

从持仓情况来看。如果只是轻仓买入价值型个股，且估值状态合理，那么只要个股没有利空消息，没有基本面的明显改变，没有必要在突然大幅下跌时止损，因为这类个股在市场企稳后，一般都会在业绩支撑下出现价值回归。退一步分析，这类个股中短期内的大幅下跌往往会酝酿强势反弹，由于仓位轻，低点适当补仓，博取反弹行情也未尝不可。但是，如果全仓或超过半仓持有此股，那么及时止损就很有必要。因为我们看到的企业基本面只是静态的，而且我们认为的"低估"状态也带有主观成分，个股也许会偏离市场。在市场偏弱时，有业绩支撑的个股出现持续、大幅下跌也是十分常见的，不能因为业绩不错就不忍离场，那样一旦被套牢将十分被动。

4．形态破位与假突破时止损

形态破位与假突破是交易中常遇到的两种情况，它们也对应着两种技术性止损方法，投资者应该有所了解。形态破位既可以是趋势性的，例如在长期震荡整理之后，价格向下跌破了震荡区的支撑位，且无立即收复之势，这多预示了新一轮的下跌走势；也可以是局部的 K 线组合方式，例如在短期的强势上升中，突破出现了长阴线或连续小阴线的组合，打破了原有的连续阳线性强势上涨形态，这多预示了短期上攻的乏力。对于形态破位，只要识别出了，就宜在第一时间止损离场，避免走势进一步破位下跌造成更大幅度的亏损。

对于形态破位，特别应注意高位震荡区的波段操作。在高位盘整震荡区或是下跌途中的整理走势中，很多投资者喜欢在震荡低点买入，这样的位置有支撑，会有不错的反弹空间。只要控制好仓位，这种交易模式没有什么问题。但是，也应做好止损的准备，毕竟当个股回落至震荡区的下沿支撑位后，也有可能破位下行，而不是如所预料的那样反弹上行。

假突破，是个股先强势上攻，随后突然转势的一种运行格局。假突破常出现在相对高位区，往往与主力资金的诱多出货操盘行为有关。很多投资者喜欢追涨出现突破形态的个股，但这要承担更多的风险。假突破走势很常见，一旦发现个股在突破后无力继续上涨，出现了转势形态，此时即使亏损，也应在第一时间止损离场。

在高位盘整震荡区或是下跌途中的整理走势中，很多投资者没有耐心，往往实施短线抄底策略，希望可以通过个股的小幅反弹来赚取短线差价。只要控制好仓位，这种交易模式没有什么问题。除此之外，也应做好止损的准备，毕竟当个股下跌至箱体的下沿后，也有可能破位下行，而不是如所预料的那样反弹上行。如果不懂得止损，这种短线投机操作将带来很大的损失，很可能出现"一次错误而损失掉此前盈利总额"的情况。

10.2 如何选择个股

除了纯粹的技术面选股之外，在选择个股时还可以从成长性、股本大小、题材等方面考虑。估值状态或主营业务相近时，自然是那些成长性更好、股本较小的个股更具上涨潜力。本节侧重讲解中期选股策略，不过多关注短期波动，因为短期波动主要是从技术面加以预测，而中期走向才是选股时考虑的重点。

10.2.1 "成长性"选择策略

从成长性来看，企业有成长潜力大的，也有成长潜力小的。成长潜力大的企业多属于有技术、资源、人才等优势，有着较强的市场竞争能力，但市场占有率还不够高，规模也不是十分庞大的企业。这样的企业如果发展好，就有希望成为行业中的佼佼者，成长空间大。这类企业股票可以称为成长股。

成长股多出现在市场开拓能力强、主营业务能力突出、行业前景广阔的中小企业之中，这类企业的业绩可以在未来较长的时间里实现高速增长，而且这种增长是一种复合方式的增长，投资者在买这种股票时，主要是从二级市场的股价增值中获取高额回报。成长股，也是最能体现股市造富效应的一类股票。一般来说，如果企业能在未来三年内保持平均 20% 以上的业绩增速，就可以将其称为成长股。衡量企业成长性时，可以采用一些财务指标，相关内容在 "1.1.5 成长股的财务评价" 中已有较为详细的介绍，读者可以参考。下面仅列举一例以直观地展示成长股的中长期走势。

A 股市场中，典型而又著名的成长股之一当属贵州茅台，基于近年来大众消费升级以及强烈的品牌效应，贵州茅台的成长性十分突出，几乎每年都能实现营业额及利润的增长。而且，其成长性十分稳定、确定，由此也获得了众多基金的青睐，在业绩不断增长的同时，也获得了资金的大举介入，累计涨幅十分惊人。

图 10-1 是贵州茅台 2016 年 7 月至 2021 年 7 月走势。这是此股近五年的全景走势，叠加了同期的上证指数，可以看到，在上证指数几乎没有上涨的背景下，此股的累计涨幅十分惊人。虽然其间也随着市场的低迷出现时间很长的中期调整，但回落幅度远不及之前的上涨幅度，且能够再接再厉、续创新高。这种特立独行的上涨格局主要源于业绩的不断增长，即企业的高成长性。

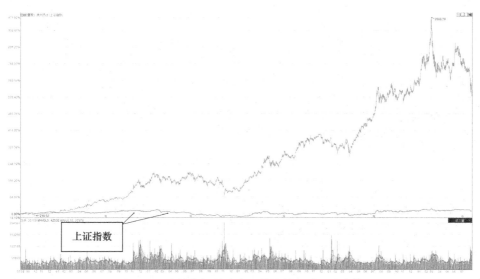

图 10-1 贵州茅台 2016 年 7 月至 2021 年 7 月走势

成长股除了不断增长的业绩可以支撑股价上涨，并位于高位这一特点外，还有一个突出的优势——有较高的估值。以贵州茅台为例，此股 2016 年的市盈率在 25 倍左右，而 2021 年 2 月时，其市盈率则达到了 70 倍左右，对于这样一只股本庞大、行业潜力不突出的个股来说，这样的估值充分反映了投资者对个股未来成长性的强烈看好，从而个股能够享受较高的溢价。但较高的估值也会带来一定的风险，如果业绩出现下滑倾向，或是业绩增长不及市场预期，则中期的下跌空间将是极大的。

与之相反的是另一类个股，业绩虽然稳定，但成长性不足，这类个股的估值往往是逐步走低的。因为投资者看不到企业的未来成长空间，从而也没有资金追逐。特别是在市场整体表现一般的大背景下，这类个股虽然可能有中期的强劲表现，但拉长时间跨度就会发现，个股很难跑赢大盘指数。

图 10-2 是中国银行 2016 年 8 月至 2021 年 7 月走势。银行股票是典型的绩优股，每年业绩稳定甚至略有增长，但它的长期走势并不比指数强，而且其估值也在不断下降。之所以如此，是因为它的成长性不被市场认可。当市盈率在 10 倍时，可能觉得它很低了；但由于市场遇冷，没有资金关注，市盈率仍可进一步下跌至 5 倍。银行股的走势也充分反映了股票市场更关心预期，而不是当前。

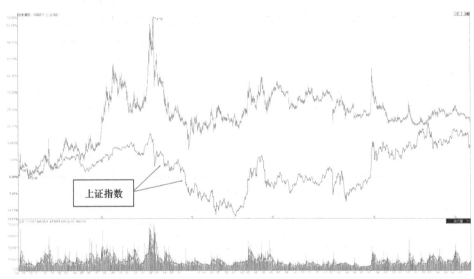

图 10-2　中国银行 2016 年 8 月至 2021 年 7 月走势

10.2.2　"行业"选择策略

依据行业选股，是一种十分重要的方法。行情前景好，获政策扶持多，就会形成市场热点，身处这类行业中的个股，也往往会成为场内外资金重点关注的目标。那么，哪些行业更有前景，更能获得市场关注呢？

投资者可以多关注政策面消息，特别是产业类政策。比如集成电路、芯片制造、光伏设备、氢能新能源等新兴产业，频频获政策利好支撑，而其中的一些个股更是出现了数倍的上涨幅度。

　　图 10-3 是富瀚微 2019 年 7 月至 2020 年 8 月走势，该股在一年多的时间里，虽然股价多次经历大涨大跌，但整体震荡上升的格局十分鲜明。如果对比同期的上证指数，可以发现该股的走势十分独立。如此大的涨幅并不是因为企业的基本面出现了重大变化，而主要是因为企业主营业务为集成电路设计。在这一年多的时间里，芯片制造、集成电路行业是整个市场的热点所在，在业绩增长与市场热点的双重助推下，该股的累计涨幅十分惊人。

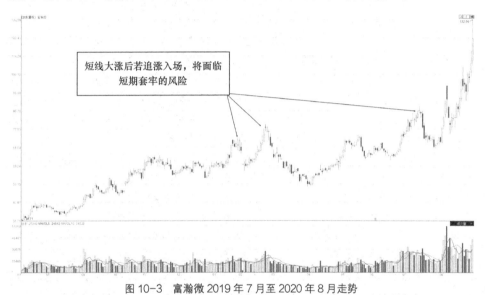

图 10-3　富瀚微 2019 年 7 月至 2020 年 8 月走势

　　但是，在参与这类个股时也应注意，虽然这类个股的中长期累计涨幅极大，但如果在短期涨幅较大时追涨入场，或将面临短期套牢的风险。因此，在把握入场时机方面，更宜在盘整后的突破启动时，或是短期深幅回落后的相对低点入场。

10.2.3　"股本"选择策略

　　从总股本的大小来看，可以将个股分为大盘股、中盘股、小盘股，虽然没有精确的划分依据，但通常来说，总股本数量在 10 亿股以上的可以看作中盘股，小盘股多指总股本在 1 亿股左右的个股。

　　股票市场是一个资金驱动型的市场，股本较小的个股，上涨时一般无须庞大的资金推动。翻看那些出现过连续涨停板走势的个股就会发现，这些股票大多有一个典型特征：总股本不大，很少有总股本在 10 亿股以上的。

　　这就提示我们在选择个股时，要关注总股本。同样质地、同样处于相对低位区或突破启动走势中的个股，总股本相对较小的个股更具上涨潜力。

10.2.4 "题材"选择策略

题材，主要是指市场当前的热点题材，即可以引发市场资金关注的话题。正是因为题材，众多资金才能够形成汇聚效应，从而激发个股的大幅上涨。

题材可以是短期的，也可以是中长期的。一般来说，短期的题材多与上市公司的消息面有关，而中长期题材多与政策面消息有关。例如，有一项产业扶持政策出台，与其相关的受益股就会获得主力资金介入，成为热点题材股，短期表现强势。如果同类的利好政策陆续出台，那么这一题材就能够在中长期内获得市场资金的大力关注，从而催生一些中长线牛股。又如，某些热点事件（奥运会、世博会等）也能形成热点题材效应，从而催生题材股。总之，可以引发市场兴趣的"热点"都是好的题材，成为主力在某一阶段重点炒作的对象。

选择题材股，就是选择市场的热点方向。市场热点自然会吸引大量资金介入，个股强势上涨较为可期，特别是在市场整体表现一般的时候，题材股往往成为市场中最亮丽的风景线。虽然题材股一般并没有业绩支撑，题材所能带来的业绩增长也十分不确定，但题材炒作的是市场关注度，是一种让人憧憬的景象。因此，在参与题材股时，可以重点关注题材面是否正宗、技术面是否优异，只要企业之前没有重大利空消息出现，当前也没有大幅亏损，一般来说，不必过于关注基本面及业绩情况。

如果一只个股的题材正宗，且主力介入迹象明显，则这类个股一旦启动，其涨势往往十分凌厉，中短线的上涨幅度也十分惊人，很多题材股甚至出现了连续涨停板的走势。在实盘操作中，结合个股的中短期走势及题材面来分析哪些个股有可能成为主力重点炒作的目标，是一种很好的操盘策略，一旦发现个股的潜力较大，不妨在第一时间追涨买入。

对于具有持续热度的题材来说，往往有一个酝酿、发展、加速的过程。在题材酝酿阶段，由于市场上的题材类型繁多，很难确定哪种题材更具持续性；但随着消息面的明朗，题材的持续性可以得到确认。这时，不妨关注那些二级市场走势已露强劲势头，但累计涨幅不大的个股，因为这样的个股往往是资金已布局介入的品种，随着题材面的不断发酵，个股的中期上涨潜力将很大。下面结合一个案例来讲解题材股的选择与介入时机的把握。

图 10-4 是美锦能源 2018 年 8 月 14 日至 2019 年 3 月 18 日走势。此股走势在 2019 年 3 月之前就因为氢能源题材而显著强于同期大盘，也强于同类题材的个股。但是，此时的氢能源题材还只是市场的一种主观判断。但是，随着消息的明朗，氢能源这一热点题材出现了重大变化，有望成为 2019 年上半年的大热点。

题材面的变化往往与政策方面的消息相关，特别是客观经济、民生等方面的政策出台，往往带来题材面的变动。

对于一只总股本不大、前期走势较强（资金介入迹象明显）、累计涨幅相对不大的氢能源题材股来说，美锦能源的后期上涨潜力显然很大。如果及时关注场内外消息面，那么在 2019 年 3 月 15 日消息较为明朗且个股短期涨幅不大时，是较好的一个入场时机。图 10-5 为此股 2019 年 3 月 15 日的分时走势，这是在题材面相对明确时追涨买入的第一时机。

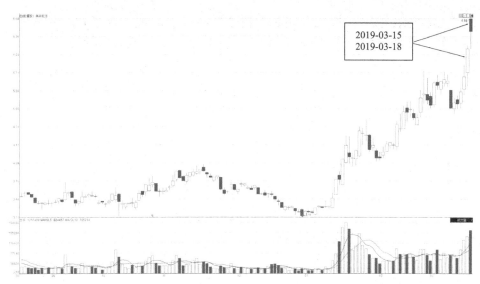

图 10-4 美锦能源 2018 年 8 月 14 日至 2019 年 3 月 18 日走势

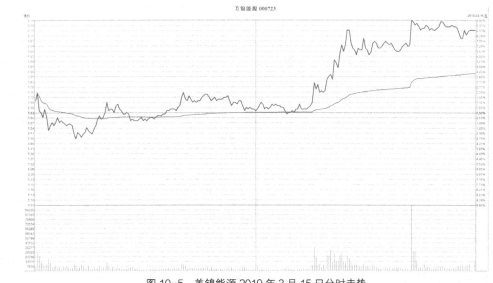

图 10-5 美锦能源 2019 年 3 月 15 日分时走势

　　如果当日没能及时关注消息面的变化，那么 2019 年 3 月 18 日出现的盘中大幅度回调则是一个较好的入场时机。虽然有短期追涨倾向，但由于题材的热度十分可观，且短期的涨幅尚可，当日盘中又出现大幅回落，是可以适当参与追涨的，这是此股的第二个入场时机。

　　图 10-6 为此股 2019 年 3 月 18 日分时走势。这种高开低走、盘中深幅回落但不连续跳

水且尾盘能够拉升的分时形态，常见于题材股启动后的主力盘中快速洗盘行为。

图 10-7 为此股 2019 年 1 月至 5 月走势，可以看到，在热点题材的助推下，此股的涨幅、涨势都十分惊人。

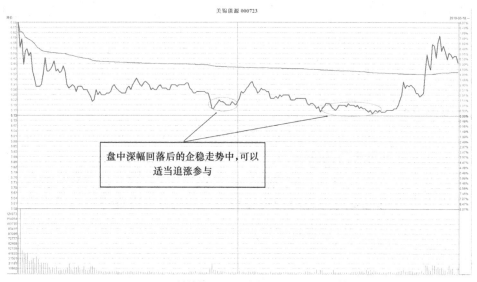

盘中深幅回落后的企稳走势中，可以适当追涨参与

图 10-6　美锦能源 2019 年 3 月 18 日分时走势

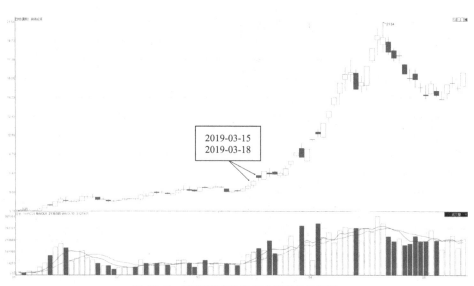

2019-03-15
2019-03-18

图 10-7　美锦能源 2019 年 1 月至 5 月走势

10.2.5　"龙头股"选择策略

"龙头股"是指二级市场中的某一类股票中走势最强的个股，它是一个纯粹的二级市场概念。"龙头"是指价格走势，而不是指企业的行业地位。龙头股在板块中的涨势、涨幅最为凌厉，它是热点板块的"旗帜"，也是带动同类个股上涨的"领头羊"。一般来说，当市场热点出现后，能够率先获得主力资金的大力买入，从而出现飙升走势的个股，可以称为龙头股。

龙头股这个概念很容易理解，就是同类股票中走势最强的，可以是一只，也可以是几只，这既取决于市场环境，也取决于主力资金的投资风格。龙头股在同类个股上涨时，冲锋在前；在同类个股回落时，往往也能表现相对强劲，其回落的幅度与速度都小于同类个股。那么，当某一热点题材出现或者某一板块表现较强时，隶属于其中的哪些个股有望成为龙头股呢？

一般来说，可以从股本、二级市场走势、题材面等几个因素着手分析。从股本的角度来看，能够实现中短期大涨的，多属于流通盘较小的个股，因为资金在拉抬这样的个股时更轻松一些；从二级市场走势来看，龙头股普遍诞生于那些前期没有明显炒作过、仍处于中长期低位蛰伏的个股，因为只有这类个股才更为充裕的上涨空间，主力拉升至高位后，也才能更容易出货；从题材角度来看，龙头股往往与热点题材吻合，有的龙头股甚至具有多种题材，主力在运作这类个股时，也可以结合市场热点题材轮换运作，其上涨动力更足。

除此之外，龙头股的盘口特征也是值得关注的。龙头股很多是以涨停板作为启动标志的，而且龙头股在整个板块启动的时候，往往是当日盘中封涨停板时间最早、封板形态最牢靠的个股。

与"龙头股"相对应的是"跟风股"。场内的资金往往重点追逐于龙头品种，而忽视跟风品种。跟风股或由于题材不正宗，或由于流通盘较大，或由于主力介入力度较浅等，即使龙头股出现了短期大幅上涨，它们也未必会有多好的表现；而且，在追涨跟风股时容易出现高位套牢，因而一旦龙头股出现短期回调，跟风股跌幅往往更大，跌速也往往更快。

在实盘操作中，如果发现了某只个股具有以上龙头股的一些特征，那么当其开始强势启动时，特别是有热点题材助推时，不妨及时追涨买入。龙头股启动的时间更早、涨速更快，稍不留神，就可能错过最佳追涨时机，这就需要有着敏锐的市场嗅觉掌握捕捉龙头股的操作技法。

图 10-8 是山西焦煤 2021 年 5 月 6 日分时走势。煤炭价格 2021 年年初以来持续上涨，且在劳动节前后有加速之势，因此，山西焦煤在 2021 年 5 月 6 日出现了突破形态，当日涨幅较大，在整个煤炭板块中是较为强势的龙头品种之一。

图 10-9 为同板块中的另一只个股山西焦化 2021 年 5 月 6 日分时走势，对比两只个股2021 年 5 月 6 日前的 K 线走势及当日的盘口表现可以看出，山西焦煤的走势无疑更强，这是其获得资金介入的重要特征。而在中短线参与此类题材股时，山西焦煤这种在走势上具有龙头特征的个股显然是更好的投资对象。

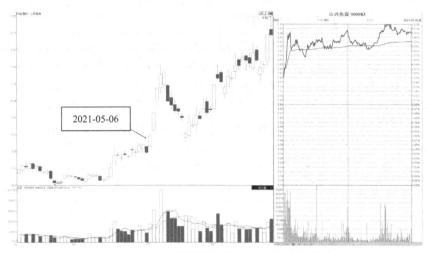

图 10-8　山西焦煤 2021 年 5 月 6 日分时走势

图 10-9　山西焦化 2021 年 5 月 6 日分时走势

10.3　如何把握时机

　　不同的市场环境，不同的个股类型，不同的交易风格，都会让投资者在把握交易时机时，有不同的想法。短线投资者往往"重势不重质"，突破启动的技术形态、消息题材触发是更好的交易时机；中长线投资者往往重稳健，股价回调到位、价值明显低估时往往才是稳妥的入场时机。本节结合案例讲解中短线交易中较为经典的交易时机，可以作为实盘交易的有益补充。对于更多类型的交易时机的把握，则需投资者在实战中不断积累经验加以完善。

10.3.1　强市与弱市的交易时机

强市与弱市，对应着上升趋势与下跌趋势，这里主要是指股票市场的强与弱。强市，也称为牛市，是一个普涨的市场，大多数个股都处于上升走势中，只是有的涨幅较大，有的涨幅较小；弱市，也称为熊市，是一个普跌的市场，大多数个股都处于下跌走势中，有的跌幅较大，有的跌幅相对较小。

在强市中，好的入场时机比比皆是，因为这是一个以上升为主基调的市场环境，一般会看到不同的板块在上涨时此起彼伏，有些板块率先启动，突破上攻，有些板块后程发力，强势补涨。因而，在强市中，只要股市没有出现短期快速上涨，没有面临较强的短期回调压力，就应采取相对积极主动的短线交易策略：关注个股，特别是走势较强的个股，因为强势股在牛市的配合下，往往会涨势极好、涨幅极大。

从中长线的角度来看，应重点关注那些有业绩支撑、二级市场资金介入迹象较为明显的个股。在发现这类个股时，它们可能已有一定涨幅，但只要累计涨幅不是很大，则可逢其整理或短期回调时适当买入布局，分享牛市继续行进带来的收益。

A 股市场中的典型牛市格局并不常见，上一轮指数大幅度攀升出现在 2014—2015 年，大盘指数从 2000 点附近涨至 5000 余点。当这种牛市格局出现时，寻找好的中长线股布局并耐心持有是较好的策略。

图 10-10 是上汽集团 2014 年 6 月至 2015 年 6 月走势，对比可以看到，该股的走势明显强于同期指数，而且个股的业绩很好，是资金重点介入的品种。操作上，当个股出现短期回调或整理时，只要股票市场的牛市格局仍在持续，就可以适当买入布局。当然，随着累计涨幅的加大，追高的风险也在增加。因而把握这类个股入场时机，需要正确地预判牛市格局的出现。

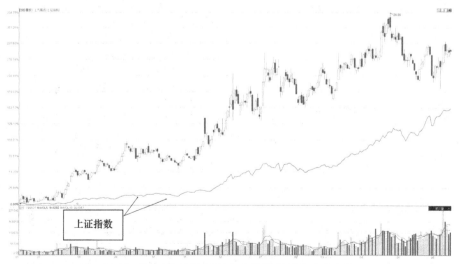

图 10-10　上汽集团 2014 年 6 月至 2015 年 6 月走势

反之，弱市环境下的市场是一个典型的下跌市场，投资者更应注意规避风险，远离那些前期炒作明显、价格明显处于高位区的个股。在把握买入时机时，以中短期超跌反弹为主。当个股随着市场的一轮调整而出现深幅下跌时，只要个股没有明显利空消息，那么随着市场的中短期企稳，个股多有反弹行情。

10.3.2　震荡市的交易时机

震荡市，是一种横向震荡的市场格局。查看大盘指数可以发现，绝大多数时间，指数都处于横向震荡格局之中。因而，把握好震荡市下的交易就显得格外重要。

在震荡市中，个股常常出现两类典型的走势特征：一类是个股走势较为独立，可能是独立性走强或走弱；另一类是股价随大盘上下波动，幅度大于指数。这也对应了震荡市的主要交易策略：重个股，轻大盘。

从交易时机的角度来看，主要有两种：一种是强势股的启动买入时机；另一种是个股宽幅震荡中的低吸高抛时机。下面结合案例来看看第一种。

图 10-11 是复兴医药 2020 年 4 月至 8 月走势，图中叠加了同期的上证指数，市场处于震荡偏强的状态，但并非牛市格局。该股在相对低位长期整理之后，强势涨停突破，这就是典型的强势股启动信号之一。但由于个股价格较高，且并没有突发利好消息配合，突然向上突破会产生较重的获利抛压，第一时间追涨入场易短期被套。操作上，逢个股再次回踩突破点、寻求支撑时买入。

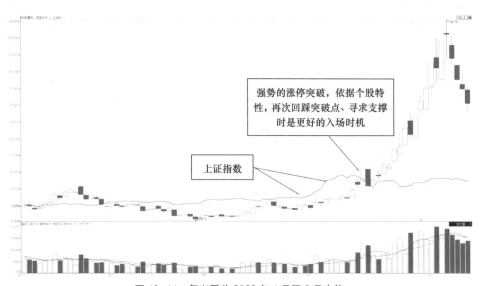

图 10-11　复兴医药 2020 年 4 月至 8 月走势

　　震荡市的另一种常见交易时机是：震荡区低点支撑位买入，震荡区高点阻力位卖出。这是一种结合指数波动、个股走势的交易策略。但是在支撑位与阻力位的把握上，既要结合个股的强弱特点，也要结合市场实际运行情况。

　　图 10-12 是赛意信息 2020 年 6 月至 2021 年 5 月走势，在同期大盘处于横向震荡的过程中，个股因为股性更活跃，上下震荡幅度也更大。图中画出了该股的支撑线与阻力线。当价格随市场的一波回落而接近支撑位时，是较好的波段入场时机；反之，当价格随着市场的一波回升而接近阻力位时，就应该减仓或清仓了。

图 10-12　赛意信息 2020 年 6 月至 2021 年 5 月走势

　　实盘交易中，由于个股的波动幅度更大，因而在把握入场、出场时机时，不必过于严格。可以通过仓位的调度，实施分批买入或分批卖出的方法，来取得更好的效果，并控制风险。

10.3.3　周期股的循环筑底时机

　　周期股，主要指那些处于周期性行业中的个股。周期性的行业有很多，常见于科技含量不高、同业竞争比较明显的行业之中，例如化工类行业、资源类行业、农产品行业等。这些行业可能因为政策面的调整、需求面的改变等，出现明显的供求变化，进而影响行业进入周期循环的下一环节。

　　一种常见的周期性行业为资源类，其业绩的好坏往往与原材料的价格直接挂钩。原材料一般以大宗商品的方式呈现，例如原油、有色金属、农产品、铁矿石、煤炭等。大宗商品包括 3 个类别，即能源商品、基础原材料和农副产品。由于经济形势起伏不定，大宗商品的价格波动幅度也极大，这对相关上市公司的业绩构成了明显的影响，从而出现周期变化的特征，这也将反映到股价的走势上。

图 10-13 是山西焦煤 2021 年 1 月至 7 月走势，作为一只大盘股，它在市场整体横向震荡的情况下，能够走出独立上升行情，这与煤炭行业的周期性特点密不可分。2020 年，焦煤的价格一升再升，行业复苏特征鲜明，从而也带动了相关个股的大幅上涨。

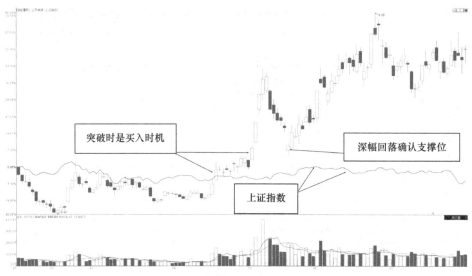

图 10-13　山西焦煤 2021 年 1 月至 7 月走势

对于周期股来说，当行业进入复苏阶段或刚刚步入上升阶段时，是较好的买入时机。因为此时的个股从中长期来看，仍处于明显的低点，但已有启动迹象。操作上，可以耐心等待至突破时买入，或是在突破后的回落确认支撑位时买入。

10.3.4　低位介入的交易时机

低买高卖，说来简单，但做起来却很难。因为当低点出现时，投资者往往受市场的影响，仍会进一步看跌后市。那么，如何把握低位入场时机呢？

一般来说，一是要结合趋势运行情况，二是要结合个股基本面与走势特征。当市场处于急速下跌行情中时，即典型的熊市格局，不宜主观臆测低点，因为市场处于恐慌情绪推动之中，中短期跌幅、跌速都很可能超出预期。应耐心等待市场企稳，再做打算。

对于个股来说，基本面是其急速下跌后能够出现反弹或降低交易风险的重要保障之一。如果个股因重大利空消息或出现退市预期而急速下跌，这样的个股是不宜参与的。

除了以上两方面之外，可以结合市场波动与个股走势特征来把握低位买入时机。常见的低位买入时机有中长期的低位整理区、突破后的回踩支撑位、震荡区的箱体低点、震荡上升中的回调低点、短期深幅下跌后的超卖低点等五种。除了第一种属于中长线买入布局时机外，其余的均属于中短线买入时机。下面结合一个案例做简单说明。

图 10-14 是华域汽车 2021 年 1 月至 4 月走势，该股自高点出现了一波持续下跌，股价从 30 元附近跌至 22 元附近，跌幅极大，这种下跌并非源于利空消息，而与同期大盘走势较弱，而该股处于高位有关。因而，这属于大盘带动下的短期超卖低点，伴随着大盘走势的企稳，有望迎来反弹。但是在操作上，是否短线买入，还需要结合技术面来分析。

图 10-14 中标注了低点的螺旋桨 K 线形态与同期的绿柱线不断缩短的组合，标志着多空力量对比格局正快速转变，是短线入场信号。

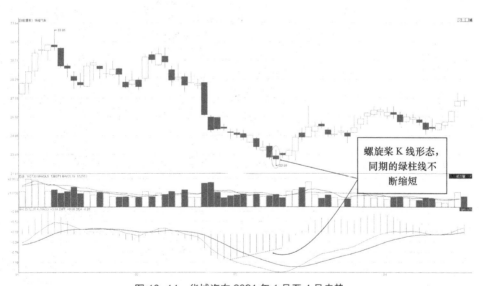

图 10-14　华域汽车 2021 年 1 月至 4 月走势

10.3.5　追涨介入的交易时机

追涨并不是盲目追涨，也不是高位区追涨，作为短线的买入时机，追涨也是一种重要的手段，它主要出现在那些低位区整理充分的个股上。这类个股一旦与热点题材吻合或资金早已提前布局，在突破启动后，往往不会回调，直线上攻，中短期的涨幅、涨势十分惊人。但这类情况给投资者的买入时间也十分短暂，只能在涨停板启动的第一时间或涨停板次日追涨入场。下面仅从技术面的角度，结合一个案例来看看如何把握追涨入场时机。

图 10-15 是锦江酒店 2020 年 3 月至 8 月走势，该股在相对低位区出现了长期的盘整走势，随后出现突破。如图标注，第一次突破时的成交量较大，这表明市场的获利抛压较重，若非有明显的热点题材助推，很难在突破之后继续强势上扬。操作上，不宜第一时间追涨入场。

在突破点附近强势整理一段时间后，个股再度以一根大阳线形态实现了对盘整区的突破。此次的突破有着更好的技术形态，获利抛压也随着近期的整理而得以释放，这使得突破当日的量能相对温和，且 MACD 指标于 0 轴附近出现了金叉形态。综合来看，此次突破后继续上攻的概率较大，可以适当追涨参与。

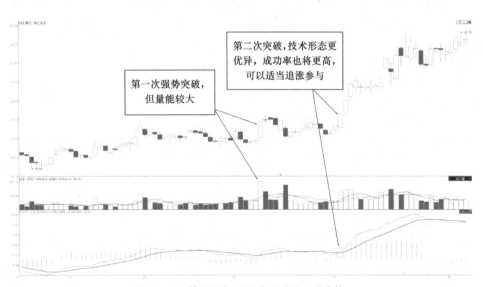

图 10-15 锦江酒店 2020 年 3 月至 8 月走势

10.4 如何调度仓位

两军对垒，指挥官要懂得调兵遣将。一次投入过多的兵力，在没有把握的情况下，可能遭遇根本性失败；一次投入的兵力过少，往往又难以取胜，没有实质性效果。股票交易的原理与之类似，手中掌握的资金就是投资者"调遣"的对象。

仓位调度，其实就是资金管理。过于激进和过于保守的资金管理方案都不可取，证券市场的生存机制表明，追求利润最大化者终究要被市场淘汰，成功的投资者是不断地扩展利润，而非追求利润最大化的。采用好的仓位调度方法，可以在尽量规避风险的同时，享受成功交易带来的利润；采用差的仓位调度方法，则往往将自己推入风险之地，一次失败可能前功尽弃。本节将介绍几种常见的仓位调度策略。

10.4.1　"现金为王"策略

金融市场中，机会永远都存在，但是当机会出现时，如果因股票被套、前期亏损而手中没有现金，也只能无奈作罢。

"现金为王"也许并不能算是一种策略，它是投资者都应遵守的一条交易原则，即在没发现好的交易机会时，不要轻易出击。一定要重视本金的安全，不能看着这个股票涨停了就想追涨，也不能看着那个股票短期回调幅度较大就想抄底，当没有较大的把握时，持有现金才是最好的选择。

"现金为王"策略与"危机投资法"有相似之处，其基本思路是，在投资或投机市场处于正常状况时，决不进行任何投资活动，只将钱存入银行，坐享稳当的利息收入。耐心地等待时机，决不可心急，当期货或股票投资市场循环到谷底，市场中的每一个人都对这个市场悲观失望，看不到市场有任何起色时，再参与，随着时间的推移，一旦牛市来临，利润将十分丰厚。

除此之外也要注意，持有现金而不参与市场交易的策略具有一定的主观性，因为它只有在投资者看不到明显机会时才采用。而股票市场中的机会比比皆是，但投资者囿于自身的知识、经验、技术，只能把握其中极少的一些机会。换句话说，投资者要结合自己的实际能力来把握何时交易、何时持有现金。

10.4.2　"累进加码"进场策略

累进加码，也称为金字塔加码，是利用资金布局个股时的一种好方法。当投资者的大方向判断正确后，第一笔交易就产生了利润，但是第一次买进或卖出的资金较少，投资者可以在趋势明朗的过程中逐步加码。

累进加码法是一种比较保守、逐步扩大战果的交易策略。塔韦尔斯的《商品期货游戏》对资金管理这个问题有一番精彩的议论，把保守的交易风格推崇为最终取胜之道："……甲交易者成功的把握较大，但是其交易作风较为大胆，而乙交易者成功的把握较小，但是他能奉行保守的交易原则。那么，从长期看，实际上乙交易者取胜的机会可能比甲更大。"

保守的交易风格是在提示投资者，在首次实施一笔交易时，绝不可全仓介入，特别是在抄底的时候。为了避免出现"抄底抄在半山腰"的不利局面，实施累进加码策略显得十分重要。因为投资者在预测趋势反转的时候，带有较强的主观性，而且市场的运行有着极强的不确定性。

累进加码法主要适宜于操作那些处于中长期低位区的个股，这些个股或许仍在探底走势中，或许已经初露趋势反转信号。

下面以牛市为例来说明累进加码方法的应用。假设某投资者在 A 点买进，刚好买在底部，接着行情开始上涨，投资者认为这轮涨势才起步因而并不急于套利，又在次高点 B 点再次买进加仓，当行情涨至 C 点，认为不过是这轮涨势的中间点，于是再次加码扩大战果，临近顶部才完全清仓，获利出局。

正确应用累进加码法有 3 点是必须要注意的。

第一，盈利时才加码，因为盈利时加码是属于顺势而行，顺水行舟。

第二，不能在同一个价位附近加码。

第三，不要采用倒金字塔式加码，即加码的分量只能一次比一次少，这样才能保住前面的收益。如果加码分量一次比一次重，很可能会造成这样的结果，即一次加码错误就使以前的收益都损失掉，甚至出现亏损。

10.4.3 "累进减码"离场策略

累进减码正好与累计加码相反，它是指个股涨至高位区后，当个股随后的上涨走势开始变得不明朗时，不妨逐步减仓离场。首次减仓的数量不妨少一些，就实际情况来看，能卖在顶部的概率是极小的；随后，个股若再度上行，则可适当增加减仓的仓位，直至最终清仓离场。

10.4.4 "分散投资"交易策略

分散投资有两层含义：一是时机分散，二是品种分散。通过这两种分散投资的方法，可以有效地规避股票市场中所潜藏的个股及系统性风险。所谓的系统性风险，是指大盘暴跌带动全体股票下行或是板块暴跌带动局部个股下行。

品种分散指将资金分别布局于各种不同种类的股票上，既可以有效规避个股因突然利空消息出现的巨大风险，也可以避免某一类股票的同向趋势所带来的风险。

时机分散则是指由于人们很难准确把握股票市场行情的变化，有时甚至会出现失误，因此在投资时机上可以分散进行。

10.5 MACD 中短线交易系统

股市交易讲究策略，本章前面的几个小节对此进行了专题讲解。这些策略性的内容涵盖选股、选时、资金管理等多个方面，但是在具体应用这些策略时，关键还在于对市场、个股的分析、预测，而且主要是从技术面的角度着手展开。

例如，关于"择时"，需要分析趋势；而关于"低位介入"，需要具备较强的技术运用能力。前面各个章节已经较为详细地讲解了 MACD 指标的分析技术，本节将通过 8 个小节以概括、总结的方式回顾前面各章内容，力图帮助读者加深对 MACD 交易技术的理解，并巩固前面的学习内容，构建一个完善的 MACD 交易系统。

10.5.1 0 轴的趋势分割

0 轴在 MACD 指标中扮演着趋势分界线的角色。指标线在更多的时间位于 0 轴之上，这是升势，或者是市场整体较强的标志；反之，则是跌势，或者是市场整体较弱的标志。利用指标线与 0 轴之间的整体位置关系，以及位置关系发生的变化，可以更好把握市场强弱，进而为中短线交易提供重要参考依据。

图 10-16 是广誉远 2020 年 11 月至 2021 年 6 月走势，该股在前震荡过程中，MACD 指标线绝大多数时间都运行于 0 轴上方，这是该股走势较强的信号，也是多方力量整体占优的标志。正是在这种市况下，才催生了随后的强势上升行情。

图 10-16 广誉远 2020 年 11 月至 2021 年 6 月走势

股价的上下波动会造成 MACD 指标线偶然向下跌破（或向上突破）0 轴，但这并不是多空力量转变的标志。一般来说，在观察指标线与 0 轴的位置关系时，还要结合价格所处位置区来综合分析。这样可以更准确地预测后期的趋势发展方向。

10.5.2　远离 0 轴后的引力

在 MACD 指标的短线交易技术中，应该关注指标线与 0 轴之间的距离。一般来说，当指标线离 0 轴较近时，价格走势最具弹性，强势时有较为充裕的上涨空间，弱势时则有较大的下跌空间。

但是，当指标线已经向上或向下明显远离 0 轴后，就应留意价格走势的阶段转向了，因为 0 轴对于 MACD 指标线有着较强的"引力"。

一般来说，如果短期的上涨（或下跌）走势十分凌厉，则需提前预测指标线的转向，因为价格往往在高点（或低点）不停留即掉转；如果短期的上涨（或下跌）相对稳健，则可关注 DIFF 线的形态变化，如果 DIFF 线出现走平迹象，则表明其有向下（或向上）交叉 DEA 线的倾向，往往对应着短期高点（或低点）的出现。

图 10-17 是鲁信创投 2020 年 4 月至 8 月走势，在一波很强势但并不十分凌厉的上涨后，出现了 MACD 指标线远离 0 轴的情况，随后到短期高点，可以看到 DIFF 线明显走平，这就是一个短期见顶的信号。

一波强势上涨后，DIFF 线开始走平

图 10-17　鲁信创投 2020 年 4 月至 8 月走势

10.5.3　交叉形态的反复验证

MACD 指标的金叉形态是上涨信号，死叉形态是下跌信号。但金叉（或死叉）形态能够预示多大的反转空间呢？在 MACD 指标交易系统中，不妨通过金叉（或死叉）的反复出现来把握价格的反转空间。

　　一般来说，当指标线位于高位，而此时又能够至少出现两次死叉形态，则是随后回落空间较大的信号，也常常预示中期趋势的转向下行；反之，当指标线位于低位，而此时又能够至少出现两次金叉形态，则是随后回升空间较大的信号，也常常预示中期趋势的转向上行。

　　图 10-18 是新钢股份 2021 年 1 月至 6 月走势，该股处于稳健的震荡上升行情中，第一次出现死叉形态时，虽然指标线位于高位，但它只预示了短期的回调，且回调幅度不大，如果依据这一死叉形态实施卖股操作，显然有失准确，因为忽视了趋势的运行动力。

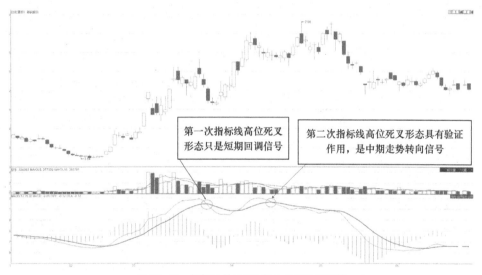

第一次指标线高位死叉形态只是短期回调信号

第二次指标线高位死叉形态具有验证作用，是中期走势转向信号

图 10-18　新钢股份 2021 年 1 月至 6 月走势

　　但是，随着价格的进一步上涨，当指标线再次于高位区出现死叉形态时，情况就有所不同了。因为两次出现的高位死叉形态可以相互验证，准确地揭示空方力量整体转强的市况，也是趋势或将进入顶部的信号。操作上，更应注意风险，进而实施减仓或清仓离场的策略。

10.5.4　DEA 线的支撑与阻挡

　　对于震荡行情，DEA 线对 DIFF 线的支撑或阻挡作用是把握买卖时机的重要信号之一。

　　一般来说，在上升趋势或下跌趋势不显著的格局中，当 DIFF 线因价格走势的一波上涨而回升至 DEA 线附近时，DEA 线具有阻挡作用，也预示了短期的回落走势；反之，当 DIFF

线因价格走势的一波下跌而回落至 DEA 线附近时，DEA 线具有支撑作用，也预示了短期的回升走势。在 DIFF 线靠拢 DEA 线的过程中，如果价格的回升（或回落）幅度较大，则 DEA 线的阻挡（或支撑）作用将更为明显。

图 10-19 是鲁银投资 2020 年 5 月至 9 月走势，该股在高位区出现深幅回落，随后陷入震荡之中，这打破了原有的上升形态，此时可以结合 DEA 线的阻挡或支撑作用，来把握震荡中的高低点。图 10-19 中，一波短线上涨使得 DIFF 线向上靠拢 DEA 线，这时的 DEA 线将起到阻挡作用。操作上，宜短线逢高卖出。

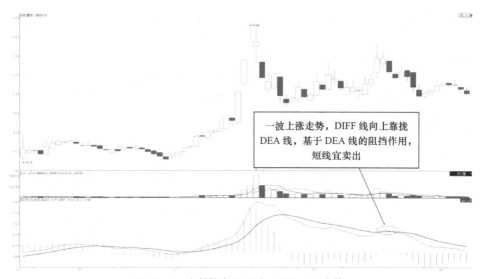

图 10-19　鲁银投资 2020 年 5 月至 9 月走势

除此之外，还可以结合 DEA 线的支撑或阻挡作用，来把握震荡区的筑顶或筑底情况。例如，在相对低位区震荡之后，个股突破上涨，这可能是反转，也可能是反弹，错误的判断必然导致错误的仓位调度，此时，可以结合 DEA 线对 DIFF 线的支撑及阻挡作用来分析。如果在反弹后的高点，DEA 线对 DIFF 线的再度上扬形成了有力阻挡，则多预示着此波上涨的性质为反弹，应减仓或清仓；反之，则可以持有观望。

10.5.5　柱面区的明显变化

在趋势走向陷入震荡或整理阶段时，此位置区可能是反转区，也可能是中继区。利用柱线面积的变化，往往可以预测趋势发展方向，进而控制仓位。例如，如果在整理走势中出现了较大面积的绿柱线区，这是空方力量明显增强的信号，随后的价格走向下是大概率事件，应清仓或减仓；反之，整理走势中若出现较大面积的红柱线区，则多预示着随后或有突破上攻行情出现，可以买股或适当加仓。

图 10-20 是东方集团 2020 年 2 月至 8 月走势，从中长期形态来看，该股处于良好的上升走势，但高位区出现了横向震荡，这是筑顶，还是中继整理？仅从 K 线形态来看，震荡中并没有股价重心下移的情况，空方力量没有转强迹象，上升趋势似乎仍未见顶。

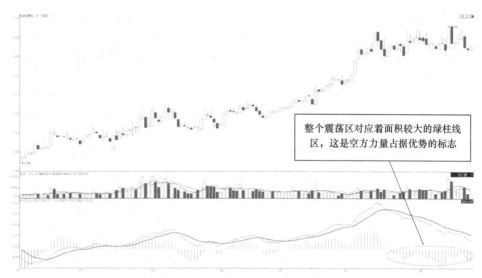

整个震荡区对应着面积较大的绿柱线区，这是空方力量占据优势的标志

图 10-20　东方集团 2020 年 2 月至 8 月走势

但这只是趋势运行的表面现象，如果查看同期 MACD 柱线的变化，就会发现，此震荡区对应着连续的绿柱线，震荡区对应着较大面积的绿柱线区，结合个股前期累计涨幅较大的情况来说，空方力量已经开始转强，并占据一定优势，趋势反转的概率较大。操作上，应注意高位筑顶风险，实施清仓或逐步减仓的交易策略。

10.5.6　柱线的快速伸缩

MACD 指标中，柱线最为灵敏，它往往走在价格之前，是短线交易中抄底逃顶重要交易技巧指标。柱线的变化主要有两种：红柱线伸缩，绿柱线伸缩。

红柱线伸长代表多方进攻，是上涨标志，此时应持股；当红柱线放得较长，股价短线上涨幅度较大时，要注意红柱线是否开始缩短，因为这往往是短线见顶信号。绿柱线伸长代表空方进攻，是下跌标志；长绿柱线开始缩短时，价格下跌放缓，但下跌走势引发的恐慌情绪往往更强烈。因此，绿柱线开始缩短时在很多时候并不是抄底信号，特别是价格走势总体下行的背景下，要等到股价企稳后再决定。

　　图 10-21 所示为新华传媒 2021 年 3 月至 6 月的股价走势。在一轮强势上涨之后，股价在相对的高位区开始横向震荡整理，这既可能代表多方在为新一轮上攻蓄力，也可能预示中短期见顶的空方力量在积累。此时，MACD 柱线的变化方式可作为重要的判断依据。

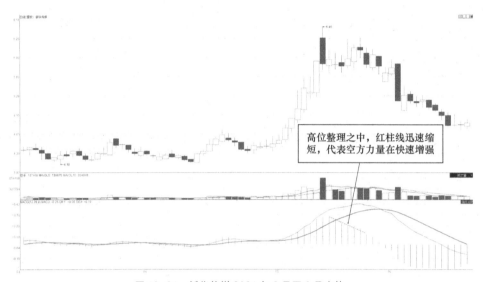

高位整理之中，红柱线迅速缩短，代表空方力量在快速增强

图 10-21　新华传媒 2021 年 3 月至 6 月走势

　　在图中可以看到这个区间的红柱线正快速缩短，这代表多方力量迅速减弱而空方力量快速增强，预示着震荡后的价格走向朝下的概率更大。操作上，应注意规避风险。

　　除此之外，也会有红（绿）柱线伸缩不明显的情况出现，这种形态多出现于趋势稳健行进之中；在柱线短期伸缩不明显且股价涨跌不迅急的情况下，更宜结合趋势运行实施交易，不宜依据柱线的伸缩展开短线操作。

10.5.7　柱峰与短线极端走势

　　柱峰的出现代表短期内的价格波动十分剧烈且幅度极大。相对来说，红柱峰出现后，价格易出现短期快速回落；而绿柱峰出现后，则往往仍有一个惯性下跌，但幅度一般不会过大。在利用柱峰形态展开交易时，判断红柱峰的出现与卖出时机有着较高的实时性，持股者宜在第一时间采取操作。判断绿柱峰的出现与买入时机则具有一定的滞后性，投资者宜在绿柱线不断缩短过程中且有其他短线回升信号予以配合时，才宜实施操作。

图 10-22 是上海机电 2020 年 8 月至 2021 年 3 月走势，在绿柱峰出现后，宜在绿柱线缩短过程中结合 K 线形态把握入场时机。

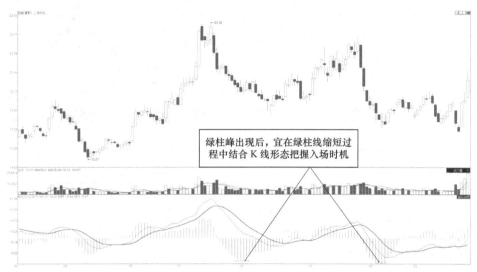

图 10-22　上海机电 2020 年 8 月至 2021 年 3 月走势

10.5.8　指标钝化与假信号

指标钝化，也称为指标失灵，这种情况常出现在指标进入明显的高位区（或低位区）时，是运用 MACD 指标实施交易时应重点注意的情况。

一般来说，当指标线进入明显的高位区后，由于指标线有向下回落至 0 轴的倾向，此时发出的买入信号易出现失灵，例如指数高位区的金叉形态、DEA 线支撑形态等；反之，当指标线进入明显的低位区后，由于指标线有向上回升至 0 轴的倾向，此时发出的卖出信号易出现失灵，例如指数低位区的死叉形态、DEA 线阻挡形态等。

图 10-23 是宁波中百 2021 年 3 月至 7 月走势，该股在相对高位区的一波突破走势中，出现了 MACD 指标的金叉形态，但这个金叉形态显然不能作为买入信号，因为此时的 MACD 指标处于明显的高位区，而金叉形态将再度推升指标线向上远离 0 轴，这与指标线有向下靠拢 0 轴的倾向正好矛盾。

从随后的运行情况来看，这个金叉形态没有保持住，随后马上就转变为提示卖出的死叉形态。如果忽视了指标的钝化现象，依据这一金叉形态实施买股操作，则将承担高位区套牢的风险。

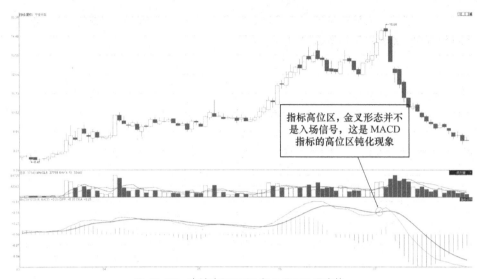

指标高位区，金叉形态并不是入场信号，这是 MACD 指标的高位区钝化现象

图 10-23　宁波中百 2021 年 3 月至 7 月走势